Per Leo

Tränen ohne Trauer

Nach der Erinnerungskultur

Klett-Cotta

Klett-Cotta
www.klett-cotta.de
© 2021 by J. G. Cotta'sche Buchhandlung
Nachfolger GmbH, gegr. 1659, Stuttgart
Alle Rechte vorbehalten
Cover: Rothfos & Gabler, Hamburg
unter Verwendung einer Abbildung von © Ruppe Koselleck,
VG Bild-Kunst: ICH KANN BEIM BESTEN WILLEN KEIN
FISCHSTÄBCHEN ERKENNEN
Gesetzt von Dörlemann Satz, Lemförde
Gedruckt und gebunden von CPI – Clausen & Bosse, Leck
ISBN 978-3-608-98219-0
E-Book ISBN 978-3-608-11664-9

Bibliografische Information der Deutschen Nationalbibliothek
Die Deutsche Nationalbibliothek verzeichnet diese Publikation in der
Deutschen Nationalbibliografie; detaillierte bibliografische Daten
sind im Internet über http://dnb.d-nb.de abrufbar.

Inhalt

9   **Der Wille zum Maß**

11   Vom Abgrund

19   1986 und wir

59   **Blick auf den Untergang**

61   Im Schatten der Tat

69   Das Licht der Opfer

95   Aufklärung West

123   **Blind für die Morgenröte**

125   Post-arische Trauerschleier

149   Trugschluss naher Osten

165   Kurzschluss Naher Osten

205   **Sturz in die Geschichte**

207   East of Erinnerung

237   Incipit Comoedia

251   Danksagung

253   Anmerkungen

Nur soweit die Historie dem Leben dient,
wollen wir ihr dienen.
Friedrich Nietzsche

Don't cry – work
Rainald Goetz

Der Wille zum Maß

Vom Abgrund

Vom Nationalsozialismus wird in Deutschland oft maßlos, selten genau gesprochen. Die Beliebigkeit des alltäglichen Geredes und die Vermessenheit seines Anspruchs stehen jedenfalls in keinem Verhältnis zu Wissen und Problembewusstsein, zu Urteilskraft und Sorgfalt, den vereinten Kräften, die ein historischer Gegenstand von solchem Gewicht eigentlich erforderte. Wer aber die Tugenden der Historie nicht kennt, wird gar nicht merken, dass er sich an der Geschichte verhebt. Es ist gute Sitte in unserem Land, mit dem Nationalsozialismus hundertmal auf andere zu zeigen, bevor man auch nur die komplizierte Frage ahnt, was er womöglich mit einem selbst zu tun haben könnte. An Hitler waren vor allem Hitler und der Nachbar schuld, und Auschwitz würde man den Juden nie verzeihen.[1] Wo nach dem Krieg kein Deutscher ein Nazi gewesen sein wollte, da versteht man sich mittlerweile so gut auf die Kunst des nachträglichen Ungehorsams, dass Linke wie Rechte, Liberale wie Autoritäre einander darin überbieten, heroischen Widerstand gegen den Anbruch des Vierten Reichs zu leisten. Und wenn das Heimischwerden syrischer Kriegsflüchtlinge auch daran scheitern kann, dass man ihnen voller Stolz ihr neues Land in einer KZ-Gedenkstätte vorstellt, dann kann es ein Zeichen gelungener Integration sein, dass ein »Migrationshintergründler« gelernt hat, nach zehn Minuten Internet-recherche den »Nazihintergrund« einer »biodeutschen« Mit-bürgerin bloßzustellen.[2]

Es gibt für die Leichtfertigkeit, mit der wir uns auf den Nationalsozialismus beziehen, und die damit verbundene Unempfindlichkeit gegen die Schwerkraft des Histori-schen nachvollziehbare Gründe. Dass es in Deutschland irgendwann leichter wurde, über die Verbrechen des Dritten Reichs zu sprechen, war ein Fortschritt, nachdem man sich lange sehr schwer damit getan hatte. Aber heute ist es um-gekehrt. Das entschiedene Nein zu Hitler ist so leicht zu haben, dass es schwerfällt, dankend abzulehnen. Musste vor 40 Jahren die schuldbelastete Vergangenheit aus ihrem Panzer gebrochen werden, liegt das Problem nun eher in ihrer schamlosen Zudringlichkeit. Um es auf den Begriff zu bringen, wäre allerdings ein Maßstab nötig, mit dem sich eben nicht die Vergangenheit selbst, sondern unser Verhält-nis zu ihr beurteilen ließe. Zum Glück gibt es ihn schon seit fast 150 Jahren.

Friedrich Nietzsche hat das zweite Stück seiner »Unzeit-gemäßen Betrachtungen« unter den Titel *Vom Nutzen und Nachteil der Historie für das Leben* gestellt. Die damit ange-sprochene Leitfrage, wann der Umgang mit der Geschichte hilft und wann er schadet, ist auch die meine. Und sie sollte die unsere sein. Weil aber zum »Leben« die Vielfalt und der Wandel gehören, kann es auf diese Frage keine pauschale Antwort geben. Sie lässt sich immer nur mit Blick auf eine konkrete Lage und daher vergleichend stellen. Bekanntlich hat Nietzsche zu diesem Zweck eine Typologie der Haltun-gen entworfen, mit denen ein Mensch, ein Staat oder eine Kultur sich die Vergangenheit dienstbar machen kann: Es gibt eine monumentale Historie, die durch Erinnerung an große Vorbilder zum Handeln ermutigt; eine antiquarische Historie, die sich der Pflege eines lebendigen Erbes verschreibt; und eine kritische Historie, die über eine belastete Geschichte wacht, um sie auf Abstand zu halten. So wie alle Arten der Historie ihre Berechtigung haben und auch nebeneinander bestehen können, so muss jede von ihnen sich die Frage gefallen lassen, ob sie *hier und jetzt* eher schadet oder nützt. Was gestern angemessen war, kann heute maßlos sein, was in der einen Hinsicht zu wenig ist, kann in der anderen zu viel sein. Alles hat seine Zeit und seinen Ort, auch die Historie – wenn sie dem Leben dienen soll.

Da Nietzsche das Leben aber nicht, wie es bald Mode werden sollte, als Kampf, sondern gut goetheanisch als Wachstum begreift, als Entfaltung einer Möglichkeit, ist auch das Maßgebot kein Aufruf zur Selbstverkleinerung, sondern im Gegenteil, ein Mittel zur Steigerung des eigenen Vermögens. Die Geschichte ist hier ebenso radikal von der Gegenwart her gedacht, wie diese auf eine Zukunft hin entworfen ist.

Seine eigene Zeit sah Nietzsche vor allem durch ein Übermaß an historischer Bildung gekennzeichnet. Weil sie die Phänomene der Vergangenheit »rein und vollständig erkennen« und in »ein Erkenntnisphänomen auflösen« wolle, gilt seine »unzeitgemäße« Kritik einer Historie, die den lebendigen Zusammenhang der Zeiten zerschnitten hat und dadurch die menschliche Entfaltung erschwert.[3] Das Selbstverhältnis der historischen Zeitlichkeit sei, so Nietzsche, einem Subjekt-Objekt-Verhältnis von forschender Gegenwart und erforschter Vergangenheit gewichen.

Unsere Lage ist eine ganz andere. Von einem Übermaß an historischer Bildung kann beim besten Willen keine Rede sein. Und doch ist die Vergangenheit in unserem Land oft auf eine so hemmungslose Weise präsent, dass sie allmählich, wie mir scheint, dessen Entfaltung hemmt. Hemmungen aber machen auf Dauer entweder verzagt – oder sie rufen starke polemische Affekte hervor.

Nietzsche war immerhin so zart, seinen Affekt gegen den Historismus als »quälende Empfindung« zu bezeichnen. Nun steht auch bei gütigster Betrachtung die Geschichtswissenschaft heute in einem weniger glänzenden Licht da als im späten 19. Jahrhundert (hier widerspricht meine Frau), und der Autor dieses Buchs ist leider nicht der wirkmächtigste Denker seiner Epoche, sondern nur einer von unzählig vielen Schriftstellern der Gegenwart (hier stimmt sie zu). Dies eingestanden, will er dann aber auch bekennen, dass er für sein Buch keine bessere Bezeichnung wüsste als die Nietzsches für das seine. Eine »Naturbeschreibung meiner Empfindung« nannte er es.[4]

Widerwillen und Missmut haben den bundesrepublikanischen Umgang mit der nationalsozialistischen Vergangenheit von Anfang an begleitet, oft aus schlechten, doch manchmal auch aus guten Gründen. Originalität kann in dieser Hinsicht jedenfalls niemand reklamieren. Aber vielleicht ist es an der Zeit, die guten Gründe des Unbehagens etwas deutlicher, nicht unbedingt lauter, aber doch pointierter auszusprechen. Mit »revisionistischer« Absicht? Wenn die Infragestellung von Rechtsstaat, Demokratie und Westbindung gemeint ist, dann nicht. Wenn ein Ende der ernsthaften Beschäftigung mit dem Nationalsozialismus gemeint ist, dann auch nicht. Aber wenn man es wörtlich versteht, als prüfenden Blick auf eine Geste deutscher Selbstgefälligkeit: dann schon.

»Unzeitgemäß«, schreibt Nietzsche drei Jahre nach der Reichsgründung, »ist diese Betrachtung, weil ich etwas, worauf die Zeit mit Recht stolz ist, ihre historische Bildung, hier einmal als Schaden, Gebreste und Mangel der Zeit zu verstehen versuche, weil ich sogar glaube, daß wir alle an einem historischen Fieber leiden und erkennen sollten, *daß* wir daran leiden.«[5] Mit Blick auf den historischen Abgrund, an dessen Rand sie gegründet wurde, hat die Bundesrepublik ein unvermeidlich komplizierteres Verhältnis zu ihrer Vergangenheit entwickelt als das Kaiserreich zu der seinen. Der Geschichtsschaden unserer Zeit, auf den sie aber zugleich mit Recht stolz ist, lässt sich daher nicht auf einen einfachen Ausdruck bringen. Doch wer »historische Bildung« durch »monumentale Erinnerung an ein Großverbrechen, antiquarische Gleichgültigkeit gegen das Bewahrenswerte und kritische Furcht vor Wiederholung« ersetzt, der ahnt vielleicht, in welche Richtung dieses Buch sich aufmacht.

Und wie 1874 stammt auch 2021 die Diagnose des »historischen Fiebers« nicht nur von einem Historiker als Arzt, sondern auch von einem Patienten, der jedoch, wenn die Diagnostik mehr sein will als eitle Belehrung oder Nabelschau, eigentlich nur »wir alle« sein können. Wir bundesdeutsche Zeitgenossen. Weil aber am Ende jeder für sich selbst denken muss, wird man meine »Naturbeschreibung« vielleicht am besten verstehen, wenn man sie als persönliche Fieberkurve eines pandemischen Leidens betrachtet – unseres Leidens an der Geschichte. Er wolle, sagt Nietzsche, »gegen die Zeit und dadurch auf die Zeit und hoffentlich zugunsten einer kommenden Zeit« wirken.[6] Und im Rahmen meiner eigenen, viel kleineren Möglichkeiten will ich das auch. Doch um den Verlauf eines Zeitfiebers zu notieren, muss man zu-

Vom Abgrund

vor eine Tafel der eigenen Zeitlage erstellt haben. Darum wird es am Anfang dieses Buchs noch nicht um meine Affekthitze gehen, sondern um eine eher kühle Vermessung unseres historischen Koordinatensystems. Denn mehr noch als bei anderen Vergangenheiten brauchen wir, wenn es um den Nationalsozialismus geht, eine doppelte Zeitachse.

»Alle deutsche Geschichte«, schreibt der Historiker Thomas Nipperdey im Oktober 1986, »ist mittelbar zu Hitler. Mittelbar auch zur Bundesrepublik. Aber unmittelbar ist sie auch etwas ganz anderes, nämlich sie selbst. *Beides* gehört zu unserer Identität, zu unserem Erbe. Geschichte beunruhigt unsere Identität. Aber sie stabilisiert sie auch. Und diese vergessene Wahrheit soll zu ihrem Recht kommen.«[7] Diese Sätze formulieren einen leisen Einspruch. Sie richten sich gegen die Position, die Jürgen Habermas im sogenannten Historikerstreit vertreten hatte, ohne deswegen aber Partei für dessen Kontrahenten Ernst Nolte zu ergreifen. Nipperdey schlägt sich auf keine Seite, er befragt den Streitgrund. Der von Habermas so heftig vertretene Einspruch des kritischen Erinnerns gegen die Normalisierung der Nationalgeschichte beruht für ihn ebenso auf einer falschen Alternative wie die Forderung, sich als Historiker zwischen Gegenwartsengagement und historistischer Distanz zu entscheiden. Nipperdey war ein kritischer, politisch denkender Historiker, der dem Historismus nahestand, aber auch wusste, dass die historische Wissenschaft des 19. Jahrhunderts von seiner eigenen Zeit durch einen Abgrund getrennt war. Und diesen Abgrund, der die mittelbare von der unmittelbaren Geschichte scheidet, gälte es immer noch zu bedenken, vielleicht sogar stärker denn je.

1986 konnte sich ein Geschichtsdenken, das gegen den

Ruf zur Entscheidung auf dem Recht der Unterscheidung bestand, kaum Gehör verschaffen. Aber seitdem sind 35 Jahre vergangen, in denen sich viel verändert hat. Wir könnten heute nicht nur auf Nipperdey hören, wir sollten es auch wirklich tun.

Ziehen wir also zwei Zeitachsen, die beide den gleichen Ursprung haben: das Jahr 1945. Man kann sich dieses Jahr als den Rand einer tiefen Schlucht vorstellen, eines Abgrunds, dessen anderer Rand sichtbar, aber außer Reichweite ist. Von hier aus verläuft die eine Zeitachse horizontal. Auf ihr wächst der Abstand zum Abgrund, ohne dass die Verbindung zu ihm je abreißen könnte. Die andere Zeitachse führt uns jedoch zugleich nach oben, zunächst in sanfter, kaum merklicher Steigung, bald schon aber hinein in ein allmählich steiler werdendes Gebirge, von wo aus sich dem Auge Höhenmeter für Höhenmeter das Gebiet hinter dem Abgrund erschließt. Während wir uns, so ließe sich das Bild übersetzen, immer weiter vom Nationalsozialismus entfernen, ohne ihn aber als unseren Ausgangspunkt zu verlieren, gewinnen wir zugleich den Raum einer Geschichte zurück, in der Hitler nicht mehr der Autor, sondern nur noch ein Großkapitel ist.

1986 mochte es zwingend erschienen sein, den historischen Fokus auf die deutschen Verbrechen zu legen. Aber seitdem haben wir mit dem Abstand auch an Höhe gewonnen. Wer nach dem Ort des Nationalsozialismus in unserer Gegenwart fragt, darf also nicht nur den Abgrund im Auge haben, dessen Nähe wir aus der Höhe immer deutlicher sehen, aber kaum mehr fühlen können – er muss auch auf die Bergfreunde Habermas und Nolte achten, die in trauter Seilschaft weit unter uns in der Wand kraxeln. Um diesen dop-

Vom Abgrund   17

pelten Zeitbezug zu verdeutlichen, wird das nun folgende Kapitel zunächst die Differenz markieren, die uns vom Jahr 1986 trennt: den zweidimensional gewachsenen Abstand zum Abgrund. Und erst wenn das geschehen ist, kann die dann einsetzende Naturbeschreibung meiner historischen Empfindung sich auf die Zäsur von 1945 besinnen.

Diese Beschreibung beginnt, wie es sich für ein richtiges Fieber gehört, mit einer Abwehrreaktion gegen die Zeit, in die der Autor hineingewachsen ist, und einem Lob der Medizin, die ihm half, es zu lindern (*Blick auf den Untergang*). Der anschließende Gang durch die Zeit, auf die er wirken möchte, ist nicht frei von Rückfällen. Doch allzu viele durften es nicht sein, denn wie Gegenwarten es nun mal an sich haben, ist auch die unsere ein unübersichtliches und oft gefährliches Gelände, dessen Begehung Ausdauer und Umsicht erfordert (*Blind für die Morgenröte*). Der Ausblick auf die kommende Zeit ist schließlich von mildem Optimismus gestimmt. Er ahnt die Genesung, das Wachsen neuer Kräfte, die Vermehrung der Möglichkeiten. Aber er deutet auch an, wie unwahrscheinlich alles Gute ist (*Sturz in die Geschichte*).

Übertragen auf das Land, das wir alle sind, könnte die Unwahrscheinlichkeitsformel so lauten: Die alte Bundesrepublik hat sich, um ihre bescheidenen Kräfte zu entfalten, mit einem engen Horizont umgeben. Doch wenn uns die neue Republik gelingen soll, dann werden wir ihn weiten müssen. Dazu bedarf es nur einer kleinen Kopfbewegung, gegen die allerdings ein starker Instinkt Widerstand leistet. Mit der Höhe wächst die Angst vorm Absturz, das ist unvermeidlich. Wer aber trotzdem den Blick zu heben wagt – den wird das Heimweh zum Gipfel ziehen. Und wie den Alpenstrandläufer nach Süden: das Fernweh in die Zukunft.

1986 und wir

Ist die Singularität des Holocaust eine Tatsache? Das zweitägige Massaker in der Schlucht von Babij Jar, die Selektionen an der Rampe von Auschwitz-Birkenau, die Tötungsmaschinerie der Gaskammern, die Spurenauslöschung in den Krematorien, die Deportationszüge, die aus ganz Europa ins besetzte Polen rollten, die Sklavenarbeit, die der Ermordung oft vorausging, die Todesmärsche in den letzten Kriegswochen: All das sind Tatsachen. Aber dass der Völkermord an den europäischen Juden ein singuläres oder, wie es auch heißt, ein unvergleichliches Ereignis war, ist keine Tatsache, sondern ein Satz. Tatsachen lassen sich leugnen, Sätze nicht. Sätze kann man nur bestreiten.

In diesem Buch soll es eigentlich um etwas anderes gehen. Sein Thema ist nicht die Singularität des Holocaust, sondern die vielfältige Präsenz des Nationalsozialismus im Leben der Bundesrepublik Deutschland. Doch um darüber mit freiem Kopf schreiben zu können, war eine Beschäftigung mit dem Singularitätssatz nötig. Denn wenn das Leben das Maß der Historie ist, dann ist heute in Deutschland nicht die Rede, wohl aber das Geschwätz von der Singularität des Holocaust ein Symptom der Maßlosigkeit. Um das Gewicht der Rede gegen die Anmaßung des Geredes wieder fühlbar zu machen, wird der Historiker daher, bevor er in den Erzählton

wechselt, zunächst etwas tun, das ihm nur in echten Not-
lagen erlaubt ist: Er wird angestrengt nachdenken. Dass er
sich dazu aber überhaupt gezwungen sah, hatte auch mit
den Umständen zu tun, unter denen dieses Buch geschrieben wurde. Es ist nämlich, in zwei mehrwöchigen Schüben,
im Sommer 2020 und im Spätwinter 2021 entstanden, oder
anders gesagt: nach der ersten und im Übergang von der
zweiten zur dritten Welle der Coronapandemie. Vermutlich
würde man eine solche Zeitangabe auch in 30 Jahren noch
verstehen, denn wie die meisten Großkrisen wird wohl
auch diese schon bald mit ihrem Datum verwachsen sein.

Aber würde man es in 30 Jahren auch noch verstehen,
wenn es stattdessen hieße: Dieses Buch wurde zu der Zeit
geschrieben, als in Deutschland ein schon lange schwelen-
der Streit über das Verhältnis von Kolonialismus und Nationalsozialismus, von Rassismus und Antisemitismus, von
Holocaust und Kolonialverbrechen plötzlich entflammte?
Wird man im Rückblick sagen können, dass in den Debatten
um den postkolonialistischen Theoretiker Achille Mbembe,
den Umgang mit der propalästinensischen Boykottbewegung BDS, die Rückgabe von Raubkunst aus Afrika, die
Bücher des Kolonialhistorikers Jürgen Zimmerer, des Kul-
turwissenschaftlers Michael Rothberg oder des Antisemi-
tismusforschers Steffen Klävers Fragen aufgeworfen wurden, deren Erörterung unser Land verändert hat?[8] Begann
2020 eine Auseinandersetzung über unsere Geschichte, die
Mentalitäten und Diskurse in Deutschland auf Dauer prä-
gen wird? Erleben wir derzeit gar den Beginn eines zweiten
Historikerstreits? Die Stimmen, die das für wahrscheinlich
halten, werden jedenfalls lauter.[9] Manche beschwören es
sogar. »Uns steht«, heißt es in einem exemplarischen Mei-

20   Der Wille zum Maß

nungsstück des Publizisten Stefan Laurin, »ein Historikerstreit bevor, der in seiner ideologischen Wucht weit über
die Vorgängerdebatte aus den 8oer Jahren hinausgeht.« Der
Sachverhalt, der diesen Fanfarenstoß rechtfertigt, klingt wie
eine Straftat: »Relativierung der Shoah«.[10]

Auf den ersten Blick ist die Analogie zum Historikerstreit
gar nicht mal unplausibel.[11] Damals wie heute ging es um
die Bewertung der deutschen Geschichte vor dem Hintergrund des Nationalsozialismus. Damals wie heute wurde
das größte seiner Verbrechen, der Völkermord an den europäischen Juden, ins Verhältnis gesetzt zu anderen Großverbrechen. Wo Jürgen Habermas 1986 scharfen Einspruch ein-
legte, als Ernst Nolte gefragt hatte, ob es womöglich einen
»kausalen Nexus« zwischen der »asiatischen Tat« des Gulag
und Auschwitz gebe, da entzündet sich der Streit 2020/21
an einer Frage, deren Muster der Buchtitel *Von Windhuk
nach Auschwitz?* pointiert zum Ausdruck bringt.[12] Damals wie heute betraf die Kritik an solchen Fragen die Vermutung, das frühere Ereignis, hier die Massengewalt in der
Sowjetunion beziehungsweise der Genozid an den Nama
und Herero, könne in einer bedingenden, wenn nicht sogar
ursächlichen Beziehung zum späteren, dem Holocaust, stehen. Und damals wie heute begründen die Kritiker ihr Bestehen auf der Singularität des Holocaust mit dem Verdacht,
die Gegenpartei setze die normative Bindung der Bundesrepublik an den Westen aufs Spiel.

Doch wie immer man diese neu entflammte Debatte über
die deutsche Geschichte im Rückblick auch bewerten wird,
sollte sie sich tatsächlich intensivieren, wäre es zu begrü-
ßen, wenn sie anders verliefe als der Historikerstreit. Denn
eines fand 1986 nach übereinstimmender Meinung gerade

1986 und wir

nicht statt: eine Fachdiskussion unter Historikern. Wenn zwar die vier attackierten Wissenschaftler – Ernst Nolte, Michael Stürmer, Andreas Hillgruber und Klaus Hildebrand – Historiker waren, der Initiator der Kontroverse, Jürgen Habermas, und die schärfste Stimme seiner Partei, Rudolf Augstein, aber nicht, dann ist das mehr als ein Detail am Rande. Dass die einen den anderen unterstellten, den Nationalsozialismus aus der deutschen Geschichte »entsorgen« zu wollen, während diese jenen vorwarfen, die Deutschen in die »Geschichtslosigkeit« zu verbannen; dass sie sich wechselseitig schmähten, »konstitutionelle Nazis« oder geschichtsblinde »Moralisten« zu sein; dass die Kontrahenten oft noch Jahrzehnte später nicht zu einer persönlichen Aussprache bereit waren; dass die eine besonnene Stimme im Tumult, Thomas Nipperdey, den Streit schlicht ein »Unglück« für die deutsche Geschichtswissenschaft nannte, und die andere, Christian Meier, 2011 resigniert feststellte, aus heutiger Perspektive sei die Sache »kaum mehr zu verstehen« – all das wird man ehesten begreifen, wenn man sich die verwickelte Asymmetrie dieses Streits vor Augen hält.[13] Denn während die eine Seite mit mehr oder weniger politischen Absichten über Geschichte sprach, betrieb die andere mit mehr oder weniger wissenschaftlichen Mitteln Politik. In einer solchen Konstellation konnte kaum etwas Sinnvolles herauskommen.

Aber war der Historikerstreit deswegen überflüssig? Durchaus nicht. Mit etwas hermeneutischem Wohlwollen, das im Scheitern einer Debatte oder eines Textes nicht nur den Mangel, sondern auch die verfehlte Möglichkeit sieht, ließe sich im Rückblick sogar ein moderat positiver Saldo ziehen. Und zwar in doppelter Hinsicht. Zum einen wurden

1986 Fragelöcher aufgerissen, die bis heute nicht geschlossen sind. Wie sich etwa das »verfassungspatriotische« Zugehörigkeitsgefühl zu einem Staat, der seine Identität durch eine scharfe Zäsur mit der Vergangenheit gefunden hat, zur langen Geschichte seiner Nation verhält: diese Frage ist heute im Grunde genauso unbeantwortet wie vor 35 Jahren. Und mit Blick auf die unvollendete Wiedervereinigung, den Prozess der europäischen Integration und die Realität der Einwanderungsgesellschaft könnte man sogar sagen: Sie ist unbeantworteter denn je. Zum anderen aber ist es der Habermaspartei damals gelungen, in scharfer Opposition zum »geistig-moralischen« Wendeklima der frühen Ära Kohl eine geschichtspolitische Norm zu etablieren, die trotz aller Revisionsversuche seitdem nie mehr ernsthaft angezweifelt worden ist. Das Verhältnis zur eigenen Vergangenheit, so könnte man diese Norm umschreiben, soll in Deutschland nie wieder normal werden. Der Nationalsozialismus bleibt ein unverdauliches Erbteil unserer Geschichte, das sich auch auf Dauer nicht im »konventionellen« Selbstverständnis eines affirmativen Nationalismus auflösen darf. In diesem einen Punkt konnte auch Christian Meier dem Gezänk schließlich etwas Gutes abgewinnen. »Jetzt wurde – und offenbar endgültig«, so Meiers Fazit nach 25 Jahren, »die Probe aufs Exempel gemacht, daß diese Vergangenheit wirklich nicht vergehen will. Daß man sich überhebt, wenn man mit dieser Last zu jonglieren versucht.«[14]

Nur wurde diese Norm damals nicht mit solch olympischer Gelassenheit formuliert. Angesichts des Widerstandes von der einen Seite konnte sich der Wille, den Nationalsozialismus nicht vergehen zu lassen, nämlich nur bilden, indem die andere Seite ein historisches Sachurteil in ein politisches Bekenntnis verwandelte. Die Forderung, dass es für Deutschland nach dem Dritten Reich keine nationale Normalität mehr geben dürfe, war nicht zu trennen von der kategorischen Aussage, dass der Holocaust ein singuläres Verbrechen war. Doch die Bindung der deutschen Identität an den Singularitätssatz hatte zur Folge, dass die *absolute Bedeutung* des Holocaust im gleichen Maße zu einem Politikum wurde, wie dessen *komplexe Realität* aus der politischen Öffentlichkeit verschwand. Dieses Ausschlussverhältnis zeigte sich musterhaft in dem Skandal, den der Bundestagspräsident Philipp Jenninger mit seiner Rede zum Gedenken an die Pogrome von 1938 auslöste. Statt mit den üblichen Pathosformeln der jüdischen Opfer zu gedenken, hatte Jenninger am 10. November 1988 unpathetisch über die Tätergesellschaft gesprochen, indem er in erlebter Rede die subtile Alltäglichkeit des Antisemitismus darzustellen versuchte. Womöglich tat er es ungeschickt, aber ein Rücktrittsgrund konnte das nur für eine Öffentlichkeit sein, die im realistischen Sprechen über ein absolutes Ereignis einen Akt der Entwürdigung sah.

Im Windschatten der Skandalisierung hat sich der Singularitätssatz am Ende der alten Bundesrepublik dann rasch zum Topos verselbständigt, einem Gemeinplatz, dessen Verständnis keinen Kontext, einer Behauptung, deren Geltung keine Begründung mehr erfordert. Als Günter Grass sich 2012 über eine deutsche U-Boot-Lieferung für Israel empörte, da floss die »letzte Tinte« ziemlich ungehemmt. Doch zur Kennzeichnung seines Heimatlandes, dessen Vergangenheit er infamerweise mit der angeblichen Bedrohung des Weltfriedens durch die israelische Atombombe verknüpfte (und folglich verglich!), genügte ihm die Phrase von »ureigenen Verbrechen, die ohne Vergleich sind«.[15]

24 Der Wille zum Maß

Seit der Singularitätssatz zu einem Anker unserer politischen Kultur geworden ist, entfaltet er hierzulande die Wirkung eines ungeschriebenen Verfassungsartikels. Wer ihn durch profane Rede verletzt oder durch ergebnisoffenen Vergleich auf den Prüfstand stellt, setzt sich daher immer dem Verdacht aus, an die Grundfesten unserer Republik rühren zu wollen. Im Kontext der Kolonialismusdebatte brachte der Kunsthistoriker Horst Bredekamp diesen verfassungsähnlichen Rang unmissverständlich auf den Begriff, als er sich schockiert über den Vergleich von »Auschwitz« und »Namibia« zeigte und dagegen das Holocaustgedenken als »raison d'être unserer Gemeinschaft« beschwor.[16] *Raison d'être* bedeutet Daseinszweck oder Existenzgrund. Wir gedenken des Holocaust, also sind wir. Deutlicher kann man kaum sagen, dass dieser Staat auf Furcht gebaut ist.

Wer die eigene Norm nicht als souveräne Setzung oder freiwillige Selbstbindung begreifen kann, weil er seine Identität auf deren Verletzung gründet, der muss sich immer wieder aufs Neue vor sich selbst warnen. Doch so verständlich die Wiederholungsfurcht vor dem Hintergrund der deutschen Katastrophe auch sein mag, vernünftig ist sie gerade nicht. Denn die Norm des Normalisierungsverbots ist ja kein Selbstzweck. Sie drückt nur das Postulat aus, die Menschenwürde und, davon abgeleitet, Grundrechte und Demokratie zu schützen. Die raison d'être von Postulaten aber besteht in ihrer universellen Geltung. Und es gehört wesentlich zur Universalität des Postulats, dass man dessen Anerkennung nicht erzwingen kann, ohne sich selbst zu widersprechen. Die Bindung des Sollens an die Furcht vor dem Versagen beruht also wenn nicht auf einem Irrtum, so doch auf einer Illusion. Und die Formel zu ihrer Auflösung

1986 und wir

könnte lauten: Um den Bruch mit der eigenen Vergangenheit als geschichtspolitische Norm zu etablieren, mag die Verabsolutierung eines historischen Verbrechens nötig gewesen sein; doch die Anerkennung des Postulats, das sich in dieser Norm zeigt, hat nur eine einzige, und zwar unhistorische Voraussetzung: Freiheit.

—

Wer sich gegenwärtig auf den Historikerstreit beruft, sollte allerdings nicht nur dessen zwiespältiges Erbe im Auge behalten, sondern auch einen gravierenden Unterschied zwischen den Debattenlagen von 1986 und 2021. Wenn der Historikerstreit so sehr auf Bewertungsfragen fokussiert war, dann hatte das nämlich nicht nur mit dessen geschichtspolitischer Tendenz zu tun. Es lag auch daran, dass über das Ausmaß der Gewalt, die im Nationalsozialismus und im Stalinismus geherrscht hatte, zwar keinerlei Zweifel bestand, aber die Ereigniskomplexe selbst höchstens in Ansätzen erforscht waren. Seitdem hat sich der historische Wissensstand jedoch in drei Hinsichten grundlegend verändert.

Erstens sind die Streitgegenstände von 1986, die Massengewalt in der stalinistischen Sowjetunion und im Nationalsozialismus, heute sehr gut erforscht. Wenn das auch nicht im gleichen Maße für die Kolonialverbrechen gilt, so hat sich aber, zweitens, der historische Horizont inzwischen so stark geweitet, dass die transnationale Weltgeschichte zu einem Paradigma der europäischen Geschichtswissenschaft geworden ist. Und wie jedes Paradigma erzeugt auch dieses Vielfalt. So besteht etwa zwischen den quellengestützten Synthesen, die zu einem insgesamt differenzierten Urteil über

26   Der Wille zum Maß

die Epoche der europäischen Imperien tendieren, und der theoriegeleiteten Kritik des Postkolonialismus ein ähnlich produktives Spannungsverhältnis wie seinerzeit zwischen der empirischen Sozialgeschichte und dem Marxismus.[17] Drittens schließlich hat die Verbindung von Holocaustforschung und vergleichender Völkermordforschung ein viel genaueres Verständnis für die komplexen Bedingungen, die vielfältigen Faktoren und den Prozesscharakter genozidaler Gewalt ermöglicht.

Bündelt man diese drei Wissensbestände nun in einer Gesamtperspektive, dann ließe sich über die historischen Beziehungen von Kolonialverbrechen und Holocaust durchaus erkenntisstiftend nachdenken. Allerdings dürfte dabei auch deutlich werden, dass die historische Linie von »Deutsch-Südwest« nach »Auschwitz« viel zu grob gezogen ist. Das Problem könnte vermutlich präziser formuliert werden, wenn man den Holocaust nicht über abstrakte Denkfiguren mit den Konzentrationslagern und Mordaktionen in den Kolonialgebieten in Verbindung brächte, sondern erst einmal fragte, in welchem welthistorischen Kontext er überhaupt stattfand. Dazu wäre aber eine doppelte Blickverschiebung nötig.

Zunächst ist es bei zeitlich und geographisch weit auseinander liegenden Ereignissen ratsam, die Fragerichtung umzudrehen. Wir neigen dazu, unsere Alltagserfahrung auf die Geschichte zu übertragen, indem wir chronologisch denken und das frühere Ereignis im Hinblick auf das spätere für einen »Anfang«, einen »Ursprung« oder eine »Ursache« halten. Wenn das Gebrüll des Gatten dem Vasenwurf der Gattin vorausgeht, darf man ein Kausalverhältnis unterstellen. Wenn aber ein Gewaltgeschehen sich Anfang des 20. Jahrhunderts im Südwesten Afrikas ereignet hat und das andere Jahrzehnte später in Mittelosteuropa, dann hilft die Alltagsanalogie nicht weiter. Zwei Ereignisse, die innerhalb weniger Sekunden im selben Raum stattfinden, kann man sich noch als Verbindung zweier Zeitpunkte vorstellen. Doch für Ereignisse, zwischen denen mehr als 30 Jahre und mehr als 10 000 Kilometer liegen, gilt das offensichtlich nicht. Vielmehr müsste man andersherum fragen, welche Bezüge sich vom späteren Ereignis aus in dem »Erfahrungsraum« (Reinhart Koselleck) der Vergangenheit, der als solcher immer ein Chaos aus unendlich vielen Punkten ist, überhaupt belegen lassen.

Eine solche Blickumkehr würde allerdings noch einen zweiten Schritt erfordern: die Relativierung des nationalhistorischen Deutungsrahmens. Dass der Holocaust vor allem ein Ereignis der deutschen Geschichte war, steht außer Zweifel. In welchem Maße der Erfahrungsraum, in dem dieses Verbrechen verübt wurde, aber nationalgeschichtlich strukturiert war, ist dagegen eine völlig offene Frage. Dass »Windhuk« für »Auschwitz« allein deswegen von Relevanz sein soll, weil die Täter in beiden Fällen Deutsche waren, wäre jedenfalls eine voreilige Annahme. Sie ist nicht unplausibel, aber ob und inwiefern sie zutrifft, ließe sich nur auf dem Weg mühsamer Quellenforschung klären. Pointiert gesagt: Dass die Konzentrationslager und der Völkermord in Südwestafrika Auschwitz zeitlich vorausgingen, ist für die Vergleichsperspektive weniger relevant als die Frage, welche Rolle diese Ereignisse im Alltagswissen jener Deutschen spielte, die für die Ingangsetzung der Judenmorde verantwortlich waren. Wie erhellend es umgekehrt ist, den nationalgeschichtlichen Blick auf den Holocaust um eine transnationale Perspektive zu ergänzen, haben etwa lokal-historische Studien gezeigt, die nachwiesen, in welchem Maße aus den Reihen der osteuropäischen Bevölkerungen ab Sommer 1941 nicht nur ausführende Gehilfen, sondern auch aktive Mittäter des Genozids kamen.[18]

Dass bei der Betrachtung staatlicher Massengewalt nach wie vor die nationale Perspektive überwiegt, hat aber auch sachliche Gründe. Für den geschichtswissenschaftlichen Geltungsanspruch gibt es keine Adresse. Für den morali-schen Anspruch auf Anerkennung, den politischen An-spruch auf Repräsentation und den rechtlichen Anspruch auf Entschädigung kollektiver Leiderfahrungen aber sehr wohl. Und wie auch immer man die realgeschichtliche Frage nach ihrem Zusammenhang beurteilt: Im Fall des Holo-caust wie in allen Fällen deutscher Kolonialgewalt kann der Adressat solcher Ansprüche nur die Bundesrepublik Deutschland sein, der Staat, der in moralischer, juristischer und politischer Hinsicht die Nachfolge des Kaiserreichs so-wie der formal erst 1945 aufgelösten Weimarer Republik angetreten hat.

So leicht die Unterscheidung dieser Ansprüche aber theo-retisch fällt, so schwer ist es, sie im Pulverdampf der Debatte auseinanderzuhalten. Weil die freie Öffentlichkeit außer dem Strafrecht keine Grenze kennt, bringt sie aus sich selbst die Tendenz hervor, Ansprüche vor allem wirksam zu for-mulieren. Und darum fördert sie auf allen Seiten expressive, aktivistische und polarisierende Sprechmuster, die sich am besten in der ersten Person formulieren lassen. Ich klage ein Unrecht an! Wir fordern Gerechtigkeit! Ich zeige meinen Standpunkt! Wir wollen gehört werden! Als solche sind die Einseitigkeit, die Übertreibung und die Taktlosigkeit solcher

1986 und wir 29

Meinungsäußerungen gar kein Problem, denn im freiheitlichen Staat ist die Vernunft genauso wenig souverän wie die Regierung. Umso wichtiger aber wäre es, diese Mittel, um den angemessenen vom maßlosen Gebrauch zu unterscheiden, als das zu bezeichnen, was sie sind. In unserem Fall wäre vor allem der kritische Hinweis geboten, dass die Ansprüche von Moral, Gerechtigkeit und Repräsentation nicht nur wirksamer formuliert werden können als die unvermeidlich komplexeren Geltungsansprüche der Wissenschaft, sondern auch dazu tendieren, sich zu ihrer Durchsetzung der Wissenschaften zu bedienen. Bis zu einem gewissen Grad ist das unvermeidlich. Um beispielsweise den Anspruch auf Restitution eines völkerkundlichen Exponats zu klären, muss man ja wissen, woher es stammt und unter welchen Umständen es im 19. Jahrhundert den Besitzer gewechselt hat. Dazu bedarf es wissenschaftlicher Expertise. Aber dass etwa die Kunsthistorikerin Bénédict Savoy auch Gutachten in postkolonialen Restitutionsfragen verfasst, heißt nicht, dass sich ihr Fach oder gar die Geschichtswissenschaft als Ganzes auf Nützlichkeitsfragen reduzieren ließe. Es gibt ein schützenswertes Eigenrecht der Realgeschichte, und je stärker es sich Gehör verschafft, desto besser kann man der Instrumentalisierung historischen Wissens begegnen. Ein Beispiel mag das verdeutlichen.

In der öffentlichen Debatte werden derzeit äußerst wirksam die beiden Großbegriffe »Antisemitismus« und »Rassismus« gegeneinander in Stellung gebracht. Die anthropometrische Vermessung, die Segregation, die Ausbeutung und in extremen Fällen auch die Ermordung der Kolonialbevölkerungen folgten, so heißt es, einer anderen Logik als die Vernichtung der Juden im Nationalsozialismus. Diese

Unterscheidung ist historisch zutreffend. Aber sie fällt nicht zusammen mit der Unterscheidung von Antisemitismus und Rassismus.

Der Holocaust war ein antisemitisches Verbrechen, zu dessen notwendigen Voraussetzungen die rassistische Definition einer Opfergruppe gehörte. Ob jemand als »Jude« galt oder nicht, entschied im Dritten Reich über Leben oder Tod. Diese in den ersten Jahren des Nationalsozialismus durchaus umstrittene Definitionsfrage wurde 1935 mit den Nürnberger Gesetzen entschieden, und zwar im Paradigma eines bevölkerungspolitischen Rassismus. Erst die Quantifizierung von »Blutsanteilen« gab dem Antisemitismus eine Form, die antisemitisches Verwaltungshandeln ermöglichte. Und genau diese Form wurde im Gefolge der Wannseekonferenz de facto bestätigt – mit ebenso tödlicher wie rettender Konsequenz. Der Status eines »Mischlings 1. Grades« oder das Leben in »privilegierter Mischehe« hatten unter gewissen Bedingungen schon vorher Schutz vor staatlicher Diskriminierung geboten, nun schützten sie in bestimmten Fällen vor Ermordung; dagegen konnte kein blondes Haar, kein christliches Bekenntnis und kein Eisernes Kreuz einen »Volljuden« vor der Deportation bewahren.[19]

Und genauso wenig darf man übersehen, dass der Völkermord an den europäischen Juden unvorstellbar gewesen wäre ohne den Kontext eines Ressourcen- und Vernichtungskriegs, dem in Mittel- und Osteuropa auch ein deutsch-völkischer Siedlungsrassismus seine Ziele diktierte. Nur hatte dieser Rassismus einen anderen Kontext als die Schädelvermessungen in Subsahara-Afrika. Dort diente der anthropologische Rassismus, wie pervertiert es uns heute auch vorkommen mag, einem wissenschaftlichen

Zweck, in dem sich wiederum ein politisch-ökonomisches Interesse spiegelte. Die kategoriale Ungleichheit indigener Gruppen als Tatsache auszuweisen war nicht zu trennen von der Absicht, deren Siedlungsräume zum eigenen Vorteil zu bewirtschaften und zu verwalten. Dagegen zielte der Rassismus im Nationalsozialismus nicht nur auf die Objektivierung und Kontrolle von Bevölkerungsgruppen, sondern auch auf die radikale Umgestaltung des deutschen »Volkskörpers« und die Neuformierung eines imperialen Großraums in Mittel- und Osteuropa. Weil aber beide Tatbestände auf jeweils eigene Weise einer rassistischen Logik folgen, ist es wahrscheinlich, und zum Teil auch schon belegt, dass der frühere Sachverhalt Teil des Erfahrungsraums war, in dem der spätere stattfand. Aber in welchem Umfang und wie vermittelt das im Einzelnen der Fall war, lässt sich, wie gesagt, nur durch Quellenarbeit herausfinden.

Wenn die wissenschaftliche Erforschung von Staatsverbrechen immer wieder von deren moralischer, rechtlicher und politischer Bewertung kolonialisiert (!) wird, dann ist das sachlich nicht zu begründen. Aber mit Blick auf die Ansprüche, die aus ihnen hervorgehen, ist es durchaus nachvollziehbar. Und auch warum in der deutschen Öffentlichkeit so besonders vehement darauf bestanden wird, den historischen Blick im Container der Nationalgeschichte zu halten, lässt sich erklären. Denn auch das dürfte eine Folge des Historikerstreits sein, oder genauer gesagt: der geschichtspolitischen Frage, die sich in ihm zeigte, und der Dynamik, die sie nach der Wiedervereinigung entfaltete. Die epochale Katastrophe des Nationalsozialismus nicht nur als Ereignis der deutschen Geschichte anzuerkennen, sondern sie auch aus dieser Geschichte abzuleiten, war

32   Der Wille zum Maß

kaum zu trennen von der normativen Forderung, den Pfad dieser Geschichte zu verlassen und sich in die historische Traditionslinie des »Westens« einzureihen. Das öffentliche Bestehen auf der Singularität von Auschwitz und das kritische Forschungsparadigma des »deutschen Sonderwegs« sind zwei Seiten derselben Medaille. Während aber 1986 die Eindämmung eines – tatsächlich oder vermeintlich – wieder erstarkenden Nationalismus ein reines Diskursereignis gewesen war, erschien das Anliegen mit der Wiedervereinigung plötzlich in einem ganz anderen Licht. Bis zum Mauerfall hatte die Unmöglichkeit eines deutschen Nationalstaats die Norm des Nationalismusverbots gleichsam in der Wirklichkeit verankert. Und es gab nicht wenige, die wie Günter Grass bereit waren, die deutsche Teilung nicht nur faktisch zu akzeptieren, sondern sie auch als einen Sühnepreis zu betrachten, den Deutschland für die Verbrechen des Nationalsozialismus zu entrichten hatte. Doch diese Lage änderte sich zwischen November 1989 und März 1990 dramatisch. Die Debattenfrage, ob es angesichts der deutschen Vergangenheit ein deutsches Nationalbewusstsein geben dürfe, verwandelte sich innerhalb weniger Wochen in das Problem, wie die Norm des Nationalismusverbots sich zur Realität des nun möglich gewordenen Nationalstaats verhalten solle.

Wenn das nationalismuskritische Lager die Wiedervereinigung am Ende trotz aller Vorbehalte mehrheitlich akzeptierte, dann nur, weil auch die vergrößerte Bundesrepublik den Bruch mit der Nationalgeschichte nicht revidierte. Außenpolitisch waren mit der Westbindung, der Anerkennung der Oder-Neiße-Linie und der europäischen Integration die Richtungsentscheidungen der alten Bundesrepublik

1986 und wir   33

de iure bestätigt worden. Und in der historischen Selbstdarstellung des neuen Nationalstaats etablierte sich de facto ein Gleichgewicht von »konventionellen« und »kritischen« Repräsentationsformen. Wer heute in Berlin vom Alexanderplatz zur Siegessäule fährt, passiert zuerst das wiederaufgebaute Stadtschloss der Hohenzollern, das Zeughaus mit dem Deutschen Historischen Museum und die Zentrale Gedenkstätte in der Neuen Wache bevor er dann das Holocaustmahnmal, das Denkmal für die ermordeten Sinti und Roma und das Ehrenmal der Roten Armee erreicht. Es ist auch die Wachsamkeit gegen alle – tatsächlichen oder vermeintlichen – Versuche, die Zäsur in der deutschen Geschichte zu kaschieren, die unseren historischen Blick nach wie vor an den Nationalstaat fesselt.

Dass in der bundesrepublikanischen Öffentlichkeit viel stärker als andernorts das heroische Deutungsmuster der »Opfer und Helden« vom normativen Deutungsmuster »Verantwortung und Erinnerung« eingehegt wird, hat seine guten Gründe. Aber es hat auch seinen Preis. Wo in vielen Ländern des Westens eine produktive Spannung zwischen einer mythologischen Selbsterzählung und deren Kritik durch die historische Forschung besteht, herrscht in Deutschland eine andere Lage. In dem Auftrag, die mahnende Erinnerung an den Nationalsozialismus zu kultivieren, haben Geschichtswissenschaft und politische Öffentlichkeit hier ein gemeinsames Ziel. Anders als in »konventionellen« Nationalstaaten zielt der kritische Impuls unserer Historiker weniger auf die Irritation eines positiven Mythos als auf die Verteidigung einer negativen Norm. Diese Tendenz führt zu dem bemerkenswerten Umstand, dass Historikerinnen, die diese Norm – vermeintlich oder tatsächlich – in Frage stellen, etwa indem sie das Kaiserreich nicht als Vorgeschichte des Dritten Reichs, sondern der Bundesrepublik behandeln, oder indem sie Kolonialverbrechen mit dem Holocaust vergleichen, in der deutschen Öffentlichkeit mit einer Schärfe angegriffen werden, die ausländischen Kollegen oft den Atem verschlägt. Aber genauso bemerkenswert ist der Umstand, dass auch diese Abweichungen vom disziplinären Mainstream meist im Rahmen der Nationalgeschichte verbleiben. Kaum ein Historiker vertritt – nach der stillen Selbstauflösung der Bielefelder Schule – heute noch die Sonderwegsthese. Aber als Deutungsmuster scheint ihre Macht ungebrochen.

Die Alternative zu dieser Selbstprovinzialisierung hieße, den nationalhistorischen Container zu sprengen und auch Ereignisse der deutschen Geschichte vermehrt aus transnationaler und welthistorischer Perspektive zu betrachten. Dabei darf die Abkehr von der Nabelschau nicht verwechselt werden mit dem Willen zu abstrakter »Theorie«. Doch die Aussagekraft von Quellen steht und fällt nun mal mit der theoretischen Präzision einer Fragestellung. Und die Frage, ob und wie man die Geschichte der außereuropäischen Kolonialgebiete mit einem Zentralereignis der kontinentaleuropäischen Geschichte zusammendenken kann, lässt sich überhaupt erst sinnvoll stellen, wenn man die erste Hälfte des 20. Jahrhunderts aus einer geographischen *und* globalen Totale betrachtet. Um wenigstens anzudeuten, in welcher Richtung die Antwort liegen könnte: Im Anschluss an den englischen Historiker Mark Levene scheint mir die Annahme plausibel, dass der Erfahrungsraum des Kolonialismus erhellend in die Geschichte des Nationalsozialismus integriert werden kann, wenn man ihn auf die Dynamik der

Gewalt bezieht, die durch den Zerfall der europäischen Imperien im Ersten Weltkrieg entfesselt wurde.[20] Ich werde am Ende des Buchs noch einmal auf das Potential einer weltgeschichtlichen Betrachtung des Holocaust zu sprechen kommen. An dieser Stelle mag der Hinweis genügen, dass es vor dem Hintergrund des bereits jetzt verfügbaren Wissens unglaublich viel zu fragen, zu begreifen und zu diskutieren gäbe.

—

Anders als 1986 wären heute also die Voraussetzungen erfüllt, um in eine echte Sachdiskussion über die Geschichte einzusteigen. Doch bemerkenswerterweise findet diese günstige Lage, die eigentlich zu Neugier und Erkenntnislust anregen müsste, in der aktuellen Debatte nicht den geringsten Niederschlag. Wenn überhaupt, dann ist das Interesse an der Vergangenheit nur auf einer Seite von Diskussionslust geprägt. Die andere fährt die Zugbrücke hoch und verkündet, alle Fragen seien längst entschieden. Auf postkolonialistischer Seite mag der Bezug auf die Geschichte oft roh sein. Aber für all jene, die sich von ihr herausgefordert fühlen, steht die Geschichte überhaupt nicht auf dem Spiel. Sie ist nicht der Einsatz, den man mit Glück, Geschick und vielleicht auch ein paar Tricks zu mehren sucht, sondern der Trumpf, der alle anderen Karten sticht.

Um es an drei Beispielen zu veranschaulichen:

Als der Kunsthistoriker Horst Bredekamp – in der schon erwähnten Polemik – die Frage aufgriff, in welchem Umfang die völkerkundlichen Exponate des Berliner Humboldt-Forums als Raubkunst zu bewerten seien, schien die abweichende Meinung nur einen Katzensprung vom Abgrund entfernt. Das Restitutionsproblem selbst war Bredekamp keinerlei Erörterung wert. Denn er las es symptomatisch, als Indiz für einen Kulturkampf, in dem die »Bewegung« des Postkolonialismus das Ziel verfolge, »eine Kulissenverschiebung von Auschwitz nach Namibia vorzunehmen und damit die Unvergleichlichkeit des Holocaust zu bestreiten.«[21] Die skandalöse Absicht stand für ihn fest. Um den »totalitären Gestus« und die »strukturell antijüdische Konsequenz« des Postkolonialismus zu erkennen, brauchte es keinen konkreten Fall einer vergleichenden Aussage. Es genügte die Andeutung, dass unter uns dunkle Mächte weilen, die vergleichen wollen.

Ruprecht Polenz, der Ex-Generalsekretär der CDU, verkörpert auf fast idealtypische Weise den Anspruch, die Mitte der Gesellschaft zu repräsentieren. Dank seiner Reichweite in den sozialen Medien darf er sich außerdem zum erlauchten Kreis jener Vögel zählen, mit deren Gezwitscher man rechnen muss. Seine unzähligen Kommentare auf Facebook und Twitter erfreuen sich bei Alt und Jung sowie auf allen Seiten des politischen Spektrums großer Beliebtheit. Wenn dieser Influencer nun den Singularitätssatz ausspricht, darf man darin also getrost den Ausdruck einer Allerweltsmeinung sehen. »Der Holocaust«, schreibt Polenz in einem vielfach geteilten und wortreich bestätigten Internetkommentar, »sollte nicht in die Nähe der Kolonialverbrechen gerückt werden. Motivation (Vernichtung), Begehensweise (industriell organisierter Massenmord) und Begründung (Jude) machen einen substantiellen und essentiellen Unterschied zum Holocaust aus.«[22] Anders als Bredekamp hat sich Polenz immerhin bemüht, dem Satz eine argumentative Form zu geben. Doch wenn sich das Laienurteil über einen

1986 und wir 37

hochkomplexen Forschungsgegenstand auf einen Umfang von gut 200 Zeichen und zwei metaphysische Begriffe in Gestalt eines Hendiadyoins reduzieren lässt – dann ist Skepsis geboten. Wer behauptet, der Unterschied zwischen dem Holocaust und anderen Völkermorden sei »substantiell und essentiell«, ohne es eine Behauptung zu nennen, der suggeriert nämlich, dass der Zaubersatz im Grunde nur ausgesprochen werden muss, um zu gelten. Die Begründung ändert nichts daran, dass Polenz genau wie Bredekamp den Singularitätssatz gebraucht, als bezeichne er ein unbestreitbares Faktum. Und dann klingt er nicht wie der erste Satz einer Diskussion, sondern wie der letzte: ein Machtwort.

Dass dessen Nichtbefolgung mit der Revolte im Bunde liegen muss, kommt schließlich prägnant in der Überschrift zum Ausdruck, die der Journalist Thomas Schmid einem Kolumnenartikel in der *Welt* voranstellte, der sich ebenfalls kritisch mit den Tendenzen des Postkolonialismus auseinandersetzt: »Der Holocaust war singulär. Das bestreiten inzwischen nicht nur Rechtsradikale«.[23] Der zweite Satz der Überschrift ließe sich ohne großen Sinnverlust durch ein einziges Wort ersetzen: basta. Schnörkelloser kann man kaum sagen, dass es hier nichts zu diskutieren gibt.

Starke Behauptungen können der Diskussion durchaus auf die Sprünge helfen. Doch starke Sätze, die nur ausgesprochen werden, um eine Kontroverse im Keim zu ersticken, die gezogen werden wie ein Joker oder geschleudert wie ein Blitz: Solche Sätze sollte man im Namen eines vernunftgeleiteten Diskurses entschieden zurückweisen. Wenn also ein Buch über die vielen Gesichter des Nationalsozialismus in der Gegenwart auch die nun folgende Kritik des Satzes von der Singularität des Holocaust enthält, dann nicht, um ihn zu verneinen – sondern um sich vom absoluten Anspruch seiner Geltung zu emanzipieren.

—

Der Singularitätssatz kann in zwei Formen auftreten, als These oder als Dogma. Thesen sind das Geschäft der Wissenschaft. Das Postulat aller Wissenschaft aber ist die Vorläufigkeit allen Wissens. Nun kann ein Forscher durchaus nicht alles Mögliche behaupten, vielmehr gehört es zu seinem Beruf, dass Thesen überhaupt erst diskutabel werden, wenn sie bestimmte Bedingungen erfüllen, zum Beispiel die Anerkennung eines für alle Forscher verbindlichen, methodisch erschlossenen Tatsachenmaterials. Umgekehrt gilt aber genauso, dass keine These absolute Geltung beanspruchen kann. Damit ist kein Mangel angesprochen, sondern eine notwendige Bedingung empirischer Erkenntnis. Wissenschaftlich relevant wird ein Phänomen erst dadurch, dass es nicht mehr in seiner alltäglichen Form, als »Ding« mit vielen Eigenschaften, wahrgenommen wird, sondern im Licht eines bestimmten Erkenntnisinteresses. Erst die *Hinsicht* einer Frage isoliert aus der unüberschaubaren Vielfalt der Wirklichkeit den Gegenstand einer Wissenschaft: eine Versuchsreihe im Hinblick auf ein Naturgesetz, einen Text im Hinblick auf eine Idee, einen Quellenkorpus im Hinblick auf ein Ereignis oder eine Struktur. Nur durch genau diese und keine andere Hinsicht wird ein Phänomen dann auch mit anderen Phänomenen vergleichbar. Und darum kann es auch nur in der gewählten Hinsicht besonders, sprich: anders als andere Phänomene sein, und in extremen Fällen sogar einzigartig. Da aber andere Hinsichten möglich bleiben, wird auch das Urteil der Einzigartigkeit bei differenzierter Betrachtung immer lauten: in der einen Hinsicht singulär, in einer anderen womöglich nicht.[24]

Wer die These von der Einzigartigkeit des Holocaust vertritt, muss also die Hinsicht benennen, in der sie Geltung beansprucht. Und im Fall des Holocaust herrscht im Hinblick (!) auf die Vergleichshinsicht sogar weitgehend Einigkeit. Nahezu alle fundierten Vertreter der Singularitätsthese stimmen darin überein, dass sich der Holocaust vor allem in einer Hinsicht von allen anderen Fällen historischer Massengewalt unterscheidet, und das ist die Motivation der Täter. Die beiden anderen Hinsichten, auf die man meist spontan verfällt, wurden von der Forschung mehrheitlich verworfen: zum einen die Opferzahl, die trotz ihrer beträchtlichen Höhe in der Summe geringer ausfällt als etwa die der stalinistischen Sowjetunion; zum anderen die industrielle Tötungsart, die jedoch kaum noch in Betracht gezogen wird, seit Jürgen Habermas im Historikerstreit Ernst Nolte mit guten Gründen vorgeworfen hatte, die Singularität der Judenvernichtung »auf das Format einer technischen Innovation« reduziert zu haben.[25] Ein exemplarischer Blick auf einen ernstzunehmenden Vertreter der Singularitätsthese erhärtet diesen Befund.

»Der Nationalsozialismus«, schreibt Steffen Klävers in seiner kritischen Auseinandersetzung mit einigen postkolonialistischen Theoretikern, »unterscheidet sich [...] fundamental von allen anderen Ereignissen von staatlich oder durch staatliche VertreterInnen verübtem Massenmord und Massengewalt – allerdings nicht hinsichtlich der Zahl der Opfer oder in der Technik des Tötens, sondern vor allem dadurch, dass er keinen konkreten Feind kannte. Der Feind im Nationalsozialismus ist primär das jüdische Leben, alles jüdische Leben, die Idee des jüdischen Lebens selbst, sollte vernichtet, also zu nichts gemacht werden, ohne Ausnahme. Doch es gab keine konkrete Bedrohung, die vom Judentum ausging: Keinen territorialen Konflikt, keine Aufstände, keine jüdische Gewalt irgendeiner Art. Und mit keiner anderen Gruppe wurde eine spirituelle Erlösung des eigenen ›Volkes‹ assoziiert.«[26] Alle diese Sätze betreffen dieselbe Hinsicht, nämlich den Grund, aus dem die Täter ihr Verbrechen verübten. Und jeder von ihnen ließe sich bestreiten. Sie sind, gerade weil sie eine wissenschaftliche Form haben, im besten Sinne diskutabel. Eine solche Diskussion kann und soll hier nicht geführt werden, aber ich will mit ein paar Fragen zumindest andeuten, dass sie möglich wäre.

War »der« Nationalsozialismus ein handelndes Subjekt? Ist die Vernichtung bestimmter Gruppen nicht das Ziel jeder Herrschaft mit totalitärem Anspruch? Gehört es nicht zum Begriff des Feindes, dass er gerade keine sachliche Grundlage hat und darum jede Eigenschaft zum Kriterium der Feindschaft werden kann? Ging von den Sinti und Roma irgendeine Art von Bedrohung oder Gewalt aus? Was wäre das Kriterium für eine »konkrete« Bedrohung? Ist nicht eher die Realität der Bedrohung gemeint? Oder umgekehrt gefragt: Beruht nicht jede Vernichtungsidee auf einem Phantasma? Folgte die Diskriminierung der Juden in den ersten Jahren der nationalsozialistischen Herrschaft der gleichen Logik wie ihre Tötung im Rahmen von Kriegshandlungen? Ist »sollen« im Sinne eines Begehrens oder im Sinne einer Absicht gemeint? Im letzteren Fall: Gibt es irgendeine Quelle, die den Vorsatz des Völkermords auf eine Zeit vor der zwei-

1986 und wir

ten Jahreshälfte 1941 datiert? Wenn nicht: Wie erklärt sich der Umschlag von der Ideologie zur Tat? Und selbst wenn es zuträfe, dass im Nationalsozialismus nur die Vernichtung der Juden mit einer eschatologischen Hoffnung verbunden war: Konnten sich denn die Jungtürken die Rettung ihrer Nation ohne die Vernichtung der Armenier vorstellen? Schließlich: Hätte Saul Friedländers Konzept des »Erlösungsantisemitismus« nicht im Vergleich mit anderen Ideologien, die zu Völkermorden führten, entwickelt werden müssen, um als Indikator einer singulären Motivation gelten zu können?

Klävers' These lässt sich wissenschaftlich diskutieren, aber weil sie im Modus der Behauptung bleibt, ist sie anfällig für konsequente Befragung. Eine These wird jedoch umso robuster, je deutlicher sie ihre Alternative mit thematisiert. Im Fall der Singularitätsthese hat beispielsweise Mathias Brodkorb das getan, und zwar nicht, um sie selbst zu vertreten, sondern um zu zeigen, was bei dieser These überhaupt auf dem Spiel steht. In seiner Analyse des Historikerstreits arbeitet Brodkorb sorgfältig heraus, welchen Verlauf die Diskussion hätte nehmen können, wäre damals Ernst Noltes Frage ernst genommen worden. Nolte bestritt ja durchaus nicht die Singularität des Holocaust, er stellte ihr nur eine andere Singularität gegenüber, nämlich die der bolschewistischen Gewalt, und dabei warf er eher angedeutet als ausgesprochen die Frage auf, welches der beiden politischen Verbrechen moralisch verwerflicher gewesen sei. Der Vergleich betraf also nicht nur die Frage, ob der Gulag das »ursprünglichere« Ereignis war und der Holocaust in diesem Sinne als eine zumindest psychologisch »verständliche« Reaktion gelten könne. Diese Frage ließ sich leicht entkräften, nicht nur wegen ihrer antisemitischen Implikationen, sondern auch wegen des logischen Fehlers, vom Nacheinander zweier Ereignisse auf ein kausales Verhältnis zu schließen. Brodkorb zeigt nun aber, dass Noltes Frage neben dieser vielfach diskutierten und mit guten Gründen abgelehnten These noch eine andere Dimension besaß, oder genauer gesagt: hätte besitzen können, wenn er selbst bis zu ihrem Grund vorgedrungen wäre (was er bezeichnenderweise nicht tat).[27]

Wenn Nolte mit Hinweis auf einige besonders grausame Details die »Tat« des Bolschewismus »asiatisch« nannte, dann war damit eine Art der Gewalt angesprochen, die sich durch ihre primitive Lust an der Qual, die Bereitschaft zur Enthemmung und den Willen zum Blutrausch auszeichnete. Im Gegensatz dazu wies die nationalsozialistische Gewalt, zumindest wenn man die Vernichtungslager als ihre typische Ausprägung nimmt, einen geradezu unmenschlichen Grad an Organisiertheit auf. Doch war eben diese kalte Perfektion kein Selbstzweck. Sie diente nicht nur der technischen Effizienz des Tötens, sondern auch der Wahrung des narzisstischen Selbstbildes, das die Täter von ihrem »Seelenadel« hatten. Ohne Himmlers monströses Lob an seine Männer, im Angesicht der selbstproduzierten Leichenberge »anständig« geblieben zu sein, oder das erschütternde Geständnis des Lagerkommandanten Höß, beim Anblick der Vergasungsopfer habe ihn der Gedanke »beruhigt«, dass »uns allen diese Blutbäder erspart bleiben sollten« und »auch die Opfer bis zum letzten Moment geschont werden konnten«, wäre das Bild dieser Gewalt unvollständig. Nicht, wie Habermas eingewandt hatte, der »technische Vorgang der Vergasung« als solcher wäre also hier das Kriterium der Singularität, sondern im Sinne Hannah Arendts

1986 und wir

die »Banalität« von Mördern, die auf eine so elementare und amoralische Weise »dumm« waren, dass sie die Schonung ihres eigenen Gemüts für ein Zeichen von Humanität halten konnten. Erst in der Konfrontation dieser beiden Gewaltformen kann Brodkorb die Singularitätsfrage auf eine sinnvolle Form bringen. Sie lautet nicht: War der Holocaust singulär? Sondern: In welcher Hinsicht zeigt sich, metaphysisch gesagt, das Böse deutlicher: in der Lust, die es will, oder in der Dummheit, die es leugnet? Wann begeht der Mensch das größere Verbrechen: Wenn er die schützende Hülle der Zivilisation so vollständig abwirft, dass er in einen Rausch des Quälens und Tötens verfällt, den das Tier nicht kennt –, oder wenn er seine Zivilisiertheit so extrem pervertiert, dass er noch im Akt des Massenmords die Norm zu schützen meint, die er gerade fundamental verletzt?

Brodkorb lässt die Frage offen. Aber er zeigt mit aller Klarheit, dass eine Antwort, egal wie sie ausfällt, die Grenzen der Wissenschaft überschreiten muss. Konsequent zu Ende gedacht, führt die Frage nach der Singularität des Holocaust also zu einer Alternative, die sich nur mit Mitteln der Philosophie, wenn nicht der Theologie, überhaupt auf den Begriff bringen lässt. Die Frage nach der Bedeutung von Auschwitz führt letztlich zu der Entscheidung, ob man sie im Hinblick auf die Natur des Menschen oder im Hinblick auf das Wesen des Bösen stellen will. Oder wenn man sogar noch einen letzten Schritt weiter geht: ob das eine ohne das andere überhaupt denkbar ist. Wenn man sie denn aufstellen will, so ließe sich der Befund begrifflich zuspitzen, dann beruht die Singularitätsthese am Ende entweder auf einer selbstgewählten Voraussetzung, einem Axiom, oder auf einer Setzung mit Wahrheitsanspruch, einem Dogma. Aber vielleicht sollte man dann zu allerletzt auch darauf hinweisen, dass die altgriechischen Begriffe δόγμα (dógma) und ἀξίωμα (axíoma) in manchen Kontexten gleichbedeutend sind.

—

Thesen können besser oder schlechter ausgearbeitet sein, aber sie müssen sich der Kritik stellen. Dass sie auf axiomatische, also von der Thesenposition aus unangreifbare Voraussetzungen angewiesen sind, steht dabei nicht im Widerspruch zu ihrer Wissenschaftlichkeit. Im Gegenteil, gerade weil das erste Prinzip der Wissenschaft die Pluralität ist, kann eine axiomatische Position die Geltung der anderen bestreiten. Dagegen zeichnet sich ein Dogma dadurch aus, dass es die eigene Wahrheit souverän setzt und zugleich für unantastbar erklärt. Das mag für moderne Ohren, insbesondere protestantische, schrecklicher klingen, als es tatsächlich ist. In der griechischen Antike, auf deren Tradition wir ja durchaus zurückgreifen, war δόγμα jedenfalls ein Wertbegriff. Er bezeichnete nicht die Willkür der Setzung, sondern eine Wahrheit, die man für selbsterklärend hielt. Ein solcher Anspruch ist in der Moderne im Grunde nur noch theologisch formulierbar. Aber auch die Theologie ist eine Form des Denkens. Der Konfirmand, der ich einmal war, erinnert sich gut an die Begegnung, die unser Pfarrer im Geist der Ökumene mit dem Priester der katholischen Nachbargemeinde arrangiert hatte. Erstaunt nahmen wir zur Kenntnis, dass dieser Theologe die – wohl erwartete – Frage des evangelischen Nachwuchses, wozu die Welt denn etwas so Autoritäres wie Dogmen brauche, mit einem Bild beantwortete. Ein Dogma, so erklärte uns der Priester, dürfe man nicht mit einem Befehl verwechseln. Eher gleiche es einem Fenster, durch das schauen müsse, wer etwas von der Welt erkennen wolle, ohne zugleich den Schutz seines Hauses zu verlassen. Auch wenn er es so nicht sagte, war damit ein Kriterium gegeben, durch das sich der zweckmäßige Gebrauch des Dogmas vom missbräuchlichen unterscheiden ließ: Statt den Blick auf sich selbst zu lenken und dann mit autoritärer Geste Zustimmung zu fordern, muss es einen Ausblick ermöglichen. Und Ausblicke, das weiß man, können sich in Einsichten verwandeln.

Dass der Singularitätssatz in dogmatischer und damit potentiell theologischer Form auftreten kann, spricht also genauso wenig gegen ihn, wie seine Geltung allein schon durch die Thesenform verbürgt wäre. Hier wie dort hängt alles vom Gebrauch des Satzes ab. Dass etwa von jüdischer Seite vielfach voraussetzungslos behauptet wurde, der Holocaust sei ein »unerklärliches Mysterium« und historisch »ohne Analogie« (Elie Wiesel), ein »präzedenzloses« Ereignis (Yehuda Bauer) oder gar ein »Offenbarungsgeschehen« (Irving Greenberg) und daher von quasi oder tatsächlich religiöser Bedeutung, ist mehr als nur verständlich. Weil diese Interpretationen kaum zu trennen waren von der existentiellen Frage, was der Holocaust für das Judentum, für die jüdische Identität und für den Staat Israel bedeute, lässt sich deren Dogmatik durchaus als ein »Fenster« begreifen, das es Juden ermöglichte, sich vor dem Hintergrund der Katastrophe (wieder) in ein Verhältnis zur Welt zu setzen. Angesichts der Pluralität des jüdischen Lebens kann es aber genauso wenig verwundern, dass diese Deutungen, vor allem in der Diaspora, nicht unwidersprochen geblieben, ja zum Teil scharf bestritten worden sind.[28]

Wenn Steven Katz, der in einer umfangreichen Mono-
graphie die Singularität des Holocaust nachzuweisen versuchte, genauso Jude war wie die meisten seiner Kritiker, so
ist das ohne jede Relevanz.[29] Denn es handelte sich um eine
These, zu deren Diskussion es nicht darauf ankam, wer sie
geäußert hatte, sondern ob sie gründlich belegt (durchaus)
und schlüssig begründet war (eher nicht). Bemerkenswert ist
allerdings der Fall eines anderen Wissenschaftlers. Im Werk
des Historikers Dan Diner findet sich der Satz: »Auschwitz
ist ein Niemandsland des Verstehens, ein schwarzer Kas-
ten [black box, P. L.] des Erklärens, ein historiographische
Deutungsversuche aufsaugendes, ja, außerhistorische Bedeutung annehmendes Vakuum.«[30] Und an einer anderen
Stelle heißt es: »Während sich die Aufklärung an die Stelle
Gottes setzte und ihrerseits durch den Holocaust widerlegt
wird, nimmt dieser mit der Annullierung des Glaubens an
die Aufklärung jene Stelle ein, die vormals Gott vorbehalten
war.«[31]

Weder in der Thesenform, die er bei Steven Katz oder
Steffen Klävers fand, noch in der zivilreligiös beziehungsweise theologisch dogmatischen Form, die ihm Elie Wiesel oder Rabbi Greenberg gaben, ist der Singularitätssatz als
solcher beanstandenswert. Aber wenn ein Wissenschaftler
wie Dan Diner ihn als Dogma formuliert, wenn er in dessen Namen sogar die Aufklärung vom Thron stürzt, wenn er
ein reales Ereignis nicht nur im übertragenen Sinn, sondern
wortwörtlich sakralisiert, ja wenn ein Historiker von der *au-
ßerhistorischen* Bedeutung eines historischen Geschehens
spricht, dann wirft das ein echtes Interpretationsproblem
auf. Was also hat es zu bedeuten, wenn Diner im Hinblick
auf den Holocaust Sätze schreibt, die im doppelten Sinn in-

1986 und wir   47

diskutabel sind, weil sie erstens eine nicht bestreitbare Form haben und zweitens genau das in der Wissenschaft nicht erlaubt ist? Mathias Brodkorb hat das Naheliegende getan und Diner dafür kritisiert, »an die Stelle der Vernunft« etwas »Gegenrationales als axiomatisches Prinzip« zu setzen.[32] Und eigentlich ist das noch zu harmlos, denn es handelt sich ja nicht nur um ein Axiom, sondern um ein Dogma im vollen Sinn des Begriffs. Solche Sätze aus der Feder eines Wissenschaftlers müssten, so Brodkorb, »nahezu sprachlos« machen. Er hätte das »nahezu« ruhig weglassen können. Denn vielleicht sollen diese Sätze dem Leser ja die Sprache verschlagen. Vielleicht sind sie daher gar kein beklagenswerter Verrat an der Wissenschaft, sondern genau so gemeint. Es könnte sein, dass das unverhüllte Dogma hier etwas leistet, das weder die Wissenschaft noch die Religion leisten kann, sondern nur die Literatur. Diners Sätze beanspruchen ja nichts. Keine Geltung, und erst recht keine Macht. Im Gegenteil, sie sind so offensichtlich kritisierbar, dass jede Kritik zur Parodie ihrer selbst zu werden droht. Die Kleinlichkeit, ein Vergehen von geradezu exhibitionistischer Nacktheit zu kritisieren, fällt ja letztlich auf den Kritiker zurück.

Wenn Diners Sätze etwas aussprechen, dann ist es eine Aufforderung zum Schweigen. Ja, sie machen sprachlos. Aber sie sagen auch, zumindest kann man sie so lesen: Schließe deinen Mund und öffne deine Augen. Sie weisen auf ein Geschehen hin, das so unaussprechlich ist, dass zunächst womöglich nichts geboten wäre als die Anerkennung, *dass* es geschehen ist. Ob damit auch verboten sein soll, dieses Geschehen dann, so gut es eben geht, doch aufzuklären und zu begreifen, bleibt dahingestellt. Aber der Kontext dieser Sätze lässt gar keinen Zweifel, dass das nicht gemeint sein kann. Denn sie sind umgeben von anderen Texten und einem Lebenswerk, in denen auch die Mühe dieser Aufklärung zu ihrem vollen Recht kommt.

Es gibt Sprachen, die mehr als nur einen Begriff für das haben, was im Deutschen »Wahrheit« heißt. Das Russische etwa kennt neben *prawda*, der Wahrheit des gültigen Urteils, auch *istina*, eine Wahrheit, die sich so augenscheinlich und zweifelsfrei vom Irrtum unterscheidet wie die schreitende Göttin Aletheia von ihrer fußlosen Kopie. Diese sich selbst zeigende Wahrheit, die Martin Heidegger auf den Begriff der »Unverborgenheit« gebracht hat, herrscht in keinem anderen Gebiet so unumschränkt wie in der Kunst. Zu den künstlerischen Mitteln, etwas Wahres zu enthüllen, gehört auch die Plötzlichkeit einer Erscheinung, die fremd und unvermittelt auftaucht und durch die schroffe Differenz zu ihrer Umgebung nichts darstellt, sondern gleichsam auf sich selbst zeigt. Liest man Dan Diners Sätze in diesem Sinne als Literatur, dann bestünde deren Funktion darin, durch ihre skandalöse Form auf ein Ereignis hinzuweisen, das Gott nie hätte zulassen dürfen und dessen restlose Auflösung in Wissen ein Ding der Unmöglichkeit ist. In *dieser* Hinsicht gleichen sie einem Satz des russischen Schriftstellers Evgenij Vodolazkin, der seinen Protagonisten, einen Mönch des 15. Jahrhunderts, bei einem Waldgang ebenso plötzlich wie beiläufig etwas sehen lässt, das es in einem historischen Roman eigentlich nicht geben dürfte: »Unter dem Schnee kam sämtlicher Unrat zum Vorschein, den der Wald zu bieten hatte: Laub vom Vorjahr, ausgebleichte Stofffetzen, trübe Plastikflaschen.«[33]

Man könnte sagen, ich hätte gerade das bedeutungsschwerste Ereignis der Geschichte, das wie kein anderes

Anspruch auf das Attribut der Singularität erhebt, mit dem unbedeutendsten Massenprodukt verglichen, das sich überhaupt denken lässt: den Holocaust mit einer Plastikflasche. Und das stimmt. Aber gerade dieser extreme Vergleich zeigt, dass es beim Erkennen immer nur auf die Hinsicht ankommt. In ihrer literarischen Funktion, einen unverhüllten Bruch mit den eigenen Voraussetzungen zu markieren, gleichen Diners Sätze über den Holocaust als gottgleichem Thronfolger der Aufklärung in der Tat Vodolazkins Satz über die Plastikflaschen auf dem Boden eines mittelalterlichen Waldes. Gustav Seibt, dessen Essay über die Funktionen des Details im historischen Erzählen ich diese Stelle entnommen habe, deutet das Detail der Plastikflasche so: »Sie bleibt als Objekt völlig unverbunden mit der übrigen Handlung, an der sie nicht einmal als Requisit teilhat. Sie liegt einfach nur herum, als objet trouvé, ihre Funktion ist ihre historische Funktionslosigkeit, der Einspruch gegen das, was wir ›Geschichte‹ nennen.«[34] So verstanden, hat Dan Diner mit seinen Sätzen über den Holocaust einen doppelten Einspruch formuliert – als Jude gegen Gott und als Wissenschaftler gegen die Aufklärung. In unverhüllt dogmatischer Form gibt der Singularitätssatz hier die paradoxe Bedingung preis, unter der er Wahrheit beanspruchen darf. Ein Satz über die Unvergleichlichkeit des Holocaust kann dann wahr sein, wenn er etwas Unmögliches aussagt.

Der Gegensatz zwischen Diners unverhülltem Dogma und den oben zitierten Machtworten könnte schärfer kaum sein. Denn auch die Singularitätssätze von Laurin, Bredekamp, Polenz und Schmid sind ja ohne Zweifel dogmatisch formuliert. Aber wo im einen Fall der offene Regelbruch eine außerwissenschaftliche Wahrheit zeigt, da verbirgt das Dogma in den anderen die Behauptung eines Wissens, das keine Wissenschaft je liefern könnte. Dort öffnet sich ein Fenster, hier knallen die Türen zu. Geradezu absurd aber wird der Gegensatz, wenn man die Gegenläufigkeit bemerkt, mit der die Autoren den Begriff der Aufklärung gebrauchen. Weil Diner das kategorische Urteil von der gottgleichen Unbegreifbarkeit des Holocaust mit der Behauptung verknüpft, die Aufklärung sei entmachtet, stimmt seine Aussage mit ihrer dogmatischen Form vollständig überein. Genau umgekehrt verhält es sich mit den herrischen Singularitätssätzen. Mit aufreizendem Selbstbewusstsein hüllen sie den autoritären Inhalt in ein Prachtkleid namens »Aufklärung«. So heißt es bei Stefan Laurin: »Mit Begeisterung werden die Verbrechen des Kolonialismus genutzt, um in einer Mischung aus Antisemitismus und Feindschaft gegenüber dem Westen die Shoah zu relativieren und Demokratie und Aufklärung verächtlich zu machen.«[35] Und wenn Michael Rothberg vor dem Hintergrund der US-amerikanischen Geschichte darüber nachdenkt, wie der Opfer des Holocaust und der Opfer von Sklaverei und Rassismus gleichwertig gedacht werden könnte, dann wirft Thomas Schmid ihm vor, damit die »Aufklärung in Bausch und Bogen« zu verwerfen und den »Universalismus in der Tradition Kants« zu verraten.[36] Es sei mal großzügig dahingestellt, ob an diesen Vorwürfen irgendetwas dran ist. Aber wie kann die Aufklärung verteidigen, wer selbst nicht mehr zu bieten hat als ein Dogma und ein paar herbeizitierte Autoritäten? Wie kann jemand Kant verteidigen, der im gleichen Text mit dem theologisch-metaphysischen Begriff der »Wesensgleichheit« (*natum, non factum, unius substantiae cum Patre*) argumentiert, um sich schließlich auf die

1986 und wir

letztgültige Instanz aller Erkenntnis zu berufen, die eigene
Wetterfühligkeit für die Wahrheit: »Wer einst auch nur ein
wenig die Luft der anti-autoritären Revolte eingeatmet hat
und dann die beinharte Unerschütterlichkeit neu bekehrter
Marxisten-Leninisten erlebt hat, spürt augenblicklich, dass
hier ein denkerischer Autoritarismus am Werk ist.« Vor
wem bitte könnten solche Meisterdenker die Aufklärung
schützen, wenn nicht vor sich selbst? In ihrer Studenten-
zeit hätten sie aber wohl wenigstens noch gewusst, wie man
einen Machtanspruch bezeichnet, der sich nicht nur als
Wissen tarnt, sondern auch als das Gegenteil dessen ausweist, was er ist: als Ideologie.

—

Als solcher ist der Satz von der Singularität des Holocaust
ein Satz wie jeder andere. Was er bedeutet, ob er gilt und
wie er wirkt, hängt von der Form ab, in der er auftritt, und
dem Gebrauch, den man von ihm macht. Er kann thesen-
hafte Behauptung oder dogmatische Setzung sein, aber
hier wie dort steht seine Geltung unter einer Bedingung:
im einen Fall der Zustimmung zu seinen Gründen, im anderen der Bereitschaft, ihn zu glauben. Zum Problem wird
der Singularitätssatz erst, wenn sein Geltungsanspruch kein
Maß mehr kennt, weil er seine Form verbirgt. Wenn er kein
Gegenüber mehr hat, das er anspricht und auffordert, wenn
er weder »diskutiere mich!« noch »probier mich aus!« sagt,
sondern »ich bin wahr!«, und allen, die das bezweifeln, mit
nicht mehr kommt als dem herablassenden Verweis auf ein,
zwei Wissenschaftler, die zu der Sache angeblich »alles gesagt« haben. Wenn er sich für unantastbar erklärt und zu-

gleich Anerkennung fordert. Wenn er sich, mit einem Wort, souverän gibt. Wenn das aber der Fall ist, dann besteht die einzige Alternative zur Unterwerfung in der Frage: Warum ist dieser Satz eigentlich gerade gefallen? Die Antwort hängt natürlich, wie immer, vom Kontext ab.

Uns soll hier nur der problematische Gebrauch interessieren, der vom Singularitätssatz im Diskurs der Bundesrepublik gemacht wird. Warum also wird dieser Satz bei uns geschleudert wie ein Blitz? Man könnte sagen: Weil der Holocaust seit dem Historikerstreit in Deutschland mit einem Tabu belegt ist. Weil Tabus aber an etwas haften müssen, einem Ort, einer Person, einem Gegenstand oder einem Wort, behandeln wir den Holocaust nicht wie einen Sachverhalt, sondern wie ein Ding. Verdinglicht kann man seiner öffentlich gedenken und ihn zumindest im individualisierenden Paradigma der Historie auch erforschen, aber den Holocaust ergebnisoffen vergleichen hieße, ihn auf einen Aspekt zu reduzieren und ihm damit die Würde seiner Dinglichkeit zu nehmen, was wiederum gleichbedeutend wäre mit einem Tabubruch.

Aber so plausibel das auch klingen mag, es wäre doch nur eine Analogie. In unserer Gesellschaft sind ethnographische Begriffe ja höchstens metaphorisch von Bedeutung. Mathias Brodkorb oder Jürgen Zimmerer haben dem Holocaust durchaus seine Dinglichkeit genommen, als sie ihn in aller Sachlichkeit mit anderen Phänomenen verglichen und seine Sonderstellung zumindest in Frage gestellt haben – aber einem Schadenzauber ist meines Wissens bisher keiner der beiden zum Opfer gefallen. Und auch geächtet sind sie nicht. Wenn es aber offensichtlich möglich ist, die Bedeutung des Singularitätssatzes zu relativieren, und man nur damit rechnen muss, von einigen dafür so kritisiert zu werden, als *hätte* man ein Tabu gebrochen – dann kann es eigentlich keines sein. Also stellen wir die Frage anders. Warum tun manche so, als gäbe es ein Tabu? Man kann in fremde Köpfe nicht hineinsehen. Aber man kann beobachten, was Leute tun. Und im Fall des Holocaust fällt in Deutschland auf, dass schon auf die Befragung des Singularitätssatzes, also allein die Möglichkeit seiner Relativierung, vielfach mit heftiger Abwehr reagiert wird. Dafür aber kann es unterschiedliche Gründe geben.

Zum Beispiel könnte jemand so sehr in die politische Kultur der alten Bundesrepublik verstrickt sein, dass die Trias aus Nationalismusverbot, Westbindung und Singularitätssatz Teil seiner persönlichen Identität geworden ist. In solchen Fällen wird vermutlich keine Diskussion es ändern können. Bei anderen, Jüngeren vor allem, könnte die bundesdeutsche Dreifaltigkeit dagegen weniger stark verinnerlicht sein. Der Singularitätssatz wäre dann vielleicht nur ein emphatisches Symbol für Nationalismusverbot und Westbindung, also eher die Bekräftigung einer Norm als deren Bedingung, eine Konvention, die man sich aber auch wieder abgewöhnen könnte. In diesen Fällen ließe sich ein Angebot formulieren. Warum sollten wir nicht von Neuem über die Bedeutung des Holocaust nachdenken, und zwar mit dem Ziel, sie im Interesse des Gemeinwohls so weit wie möglich zu entpolitisieren?

Man könnte dann zum Beispiel fragen: Was wäre denn eigentlich anders, wenn wir nicht mehr die Singularität, sondern die Spezifik des Holocaust betonten? Wenn man ihn aber, um diese genauer zu bestimmen, intensiv mit anderen Genoziden vergleichen müsste? Wenn man sich fragte, ob er womöglich trotz der Normalität des Vergleichs in Deutsch-land eine besondere, vielleicht sogar herausgehobene Stel-lung haben sollte, und wie die zukünftig aussehen könnte? Wenn man die deutsche Perspektive vergliche mit anderen partikulären Perspektiven auf den Holocaust, insbesondere der israelischen und der amerikanischen, und sich dann fragte, ob und inwiefern sie einander bedingen, verstärken oder zuwiderlaufen? Wenn man daneben auch eine uni-verselle Perspektive zuließe, die das »Nie wieder!« jedoch nicht mehr exklusiv auf »die Deutschen« als potentielle Tä-ter und »die Juden« als potentielle Opfer bezöge, sondern auf jede Form politisch organisierter und ideologisch mo-tivierter Massengewalt? Wenn man den Holocaust dabei aber nicht als das Modell solcher Gewalt ansähe, sondern umgekehrt fragte, was dieser Fall mit anderen, im Ergebnis weniger extremen Fällen gemeinsam haben könnte, um so Muster zu erkennen, die in allen Prozessen, die am Ende zu Völkermorden führen können, identifizierbar sind? Wenn wir den Holocaustdiskurs einhegten und jedes Mal aufs Neue fragten, in welcher Hinsicht und in welcher Form er eigentlich gerade Thema ist, oder redensartlich: Welches Maß wir an ihn anlegen? Wenn wir also, kurz gesagt, das Sprechen über den Holocaust mäßigten?

—

»Welche aber werden sich als die Stärksten erweisen?«, fragt Friedrich Nietzsche im sogenannten Lenzer-Heide-Frag-ment von 1887, und gibt zur Antwort: »Die Mäßigsten, die, welche keine extremen Glaubenssätze nöthig haben, [...] die, welche vom Menschen mit einer bedeutenden Ermäßigung seines Werthes denken können, ohne dadurch klein und schwach zu werden.«[37] Es ist der Kontext dieses Gedankens, in dem Nietzsche auch Gott »eine viel zu extreme Hypothese« nennt.[38] Doch nur weil eine Annahme zu extrem ist, folgt daraus noch nicht, dass ihre Verneinung schon wahr wäre. Im Gegenteil, die kategorische Bestreitung Gottes und aller Werte, der Nihilismus, ist ja genauso extrem. Aus dieser Aporie des Alles-oder-Nichts hat Nietzsche einen doppelten Ausweg gewiesen. In logischer Hinsicht gelingt ihm die Vermittlung, indem er nach dem Gemeinsamen fragt, das die gegensätzlichen Extreme verbindet, und es in der Notwendigkeit des Wollens »von etwas« ausmacht. Denn »lieber will noch der Mensch das Nichts wollen, als nicht wollen …«, heißt es ebenfalls 1887 in *Zur Genealogie der Moral*.[39] Und in ethischer Hinsicht leitet Nietzsche aus der »Grundtatsache« des menschlichen Willens ein Gebot zur Mäßigung ab. Damit ist aber gerade nicht die Askese, also die Verneinung eines Willens gemeint, sondern umgekehrt, die Bejahung des Ziels, das genau dieser Wille in sich trägt. »Stark« in diesem Sinne ist ein Wille dann, wenn er sich zur Fülle entfalten kann, weil er sein eigenes Maß achtet. Im Grunde ist dieser Gedanke durch und durch goetheanisch, wenn nicht sogar antik. Nur lebte Nietzsche in einer Zeit, in der er vielleicht so radikal formuliert werden musste, dass man ihn gegen seine Intention für extrem halten konnte.

Der Unterschied zwischen dem Radikalen und dem Extremen mag graduell erscheinen, tatsächlich ist er elementar. Man muss Nietzsches Notizen in ihrem Kontext und vor dem Hintergrund der europäischen Geistesgeschichte zu lesen verstehen, um ihn zu erkennen. Weil Elisabeth Förster-Nietzsche und Peter Gast es nicht konnten, erschienen die Fragmente seines radikalen Maßgedankens – unter dem Titel *Der Wille zur Macht* – posthum in einer Kompilation, die so sinnentstellend war, dass sie maßlose Köpfe auf extreme Gedanken bringen konnte: den nationalsozialistischen Rassephilosophen Alfred Baeumler zum Beispiel.[40]

—

Die Ermordung der europäischen Juden war ein Verbrechen der Maßlosigkeit. Ein Denken, das es erfassen will, ganz gleich mit welchen Mitteln, darf darum nicht selbst maßlos sein. Vielleicht sollten wir in diesem Sinne den Satz von der Singularität des Holocaust nicht in jeder Form, aber immer dann, wenn er ein Bekenntnis fordert, als zu extrem erachten.

Blick auf den Untergang

Im Schatten der Tat

Für das Erbe des Nationalsozialismus ist in Deutschland seit 1945 eine Reihe von Begriffen geprägt worden. Obwohl jeder von ihnen zu seiner Zeit etwas traf, haben sie heute ihre Schärfe weitgehend verloren. Hier und da mögen sie noch Sinn vermitteln, aber sie bieten keine Orientierung mehr. Im Gegenteil scheinen sie, als wären es historische Wortgespenster, auf den Dachböden unseres Bewusstseins und in den Kellern unserer Diskurse ein immer nervöseres Eigenleben zu führen. Versammelt und aufgereiht, könnten diese Begriffe die Kapitelüberschriften für eine kleine Geschichte unseres Landes nach dem Zweiten Weltkrieg bilden. Doch weil sie allesamt, auf Dauer, keine Zukunft haben, will ich sie nur kurz durchgehen, um dann den den Blick zu weiten und Ausschau zu halten nach einer neuen Idee, einem Leitbegriff, der Hitlers Ort auf den Bühnen unserer Gegenwart präziser bezeichnet. Ein solcher Begriff würde auch zu diesem Buch passen, einem Text, den schließlich trotz der Vielfalt seiner Themen eines zusammenhält: die Suche nach einer frischen Sprache für einen arg ramponierten, aber offenbar unverwüstlichen Gegenstand. Und das heißt auch: nach einer Art der Geschichtsschreibung, die eher von Nutzen als von Nachteil für das Leben ist.

—

Die ENTNAZIFIZIERUNG, der sich die Deutschen nach Kriegsende durch die Besatzungsmächte unterworfen sahen, war eine Konsequenz der bedingungslosen Kapitulation. Sollte Deutschland die Möglichkeit zu einem Neuanfang erhalten, setzte das nach der Logik der totalen Niederlage die Verurteilung der politisch und militärisch Verantwortlichen, den Austausch der administrativen Eliten und die Umerziehung der Bevölkerung voraus. Dass dieses Vorhaben von außen so zwingend erschien, wie es aus inneren Gründen zunächst scheitern musste, bringt vielleicht kein Text so deutlich zum Ausdruck wie Ernst von Salomons *Der Fragebogen*, eine maßlose Travestie der anmaßenden Idee, anderthalb Millionen Lebensläufe durch 131 Antworten mit einem Erziehungsauftrag zu verrechnen. Trotz ihrer Tendenz zur Apologie war diese uferlose Selbstauskunft erhellender, als es die Atteste von Belastungsgraden je sein konnten. Noch aufschlussreicher ist allerdings die historische Auswertung realer Fragebögen; denn sie offenbart das Ausmaß, in dem die Deutschen die Jahre des Nationalsozialismus als biographisches Problem wahrnahmen.[1] Mochte es auch für die meisten ungelöst bleiben – zumindest in den westlichen Besatzungszonen wies der alliierte Wille zur Demokratie tatsächlich einen Weg in die Zukunft. Wenn man heute feststellen kann, dass er sein Ziel am Ende auch erreicht hat, dann hatte dieses Gelingen eine Bedingung: Die neu gegründete Bundesrepublik musste die Rechtsnachfolge ihres Vorgängerstaates antreten. Und weil sie das tat, entwickelte sie zum Nationalsozialismus ein Verhältnis, das dauerhaft von Ambivalenz geprägt war. Einerseits musste sich die junge Demokratie ihrem Selbstverständnis und ihrer Verfassungsarchitektur nach kategorisch von der »NS-Diktatur« unterscheiden. Andererseits aber konnte deren Hinterlassenschaft in einem Rechtsstaat, der Meinungsfreiheit garantierte, in kritischer wie selbstkritischer Absicht, von innen wie von außen, jederzeit und oft unvorhersehbar zum Thema gemacht werden. Was auch geschah. Und was bis heute geschieht.[2]

Dagegen ließ sich der Nationalsozialismus in der ehemaligen sowjetischen Besatzungszone doktrinär entsorgen. Nachdem mit einer gesamtdeutschen Nachkriegsordnung auch die Idee einer »demokratischen Volksfront« gescheitert war, hatte Moskau die antiwestliche Gegengründung namens DDR in sein Imperium gezwungen. Derart zum »Bruderstaat« degradiert, stand es ihr aber im Gegenzug frei, Stalins Heldenepos als ihren Gründungsmythos zu importieren. Und so herrschte, wo wenige Jahre zuvor Hitlers Kreuzzug gegen den »jüdischen Bolschewismus« noch ein ganzes Volk mobilisiert hatte, im sowjetisierten Landesteil bald der ANTIFASCHISMUS – vertreten durch eine Partei, deren Unfehlbarkeitsanspruch es undenkbar machte, dass der Feind in ihrem Machtbereich weiterhin existierte. Weil die Rote Armee unter gewaltigen Opfern Mittel- und Osteuropa vom »Hitlerfaschismus« befreit hatte, dessen Träger aber noch zahlreich lebten, mussten die verbliebenen »Faschisten«, das ergab sich mit zwingender Logik, alle im Westen sein. Diese geographische Wahrheit lag aber auch aus ideologischen Gründen nahe. Unter den Bedingungen des Kalten Krieges waren »Faschismus« und »Kapitalismus« schließlich wieder – so wie sie es schon bis 1933, vor der taktischen Wende zur Volksfrontdoktrin, gewesen waren – nur zwei Erscheinungsformen des welthistorischen Antagonisten, dem die Revolution den Krieg erklärt hatte. Dass sich

Im Schatten der Tat

nach der Wiedervereinigung in den neuen Bundesländern, im geistigen Vakuum der »Baseballschlägerjahre«, überall junge Leute als »Antifa« organisierten, um den Raum nicht der Willkür von gleichaltrigen »Nazis« zu überlassen, hat vor diesem Hintergrund Züge einer historischen Tragikomödie. Aber wenn sich heute Christdemokraten stolz als »Antifaschisten« bezeichnen, um im »Kampf gegen rechts« bei ihren Followern zu reüssieren, dann ist das, so viel Marx muss sein, doch eine ziemlich lumpige Farce.[3]

Auch die AUFARBEITUNG der NS-Vergangenheit, mit der die junge Bundesrepublik Verantwortung für die politischen und juristischen Folgeprobleme des Dritten Reichs übernahm, stand zunächst noch im Zeichen der Außenpolitik. So war das Luxemburger Abkommen, in dem die Regierung Adenauer sich 1952 verpflichtete, der Jewish Claims Conference sowie dem Staat Israel »Wiedergutmachungsleistungen« in Höhe von insgesamt 3,5 Milliarden DM zukommen zu lassen, eine Bedingung für das Ende des Besatzungsstatus. Doch nachdem die Bundesrepublik 1955 teilsouverän geworden war, wandelte sich das Erbe des Dritten Reichs von einer äußeren zu einer inneren Angelegenheit. Wenn auch nicht sofort. Erst 1958, nach fast einem Jahrzehnt der stillschweigenden Reintegration auch schwer belasteter Nazis, bekam die Aufklärung der NS-Verbrechen mit der Zentralen Stelle der Landesjustizverwaltungen in Ludwigsburg einen institutionellen Rahmen. Dabei waren die Verfolgung, die Erforschung und die öffentliche Dokumentation von Taten und Tätern eng miteinander verzahnt. Die Staatsanwälte waren für ihre Ermittlungen auf eine neue Disziplin namens »Zeitgeschichte« angewiesen, zu deren Forschungen sie wiederum selbst erheblich beitrugen. Und

64   Blick auf den Untergang

durch die Berichterstattung kritischer Journalisten bekam diese Arbeit einen gesellschaftlichen Resonanzraum, der mit der Verjährungsdebatte im März 1965 auch die parlamentarische Öffentlichkeit des Bundestags erreichte. So unzureichend im Ganzen und im Einzelnen umstritten ihre Ergebnisse auch ausgefallen sein mochten: Mit der Aufarbeitung der im Nationalsozialismus begangenen Verbrechen, die in der Praxis vor allem mühevolle Berufsarbeit war, wurden die Entschädigung der Opfer, die Verfolgung der Täter und die Erforschung der Taten als öffentliche Aufgaben anerkannt. Wenn sie heute keiner Rechtfertigung mehr bedürfen, dann ist das ein Verdienst jener Politiker, Staatsanwälte, Wissenschaftler und Publizisten, die in den späten 50er und frühen 60er Jahren gegen starke Widerstände auf ihrer Unausweichlichkeit bestanden.[4]

Diese Leistung zu würdigen heißt aber auch, die im Rückblick vorgetragene Behauptung der »Achtundsechziger«, erst sie hätten das »Schweigen« über den Nationalsozialismus gebrochen, als das zu bezeichnen, was es ist: eine generationsstiftende Legende. Lebensweltlich war sie allerdings verständlich. Schließlich gehörten die meisten Eltern der revoltierenden Studenten zu der nach 1900 geborenen Kriegsjugendgeneration, die den Nationalsozialismus wie keine andere zu ihrem Projekt gemacht hatte. Dass die hartleibigen, frühvergreisten Krawattenträger und Frisurbesitzerinnen, mit denen man gemeinsam »O du fröhliche, o du selige, gnadenbringende Weihnachtszeit« sang und nach dem Braten zur Not auch mal einen Underberg kippte, etwas mit den Monstern zu tun haben könnten, von denen in den Zeitungen immer häufiger die Rede war – das darf man getrost einen monströsen Verdacht nennen.[5] Wenn die Tä-

Im Schatten der Tat

terkinder diesen Schock, wie man bald sagen sollte, »kompensierten«, indem sie sich selbst zu Opfern ihrer Eltern stilisierten und die Verbrechen des Nationalsozialismus in die Sphäre abstrakter Theorie verbannten, die neben den USA und der Bundesrepublik auch Israel für »faschistoid« erklären konnte, dann sollte man darüber im Rückblick nicht allzu hart urteilen. Aber wir sollten uns auch nicht dazu verführen lassen, in den Rollenspielen, Rationalisierungen und Gesten des »nachträglichen Ungehorsams« (Odo Marquard) mehr zu erkennen als die Not von Kindern, die sich mitten in Deutschland, während sie ihren Eltern beim Kauen zusahen, plötzlich wie heimatlose Waisen fühlten.[6]

Überfordert, wie sie waren, verwechselten diese Kinder autoritäre Strenge und elterliche Gewalt mit »Faschismus«. Und sie übersahen, dass einige Überlebende und Angehörige einer Zwischengeneration längst in Angriff genommen hatten, was die »Achtundsechziger« später als ihr Verdienst reklamieren sollten. So war es der deutsche Jude Fritz Bauer, der, unterstützt von einem sozialdemokratischen Ministerpräsidenten und ein paar Flakhelfern, als Staatsanwalt nicht nur den spektakulären Auschwitz-Prozess angestrengt, sondern auch den Mossad auf die Spur von Adolf Eichmann gebracht hatte. Und dass ein Katholik des Jahrgangs 1930, der spätere Verfassungsrichter Ernst-Wolfgang Böckenförde, 1961 seine Kirche erschütterte, als er in einem langen, ebenso profund argumentierenden wie akribisch recherchierten Artikel ihr Versagen im Jahr 1933 nachwies: auch das hätte man 1968 wissen können.[7]

Die Wirkung, durch die der Elternschock zumindest einen Teil dieser Generation zur Arbeit an der Geschichte motivierte, setzte erst mit großer Verspätung ein. Es musste ein »rotes Jahrzehnt« (Gerd Koenen) vergehen; es musste das utopische Denken der Zukunftsangst weichen; und es musste die amerikanische Kulturindustrie den Holocaust zum (gleichnamigen) Melodram gemacht haben, bevor einige der Täterkinder um 1980 begannen, sich der, wie es nun hieß, VERGANGENHEITSBEWÄLTIGUNG anzunehmen. Und wenn es auch – wie bei jeder Bewegung – nur eine Minderheit war, die sich aktiv daran beteiligte, so wurde die Auseinandersetzung mit dem Nationalsozialismus nun von einem juristischen und innenpolitischen Fachgebiet wirklich zu einer Sache der Gesellschaft. Dass »1968« auf dem Gebiet der Alltagskultur besonders nachhaltig gewirkt hat, zeigt sich hier auf geradezu mustergültige Weise. Die Leidenschaft, mit der man nun in zahllosen »Initiativen« und »Projekten« begann, Geschichtswerkstätten zu gründen, Archive zu durchwühlen, in verfallenen Konzentrationslagern Gedenkstätten zu errichten, Ausstellungen zu organisieren, Denkmäler zu errichten, Artikel und Bücher zu schreiben, Filme zu drehen, den Kontakt nach Israel zu suchen, in der Psychotherapie und im Fernsehen Geständnisse abzulegen, ist immer noch beeindruckend, auch wenn manches Ergebnis heute nicht mehr überzeugt. Diese Kriegs- und Nachkriegskinder überwanden, nachdem sie sich aus der rasenden Schockstarre gelöst hatten, die Not ihrer inneren Verwaistheit, indem sie eine Kultur der produktiven Heimatkritik stifteten. Dass sie damit etwas Bleibendes schufen, zeigt sich nicht zuletzt darin, dass Stück um Stück, durch Fortsetzung und Pflege, Korrektur und Ergänzung, auch die Nachgeborenen in sie hineinwuchsen.

Mein Fall mag dafür exemplarisch stehen. Kind der postnationalsozialistischen Heimatkritik, das ich bin, habe ich einen Beruf daraus gemacht, zu ihr beizutragen. Dass diese Beiträge teils zur Wissenschaft, teils zur Literatur, teils zur politischen Publizistik gehören, spricht vielleicht nicht unbedingt für mich, aber ganz sicher für die lebendige Vielfalt dieser Kultur. Sie gehört zu mir, ihr fühle ich mich verpflichtet. Doch um dieses Buch richtig zu verstehen, müssen seine Leser noch um ein weiteres Gefühl wissen: mein Unbehagen an Teilen der bundesrepublikanischen ERINNERUNGS-KULTUR. Das verlangt nach einer Erklärung. Ich werde daher, bevor ich wieder auf die Heimatkritik und damit auch meinen Ort zu sprechen komme, zunächst einen längeren Umweg einschlagen. Er führt entlang des Spalts unserer Geschichte zum Zwiespalt unseres Erbes.

Das Licht der Opfer

Als die bundesrepublikanische Öffentlichkeit in den 8oer Jahren darüber stritt, welche Bedeutung der Nationalsozialismus und das Gedenken des Holocaust in Deutschland zukünftig haben sollten, da hallte in diesem Streit das Echo von Debatten nach, die schon viel länger, viel sorgfältiger und mit viel besseren Gründen auf Seiten der Opfer geführt worden waren. Was die Ermordung der europäischen Juden für die Überlebenden, ihre Nachfahren und die Juden in aller Welt bedeutete, wie ihrer zu gedenken sei, und ob sie ein Erbe allein jüdischer Gruppen und des zionistischen Staates oder der gesamten Menschheit ist: Das waren Fragen von großer Tragweite, und für viele Juden waren sie von geradezu existentieller Dringlichkeit. Nicht von ungefähr jedenfalls wurde die große Studie, die diese Diskussionen nachzeichnete, aus jüdischer Perspektive geschrieben. Und genauso wenig kann überraschen, dass ihr Autor ein amerikanischer Historiker war. In *The Holocaust in American Life* rekonstruiert Peter Novick den Prozess, in dem sich das Paradigma herausbildete, das wir heute weltweit als »Holocaust« bezeichnen. Weil das Ergebnis auch für das Entstehen einer deutschen Erinnerungskultur eine kaum zu überschätzende Rolle spielte, ist Novicks Analyse einen ausführlicheren Blick wert.

Lag der Fokus der jüdischen Erinnerung zunächst auf dem heroischen Widerstand, den etwa die Juden des Warschauer Ghettos geleistet hatten (während das Trauma des Genozids, wenn überhaupt, eher privat angesprochen wurde), so änderte sich das, als es im Zuge des Sechstagekrieges galt, über die Juden in der Diaspora, vor allem in den USA, internationale Unterstützung für Israel zu mobilisieren. Dessen Gründung hatte noch im Zeichen jüdischer Selbstbehauptung gegen die arabischen Staaten gestanden. Um aber 1967 die Unterstützung von Kreisen zu gewinnen, die sich dem zionistischen Projekt innerlich oft kaum verbunden fühlten (und vielleicht auch vom Präventivschlag der israelischen Armee und der anschließenden Besatzungspolitik irritiert waren), wurde jetzt die Schutzbedürftigkeit als Eigenschaft hervorgehoben, die Juden in aller Welt mit den Juden in Israel verband. Im Horizont der Opferperspektive konnte nun auch der Holocaust in einem anderen Licht erscheinen, nämlich als ein herausragender Fall jüdischer Verletzlichkeit.[8]

Neben dem Schicksal Israels lag eine zweite Herausforderung in der Frage, was es für das Judentum bedeutete, dass eine so unvorstellbar große Zahl seiner Angehörigen ermordet worden war. Der Holocaust stellte das historische Bewusstsein einer Gemeinschaft, die sich selbst über ihren Bund mit Gott definiert, vor ein Problem. Wie ließ sich ein solches Ausmaß an Gottverlassenheit erklären? Konnte man es überhaupt begreifen? Ist aber andererseits nicht gerade die Unbegreifbarkeit ein Attribut Gottes?[9] Über solche im engeren Sinn theologischen Fragen hinaus sollte sich für den Holocaustdiskurs aber vor allem eine religiöse Analogie als wirkmächtig erweisen. Es war insbesondere Elie

Wiesel, ein nach Amerika emigrierter *survivor* aus Rumänien, der darauf bestand, dass dieser Völkermord mit keinem anderen Ereignis vergleichbar war und darum eine außerweltliche, gleichsam sakrale Qualität besaß. Während er sich gegen alle Versuche aussprach, den Holocaust wissenschaftlich zu erklären, sah Wiesel die Aufgabe der Überlebenden darin, ihn durch ihre Erinnerung zu bezeugen. So sehr andere sie auch ablehnen mochten, religiöse Juden aus theologischen, Historiker aus theoretischen Gründen: Vor dem Hintergrund des jüdischen Geschichtsdenkens war die Mystifikation des Holocaust, seine Erhöhung zu einem Geschehen von unbegreiflicher Größe, durchaus plausibel. Und eingebettet in eine christlich geprägte Kultur, deren Religiosität im Gedenken an einen gewaltsamen Tod gründet, konnte sie auch unter Nichtjuden breite Resonanz finden.

Der Facettenreichtum dieser innerjüdischen Diskussionen wurde (und wird) in Deutschland jedoch kaum wahrgenommen. Wenn der Holocaust in den 8oer Jahren aber auch hierzulande, zumindest in der Bundesrepublik, eine Sache von nationaler Tragweite werden konnte, dann nur weil er es zuvor in den USA geworden war. Im Land der Täter wurde der Genozid an den europäischen Juden in einer Form zum Thema, die nicht nur mit den Diskursen amerikanischer Juden zu tun hatte, sondern auch mit der Kultur Amerikas. Der naheliegende Verweis auf Hollywood, das der Bundesrepublik mit der Serie *Holocaust* 1979 ein epochemachendes Fernsehereignis bescherte, griffe aber zu kurz. Tatsächlich war der Kontext, in dem eine Katastrophe der europäischen Geschichte fast 40 Jahre, nachdem sie sich ereignet hatte, eine zentrale Bedeutung in den USA erlan-

Das Licht der Opfer

gen konnte, politischer Natur; und er hatte merklich zivil-
religiöse Obertöne.

Es war Präsident Jimmy Carter, der 1978 die Kommission
zur Gründung eines *U.S. Holocaust Memorial* ins Leben
rief.[10] Dabei bewog ihn zum einen die unmittelbare Sorge,
im Zuge seiner auf Ausgleich zielenden Nahostpolitik die
Unterstützung der jüdischen Wähler zu verlieren. Zum anderen gaben die Vereinigten Staaten nach dem Desaster von
Vietnam, dem Zusammenbruch des Bretton-Woods-Sys-
tems, der Ölkrise und der Détente im Kalten Krieg (die erst
1979 mit der sowjetischen Invasion Afghanistans endete)
das Bild einer moralisch verunsicherten Nation ab, die neben
der Hegemonie in der Weltwirtschaft nun auch ihre außenpolitische Spannung zu verlieren drohte. In dieser Sinnkrise
erneuerte sich unter Jimmy Carter der amerikanische Exzep-
tionalismus im Geist der Menschenrechte. Dass dieser Geist
einer realistischen Außenpolitik eher abträglich ist, brachte
Helmut Schmidt damals oft an den Rand der Verzweiflung.
Aber der Glaube an sich selbst, und das heißt: an die historische Mission des eigenen Landes, ließ sich durch den Men-
schenrechtsidealismus durchaus revitalisieren (auch wenn
er erst in den 90er Jahren zum Maßstab der amerikanischen
Außenpolitik werden sollte). Dass es erneut ein religiöser
Südstaatendemokrat war, der die spirituelle Erneuerung
seiner Nation zur Chefsache machte, mag Zufall gewesen
sein oder nicht. Jedenfalls könnte man sagen, dass für Carter
vor diesem Hintergrund der Holocaust eine ähnliche Bedeutung gewann, wie sie der Völkerbund für Woodrow Wilson
besessen hatte. Er wurde zum Orientierungspunkt, einem
Symbol, das dem Sinn der eigenen Geschichte Evidenz verlieh. So wie die Idee einer Versammlung, in der die Natio-

nen ihre Konflikte friedlich regeln, Wilsons Illusion eines »Friedens ohne Sieg« beglaubigt hatte, so konnte nichts die globale Schutzbedürftigkeit der Menschenrechte offensichtlicher machen als die Erinnerung an den eklatantesten Fall ihrer Verletzung. Carters in Stein gemeißelte Worte, die den Besucher heute am Eingang des Holocaust Memorials in Washington empfangen, lassen an dieser Bedeutung des Orts keinen Zweifel – stellen sie doch das historische Ereignis ausdrücklich in den Horizont einer ebenso zeitlosen wie universalen Mission: »Out of our memory ... of the Holocaust we must forge an unshakable oath with all civilized people that never again will the world stand silent, never again will the world fail ... to act in time to prevent this terrible crime of genocide ... we must harnesse the outrage of our own memories to stamp out oppression wherever it exists. We must understand that human rights and human dignity are indivisible.«

Was vor dem Hintergrund der amerikanischen Geschichte als Idee überzeugen mochte, erwies sich aber – wie der Völkerbund – bald als ein Vorhaben, dessen Realisierung Probleme aufwarf. Wenn eine multiethnische Nation die Repräsentation eines Menschheitsverbrechens, von dem sie unmittelbar gar nicht betroffen war, zum Politikum macht, dann begibt sie sich auf vermintes Gelände. Wie sich nämlich zeigen sollte, besaß die Universalisierung des Holocaust als Mahnmal der Menschenrechtsverletzung eine identitätspolitische Sprengkraft, die sich nicht ohne weiteres entschärfen ließ.

Dem Nationalsozialismus waren ja nicht nur Juden, sondern auch Angehörige anderer Gruppen zahlreich zum Opfer gefallen: Sinti und Roma etwa, Homosexuelle, Polen,

Ukrainer und Russen, um nur einige mit besonders ausgeprägter Identität zu nennen. Über den Vorrang der Judenvernichtung konnte es keine Diskussion geben. Darüber, ob und wie er sich gegenüber den anderen Opfern in einer nationalen Gedenkstätte zum Ausdruck bringen ließ, aber sehr wohl. War Carter bei der Berufung der Gründungskommission noch ganz selbstverständlich davon ausgegangen, dass das Memorial allein dem Andenken der sechs Millionen ermordeten Juden galt, so konnte er sich den Repräsentationsansprüchen, die Vertreter anderer Opfergruppen geltend machten, nicht verschließen. Und er wollte es auch gar nicht. Da sie den universalen Geltungsanspruch des Mahnmals bekräftigt hätte, wäre eine Ausweitung über die partikulär jüdische Perspektive hinaus ja durchaus im Sinne der Idee gewesen. Es ist daher auch weniger überraschend, als es auf den ersten Blick scheinen mag, dass der Gegensatz der Positionen schließlich von zwei prominenten Juden verkörpert wurde, die beide den Holocaust überlebt hatten. Elie Wiesel, der von Carter zum Vorsitzenden der Mahnmalskommission berufen worden war, plädierte für eine Beschränkung auf die jüdischen Opfer, Simon Wiesenthal, der sich der Verfolgung untergetauchter NS-Täter verschrieben hatte, für die Einbindung aller Opfergruppen. In dem erinnerungspolitischen Konflikt, der sich nun entspann, standen bald zwei Lösungen zur Wahl: ein arithmetischer Kompromiss und die Mystifizierung einer Zahl.[11]

Das Mahnmal konnte entweder der Gesamtheit aller NS-Opfer gewidmet sein, wobei die Zahl der ermordeten Juden nur die aller anderen Gruppen hätte überragen müssen. Dass man in diesem Fall, einem Vorschlag Wiesenthals folgend, als »Holocaust« die Ermordung von »elf Millionen« Menschen verstanden hätte, war einer symbolischen Logik geschuldet: Sechs ist mehr als fünf, und sechs plus fünf ist elf.[12] Oder aber der Holocaust blieb, was er im Sprachgebrauch bis dahin gewesen war, nämlich allein die Ermordung der europäischen Juden. Dann würden die »sechs Millionen« die anderen Opfergruppen nicht nur quantitativ überragen – ihre Ermordung müsste auch als ein isoliertes Ereignis begriffen werden, das in der Menschheitsgeschichte einen »singulären« Charakter besaß und auch im Nationalsozialismus »ohne Analogie« war. Beide Optionen hatten gute Gründe für sich, aber was als Addition aufgegangen wäre, konnte weder der Komplexität des – damals ohnehin kaum erforschten – historischen Geschehens noch dem Eigensinn der Opferperspektiven gerecht werden.

»Fünf« und »sechs« ließen sich nicht miteinander verrechnen, ihre irreduzible Verschiedenheit warf Probleme von solcher Schwierigkeit auf, dass sie Wissenschaft und Politik bis heute beschäftigen. In welchem Verhältnis etwa der Antisemitismus der Nazis zu ihrem Rassismus stand, und damit auch die Ermordung der europäischen Juden zu anderen Genoziden, oder inwiefern der Holocaust mit der Gewaltgeschichte von Kolonialismus und Sklaverei vergleichbar ist: Solche Fragen lassen immer noch und immer wieder die Köpfe rauchen, und sie sorgen für viel böses Blut.[13] Sie sind nicht leicht zu beantworten, und darum sind sie gut. Aber weil man auf Fragen keine Gedenkstätten bauen kann, musste eine Entscheidung getroffen werden. Wenn sich schließlich die »sechs« und damit die Position Wiesels de facto durchsetzte, obwohl das Weiße Haus die Doktrin der »elf Millionen« offiziell nie aufgegeben hatte, dann gab es da-

Das Licht der Opfer

für wie gesagt gute Gründe. Nur wurde damit eben die Repräsentation anderer Gründe marginalisiert.

Mochte die erinnerungspolitische Beschränkung auf eine jüdische Perspektive auch Wünsche offenlassen: Sie war aus spezifisch amerikanischen Verhältnissen entstanden. Und innerhalb dieser Verhältnisse stiftete sie auch Sinn. Dagegen brachte ihr Export Probleme mit sich. Was die Länder des Westens nach der Eröffnung des U.S. Memorials 1993 aus den USA als »Holocaust« importierten, war die Repräsentation einer partikularen Perspektive in universalistischer Absicht.[14] Die Problematik dieses widersprüchlichen Kulturguts hat sich seitdem überall gezeigt, wo im Namen des Holocaust Politik gemacht wurde. Paradoxerweise behindert nämlich das Bestehen auf der Einzigartigkeit des Holocaust die Erkenntnis seiner Spezifik. Weil sie den Vergleich höchstens duldet, wenn das Ergebnis schon feststeht, kann die Singularitätsemphase als Ursache dieses Völkermords nichts anderes gelten lassen als einen letztlich mysteriösen Willen zur Vernichtung; doch weil es zugleich um eine humanitäre Mission geht, bezeichnet das Wort »Holocaust« nicht nur *ein unerklärliches* Ereignis der Vergangenheit, sondern auch eine *Vielzahl möglicher*, unbedingt zu verhindernder Ereignisse in der Zukunft. Wenn ein Völkermord zur politischen Leitidee wird, dann liegt es außerdem nahe, die eigene Sache direkt oder über Analogie mit dessen Opfern zu identifizieren – und damit die der Gegenpartei zu kriminalisieren. Das wiederum verringert den Spielraum der Diplomatie; denn am Rande eines moralischen Abgrunds verhandelt man nicht. Und schließlich: Wenn ein historisches Ereignis in seiner Absolutheit so kategorisch von allen anderen Ereignissen unterschieden werden muss, dass die Frage nach ihrem Zusammenhang gar nicht mehr gestellt werden kann, dann ist es nur konsequent, diese Wahrheit auch in Geschichtsgesetzen festzuschreiben.[15]

Am realen Verlauf der Dinge hat das hehre »never again!« dagegen nichts geändert. Dem Massaker an den muslimischen Männern von Srebrenica und dem Völkermord in Ruanda wohnte die Weltgemeinschaft allem Menschenrechtspathos zum Trotz nur als Zuschauer bei. Und als die NATO unter der Führung Bill Clintons 1999 den einzigen Kriegseinsatz ihrer Geschichte ohne völkerrechtliches Mandat ausübte, aber dafür angetrieben von einer Öffentlichkeit, die im ehemaligen Jugoslawien notorisch den nächsten »Holocaust« witterte, konnte man meinen, hier verhöhnten – unter dem Jubel des deutschen Außenministers – zwei Südstaatenpräsidenten das Erbe eines dritten.

Gegen die Tendenz, den Holocaust aus den Kontexten seiner Geschichte zu lösen, um ihn mit sakralem Sinn, politischer Geltung und pädagogischer Absicht zu beladen, hat Peter Novick die Skepsis des Historikers in Stellung gebracht. »Will man«, so sein nüchternes Fazit, »aus einer Begegnung mit der Vergangenheit wirklich etwas lernen, dann muss diese Vergangenheit in ihrer ganzen Unaufgeräumtheit erscheinen. Wird sie dagegen solange geformt und ausgeleuchtet, bis sie eine inspirierende Botschaft mitzuteilen hat, wird sie kaum je Erkenntnis stiften.«[16] So sehr ich mir diese Worte in Stein gemeißelt wünschte: Es besteht kein Grund, die genannten Probleme über Gebühr zu dramatisieren. Im besonderen Fall der Bundesrepublik aber mussten sie in Sackgassen führen, die man nicht ohne Not schönreden sollte. Das eine unschöne Ergebnis, zu dem der Import des

Holocaustparadigmas hierzulande führte, war das Provinz-
ereignis des Historikerstreits. Das andere war die Monu-
mentalisierung der Provinzialiät in Gestalt eines Mahnmals.

—

In der israelischen Gedenkstätte Yad Vashem hat die Erinnerung an den Holocaust ihren fraglosen Ort; wegen der
Bedeutung, die das jüdische Leben für die USA hat, lässt
sich das gleiche, trotz der beschriebenen Konflikte und in
eingeschränktem Maß, wohl auch über das Washingtoner
Memorial sagen; in anderen Ländern des Westens mögen die
Gedenkstätten, die dort nach dem amerikanischen Vorbild
entstanden sind, Fragen nach ihrem Sinn aufwerfen. Aber in
Deutschland konnte dabei, vielleicht landestypisch, nur un-
beholfene Größe herauskommen.

Dass sich in der deutschen Mahnmalsdebatte, ohne den
geringsten Erkenntnisfortschritt und mit allen identitäts-
politischen Folgeproblemen, die Aporie wiederholte, in die
Jimmy Carter 20 Jahre zuvor die Gründungskommission
des U. S. Memorials mit der Alternative »sechs oder elf« ma-
növriert hatte: Das war das eine. Aber zu ignorieren, dass
sich, anders als in den USA, im Land der Täter die exklusive
Würdigung einer Opfergruppe verbot, weil sie mit umgekehrtem Vorzeichen die Lebenswerthierarchie der SS-Lager
fortschreiben würde: Das war eine Gedankenlosigkeit.
Der Historiker Reinhart Koselleck hat sie seinerzeit mit aller wünschenswerten Schärfe beim Namen genannt. Und
er machte dabei auch deutlich, dass im deutschen Kontext
die »elf«, also das Gedenken aller NS-Opfer, nicht nur die
sinnvollere Option gewesen wäre.[17] Anders als in den USA

wären die Konflikte, die sich aus der gemeinsamen Repräsentation der Opfergruppen ergeben hätten, wohl auch lösbar gewesen. Für das deutsche Mahnmal gab es schließlich gar keinen jüdischen Repräsentationsanspruch. Wie denn auch? Es hätte ja bedeutet, dass die Nachfahren der Ermordeten sich gemeinsam mit den Nachfahren der Mörder des Gedenkens an die Opfer hätten annehmen müssen – eine Zusammenarbeit, für die sich der Enthusiasmus der Juden in Deutschland verständlicherweise in Grenzen hielt. Wer das bezweifelt, der sei an die pointierte Kälte erinnert, mit der viele Juden hierzulande dem Mahnmalsprojekt begegnet sind. Ignatz Bubis, der damalige Vorsitzende des Zentralrats, ließ schmallippig wissen, für ihn gebe es nur zwei Orte des Gedenkens: Der eine liege in Yad Vashem, den anderen trage er in seinem Herzen.[18] Als die Frage diskutiert wurde, ob das Mahnmal eine Inschrift bekommen solle, machte der Schriftsteller Maxim Biller einen Vorschlag, dessen abgründiger Sarkasmus leider folgenlos blieb. Man möge doch einfach schreiben: Es tut uns leid.[19] Und nichts führte die Absurdität der deutschen Gedenkseligkeit schöner und schmerzlicher vor Augen als der Besuch, den Henryk M. Broder der Mahnmalimmobilie mit dem hohen »Ruinenwert« (Albert Speer) zur Feier ihres fünfjährigen Bestehens abstattete. Man kann sich die Sequenz auf Youtube immer wieder anschauen, ohne dass sie etwas von ihrer herzergreifenden Komik verliert.

—

Broder kommt an diesem 5. Mai 2010, einem sonnig-kühlen Tag, nicht allein zum Feld der 2711 Betonstelen, sondern in Begleitung seines Freundes Hamed Abdel-Samad, und er kommt nicht im Anzug, sondern verkleidet als 2712. Betonstele. Wie Bernd, das deprimierte Kastenweißbrot aus dem Kinderfernsehen, sieht er aus, nur in grau, viel breiter und beladen mit einem Körper, der nicht sein eigener ist. Broders Gesicht lugt durch ein Loch aus der Stele, als rechne er damit, gleich mit Torten beworfen zu werden, dabei würden die Stummel seiner Arme, die in zwei weiteren Löchern stecken, nicht mal weit genug reichen, um sich die Sahne von den Augen zu wischen.

Abdel-Samad ziert sich zunächst, Broder zum sogenannten Bürgerfest zu begleiten. Er sagt es nicht, aber man ahnt, dass er sich fehl an dem Platz fühlt, zu dem es seinen Freund mit aller Macht hinzieht.

»Komm, lass uns gehen, das ist wirklich unangenehm«.

»Für dich?«, fragt die Stele.

»Für alle Leute, die hier rumgehen. Keiner versteht, was du machen willst.«

»Ich bin das mobile Mahnmal, das ist doch ganz einfach.«

»Ja, aber du musst dich immer in Szene setzen; du bist immer auf Krawall aus. Wieso kannst du nicht ruhig deine Argumente schreiben oder im Fernsehen sagen? Wieso musst du sowas machen?«

Abdel-Samad will weg, doch Broder hält ihn zurück: »Ach Hamed, komm, wir sind doch beide Beutedeuschte. Stell dich nicht so an. Meine Mutter war im Lager, das weißt du doch.« Hamed lässt sich erweichen. Er nimmt die wankende Stele an die Hand und führt sie langsam, Schritt für Schritt, auf die Festgesellschaft zu, die sich versammelt hat, um das Feld der stabilen, wetterfesten, schmutzabweisenden Stelen zu feiern.

»Hörst du die Musik? Weißt du, was das ist?«, fragt die Stele.

»Irgendwas Hebräisches vermutlich.«

»Schlimmer: Klezmer.«

Kurz vor der Ankunft treffen sie zufällig auf Broders Anwalt. Er soll eine Rede halten, weiß aber angeblich noch nicht, was er sagen wird.

»Sag doch einfach«, rät ihm Broder, »das Mahnmal ist eine große Erfolgsgeschichte. Es steht schon länger, als der Holocaust gedauert hat.«

»Danke für diesen Hinweis!«

Der Anwalt lächelt. Er strebt weg, hin zum Fest für die toten Juden, aber der lebende Jude lässt ihn nicht gehen. »Ich habe noch eine bessere Idee: Es waren schon mehr Besucher da, als im Holocaust ums Leben gekommen sind.«

Mit resoluter Freundlichkeit reißt sich der Anwalt los. Während er im Laufschritt zum Rednerpult eilt und der doppelgeschlitzte Saum seines Sakkos wie ein Fähnchen im Wind flattert, steht Broder, der graue Quader, da und staunt: »Das war wirklich mein Anwalt.«

»Das glaub ich dir«, sagt Abdel-Samad. »Du brauchst dringend einen Anwalt, auch mehrere!«

»Du glaubst wirklich, ich habe ein Problem?«

»Du hast ein Problem. Henryk Broder ist gefangen in der eigenen Rolle. Und da musst du irgendwann raus. Irgendwann muss man sich zur Ruhe setzen und denken: Wo stehe ich überhaupt? Warum muss ich immer den Kasper geben? Musst du das wirklich?«

»Na, ich muss es nicht, aber ich will's. Hamed, du verstehst mich nicht. Vielleicht kommt's doch daher, dass du aus Ägypten bist.«

Das Licht der Opfer   81

»Nein, du schlüpfst wieder in die jüdische Opferrolle, das ist nicht gut. Und glaub mir, wenn du nicht in diese Rolle schlüpfst, dann würdest du auch nicht in diese Stele hineinschlüpfen.«

Broder starrt über das starre, kein bisschen wogende Stelenfeld hinweg in den blauen Himmel, über den ein paar Maiwolken ziehen.

»Ich fürchte, du könntest Recht haben.«

»Ich fürchte auch«, sagt Hamed, lächelt und nimmt Henryk wieder an die Hand. Als sie ankommen, haben die Reden schon begonnen. Es spricht in getragenem Ton, als läse er einen Psalm vor, der Historiker Eberhard Jäckel: »In anderen Ländern beneiden manche die Deutschen um dieses Denkmal. Wir können wieder aufrecht gehen, weil wir aufrichtig waren. Das ist der Sinn des Denkmals, und das feiern wir.«

Von einem Journalisten gefragt, ob sie Genugtuung empfinde, zitiert Lea Rosh, die gemeinsam mit Jäckel das Denkmal in die Welt gerufen hat, ihren Ehemann Jakob Schulze-Rohr: »Er hat nach dem Beschluss des Bundestages gesagt: Jetzt lebt es sich leichter in diesem Land. Dem ist nichts hinzuzufügen.«

Während die aufrechten Sinnstifter, die Erleichterten und Beneideten, gebannt der Rede des ehemaligen Bundestagspräsidenten Wolfgang Thierse lauschen, läuft Broder die Nase. Sein Freund hat sich gerade vom Acker gemacht, und seine Arme sind immer noch zu kurz.

»Könnte mir vielleicht jemand die Nase putzen?«

Niemand hört ihn, nicht aus bösem Willen, sondern aus Nachdenklichkeit. Es sei gut, hat Thierse nämlich soeben gesagt, dass über das Denkmal auch gestritten werde.

»Ja bin ich denn wirklich völlig auf mich allein gestellt?«

Schließlich erbarmt sich ein junger Mann. Er sieht aus wie ein Zivi, zu dessen Pflichten es gehört, greisen Nazis den Hintern abzuwischen, aber als er dem in seiner Stele gefangenen Broder die Nase putzt, handelt er einfach nur menschlich, so unprofessionell und spontan wie der römische Soldat von Golgatha, als er dem dürstenden, von Gott verlassenen Jesus den nassen Schwamm an der Waffe reichte. Dem Außenseiter, der nur dabei sein kann, wenn er das Theater der Gesellschaft stört, der in seiner Stele dorthin wandert, wo andere ihr Stelenfeld in die Heimaterde gerammt haben, der ratlos in die wurzellosen Wolken blickt, wo andere ihre Gedankenlosigkeit feiern, der seine Gefangenschaft in der Geschichte gesteht, wo andere sie in edlen Worten ertränken – ihm juckt endlich die Nase nicht mehr. Jetzt ist er auch erleichtert.

»Wunderbar, wirklich. Vielen Dank, Gott segne Sie.«

Ein deutscher Jude und deutscher Ägypter: Gott segne die beiden, denn sie brachten den Beton zum Tanzen, in den die deutschen Deutschen ihren Holocaust gegossen haben.

—

Um zu verstehen, warum das Denkmal für die ermordeten Juden trotz schlagender Kritik, trotz der Gleichgültigkeit und des Spotts vieler lebender Juden schließlich doch gebaut wurde, muss man seine Vorgeschichte kennen. Sie beginnt, auch wenn die Idee schon seit 1988 existierte, mit dem Mauerfall.

Viele Westdeutsche, vor allem jüngere, hatten bis zum Ende des Kalten Krieges ein postnationales Staatsbewusstsein entwickelt. Und weil die Bundesrepublik, die zunächst nur eine historische Atempause hätte sein sollen, mittlerweile auf ihre eigene – durchaus erfolgreiche – Geschichte zurückblicken konnte, hätte sich mit ihm vielleicht auch auf Dauer leben lassen. Das betont minimalistische Zeremoniell passte jedenfalls zu einem Staat, der buchstäblich auf den Trümmern eines anderen stand. Und es hätte wohl auch zu einem Staat gepasst, der als »Provisorium« gegründet worden war und als siamesischer Zwilling zu seiner Gestalt finden sollte. Im »Verfassungspatriotismus« gab es ja eine Leitidee, die nicht nur der Geschichte der Bundesrepublik angemessen und zugleich anschlussfähig an die Ideen des Liberalismus, das Bündnis des Westens und die Institutionen Europas war – sie hätte auch für die Beitrittsbürger der DDR (und die wachsende Zahl der Zuwanderer) ein Angebot sein können, jenseits trennender Hintergründe auf einer gemeinsamen Basis zusammenzufinden. Aber dass sich etwas in der Vergangenheit bewährt hatte und einen Weg in die Zukunft wies, schien dem Land im Taumel der Weltgeschichte nicht mehr genug. Nachdem die Frage der nationalen Identität im Historikerstreit noch erfolgreich zurückgewiesen worden war, stellte sie sich nun mit umso größerer Intensität. Und so setzte, mehr getrieben als geführt vom Historiker Helmut Kohl, im Zuge der Wiedervereinigung plötzlich eine fieberhafte Suche nach dem eigenen Platz »in der Geschichte« ein. Und damit auch nach einem Ort des Gedenkens, an dem die »Berliner Republik« im Ozean der Vergangenheit vor Anker gehen könnte.

Aber o weh, die deutsche Vergangenheit! Sie war ja nicht nur schön. Und wenn sie heldenhaft war, so war sie es natürlich andererseits auch wiederum nicht. Doch weiß Gott, Deutschland mochte alles Mögliche gewesen sein: Ganz sicher aber war es nicht unberührt geblieben vom Mantel der Geschichte! (Gerade noch war sein Hauch im Bundeskabinett deutlich gespürt worden, als er für einen Moment die immer büstenhaftere Statur des Bundeskanzlers zu umfangen schien.) Und was hatte unter ihm nicht alles Platz, wenn man es nur nicht allzu genau nahm. Wie viele schicksalhafte Wendungen fanden sich da. Wie viel Krieg. Was für ein Leid. Und ach, welch' unermessliche Zahl von Opfern! Mochten die einen erbracht, die anderen erzwungen worden sein, die einen erlitten, die anderen zugefügt, die einen in der Schlacht gefallen, die anderen wehrlos ermordet – zweierlei ließ sich ja wohl mit Fug und Recht behaupten: Punkt eins hatte jedes dieser Opfer eine Mutter gehabt; Punkt zwei waren sie alle mit dem deutschen Staat in Berührung gekommen. Lag es da nicht nahe, an dem Ort, den bereits die Weimarer Republik »den Toten« gewidmet hatte, eine um ihr Kind trauernde Frauenfigur aufzustellen? Nein, eigentlich nicht. Aber es geschah.

Stellen wir uns den Sohn eines Mörders vor, der die Angehörigen des Ermordeten zum Kaffeekränzchen bittet und sie mit den Worten begrüßt: Ich weiß, Sie haben es auch nicht immer leicht gehabt. Man wäre zu Recht peinlich berührt. Wenn aber heute, oft mit Gästen aus aller Welt, die Spitzen unserer Verfassungsorgane in der Neuen Wache ihre Riesenkränze zu Füßen von Käthe Kollwitz' monumental vergrößerter Pietà abwerfen, um die »Opfer von Krieg und Gewaltherrschaft« zu ehren – dann gehört das zur Normalität eines Nationalstaats, dessen zeremonielle Unbeholfenheit der seiner Vorgänger in nichts nachsteht.

Das geschichtspolitische Desaster, in das Dr. Kohl sein Land geritten hatte, ist durchaus nicht unkommentiert geblieben. Aber es war wiederum Reinhart Koselleck, der bemerkte, dass die Gedenkstätte in der Neuen Wache nicht nur ästhetisch peinlich und politisch taktlos war, sondern auch eine Leerstelle geschaffen hatte.[20] Und damit ein Folgeproblem. Wie sollten, nachdem versäumt worden war, sie beim Namen zu nennen, die deutschen Verbrechen im öffentlichen Raum repräsentiert werden? Gerecht wäre es gewesen, alle Opfer des Nationalsozialismus in einer zentralen Gedenkstätte gemeinsam zu ehren. Doch für Gerechtigkeit gab es keinen Enthusiasmus. Was es dagegen gab, das war ein überwältigendes Begehren. Und ein verlockendes Angebot.

Wenn das Vakuum, das die Neue Wache erzeugt hatte, schließlich durch das »Denkmal für die ermordeten Juden Europas« gefüllt wurde, dann lag das vor allem daran, dass der Exportartikel des universalisierten Holocaustgedenkens in Deutschland auf eine besondere Art der Nachfrage stieß. Nichts konnte für das Land der Täter verführerischer sein als die Anverwandlung der jüdischen Opferperspektive, wie sie in der Fernsehserie *Holocaust* oder im Washingtoner Memorial stilbildend geworden war.[21] Und für niemanden galt das in einem so existentiellen Sinn wie für die Kriegs- und Nachkriegskinder der alten Bundesrepublik, die in sich selbst Opfer ihrer Nazieltern sahen und in deren jüdischen Opfern die Eltern, die sie so gerne gehabt hätten.[22] So haben wir kraft eines Bundestagsbeschlusses, in dem diese Gefühlslage ihren Ausdruck fand, statt einer nationalen Gedenkstätte ein gigantisches Generationsprojekt bekommen, ein Denkmal, das nichts zeigt, sondern etwas verbirgt: die Sehnsucht erwachsener Kinder, nicht länger die Schuld ihrer Eltern mit sich herumschleppen zu müssen. Wie sehr das Gedenken der eigenen Entlastung diente, sprang in der Metaphorik der Initiatoren förmlich ins Auge. Wir haben es gerade gehört: Jäckel freute sich, endlich »wieder *aufrecht gehen*« zu können, Lea Rosh lebte plötzlich »*leichter* in diesem Land.« Es passt ins Bild, dass Roshs Absicht, in einer Stele des Mahnmals einen Backenzahn einzubetonieren, den sie auf dem Gelände des Vernichtungslagers Belzec gefunden hatte, nur am Protest von Juden scheiterte. Die im Holocaust Ermordeten symbolisch einzugemeinden, indem man pars pro toto einen vermeintlichen Teil von ihnen wie eine christliche Reliquie sakralisierte: Dieser Wunsch wog offensichtlich schwerer als die Rücksicht auf jüdische Bestattungsriten.

Waren die einen (mit dem CDU-Kanzler) ergriffen von der Schicksalhaftigkeit der deutschen Geschichte, so »machte« es die anderen (mit der rot-grünen Bundestagsmehrheit) »betroffen«, dass Deutsche im Zweiten Weltkrieg einen Großteil der Juden Europas ermordet hatten. Partiell blind waren beide Seiten. Wo die Ergriffenen den Unterschied zwischen Tätern und Opfern verdrängten, da ignorierten die Betroffenen, dass deutsche Politiker, Berufsideologen, Verwaltungsbeamte, Mediziner, Wissenschaftler und Soldaten mit der gleichen sachlichen Kälte wie die Juden auch »Zigeuner« und »Bolschewisten«, »Marxisten« und »Slawen«, »Minderwertige« und »Gemeinschaftsfremde«, »Geisteskranke« und »Homosexuelle«, »Asoziale« und »Perverse« millionenfach entwürdigt und versklavt, misshandelt und ermordet hatten. Wenn einige dieser Opfergruppen mittlerweile ihre eigenen Gedenkstätten bekommen haben, so ist das ein schwacher Trost. Über die Hauptstadt verstreut und selten beachtet, bezeugen sie nur

den Gründungsmakel des zweiten deutschen Nationalstaats: die Fixierung auf Gemütszustände der alten Bundesrepublik.[23]

—

Es ist kein Zufall, dass die Rede, die Bundespräsident Richard von Weizsäcker, gut vier Jahre vor dem Mauerfall,
am 8. Mai 1985 im Bundestag hielt, zu einer Urszene der
deutschen Erinnerungskultur geworden ist. Wie Ulrike Jureit in ihrem Buchessay *Opferidentifikation und Erlösungs-
hoffnung* gezeigt hat, besaß die Rede ihren Fluchtpunkt in
einer Verheißung, von der man sich im Land der Täter nur
allzu gerne verführen ließ.[24] »Das Vergessenwollen«, zitierte
Weizsäcker einen jüdischen Mystiker des 18. Jahrhunderts,
»verlängert das Exil, und das Geheimnis der Erlösung heißt
Erinnerung.« Dass es einen Unterschied macht, ob man zu
einem alten Volk gehört, das sich erst durch das Aufschrei-
ben seiner Geschichte konstituiert hat und dessen Fortbestand von der Erinnerung an diesen Anfang abhängt, oder
zu einem modernen Staatsvolk, das in einem ganz anderen,
viel schwächeren Sinn auf Integrationserzählungen angewiesen ist; ob man in der Geschichte Gott am Werk sieht
oder nicht; und vor allem: ob man seiner eigenen Toten
gedenkt oder der Opfer der eigenen Tat – all diese fundamentalen Unterschiede hüllte Weizsäcker in die Wolken
einer pastoralen Rhetorik, mit der er einen Gedankenfetzen
aus der jüdischen Geistesgeschichte riss, um eine angeblich ort- und zeitlose Weisheit zu beschwören. Man kann
nur staunen, wie bereitwillig sich die Deutschen damals
die Botschaft verkaufen ließen, ein Täter könne von seiner
Schuld erlöst werden, indem er seines Verbrechens genauso

gedenkt wie das Opfer seiner Heilsgeschichte. Ausbuchstabiert ist der Gedanke ziemlich absurd. Aber es ist eine Tatsache der an Begeisterungszuständen reichen deutschen Geschichte, dass ein ganzes Volk sich damals in Ehrfurcht vor der Weisheit seines Präsidenten verneigte und geradezu lustvoll den Auftrag annahm, das schlimmste Ereignis seiner Geschichte mit einer Aura des Sakralen zu umgeben. Das Geheimnis der deutschen Erinnerungskultur heißt Kontextvergessenheit.

Wenn das Staatsoberhaupt der Tätergesellschaft sich in hohem Ton an die Opferperspektive anschmiegte, dann passte das aber auch zur Hauptlinie seiner Rede. Weizsäcker rückte nämlich die Opfer, darunter auch viele nichtjüdische Gruppen, tatsächlich ins Licht – doch er schwieg von den Tätern. Oder genauer gesagt: Er bannte sie durch Abstraktion. Sein Adressat, das deutsche Volk, schien jedenfalls mit den angesprochenen Verbrechen kaum etwas zu tun zu haben. Im Gegenteil, Weizsäckers bald landauf, landab zitierter Formulierung zufolge waren die Deutschen am 8. Mai 1945 ja nicht etwa besiegt, sondern »befreit« worden. So unbestreitbar das Faktum der Niederlage, so deutungsbedürftig war die Rede von der Befreiung. Wovon schließlich sollte ein Volk befreit worden sein, das ja nicht sehnsüchtig auf den Feind gewartet, sondern ihm gegen jede militärische Vernunft bis zur letzten Patrone erbitterten Widerstand geleistet hatte? Weizsäcker sagte: vom Nationalsozialismus. Es ist bemerkenswert, dass eine Rede, die weithin als Zäsur wahrgenommen wurde, auf einem derartigen Allgemeinplatz aufbaute. Denn tatsächlich schrieb Weizsäcker hier nur eine Entlastungsfigur fort, die sich in Deutschland bereits unmittelbar nach Kriegsende etabliert hatte.

Das Licht der Opfer

Die Schreckensbilanz, die den Deutschen 1945 mit drastischer Anschaulichkeit präsentiert worden war, hatte ja keinen Raum für Zweifel gelassen: Im Dritten Reich waren Verbrechen von unvorstellbarem Ausmaß begangen worden. Aber das Offensichtliche zu sehen ist das eine; die Frage, wer Schuld daran trägt und wer Verantwortung dafür übernimmt, ist etwas ganz anderes. Jedenfalls war das bald weitverbreitete Muster, die unter der nationalsozialistischen Herrschaft begangenen Verbrechen anzuerkennen, ohne persönlich für sie haften zu wollen, psychologisch durchaus verstehbar. Aber es hatte zur Folge, dass die Deutschen sich den Nationalsozialismus, statt ihn schrittweise in die eigene Lebensgeschichte zu integrieren, durch Bannformeln und magische Namen dauerhaft vom Leib hielten.[25]

Während die Rede von der »deutschen Schuld« zur unverbindlichen Phrase wurde, sprach man über die gemeinten Taten nur in vager Allgemeinheit. Hinter den sichtbaren Leichenbergen in den Konzentrationslagern standen im Bewusstsein der meisten Deutschen weder Täter aus Fleisch und Blut, noch irgendwelche nachvollziehbaren Handlungsabläufe, sondern dämonische Figuren, zu deren Bezeichnung man auf ein Vokabular des Bösen und einen Bilderbogen des Abnormen zurückgriff. War Hitler einst Projektionsfläche für ein geradezu religiös übersteigertes Ideal gewesen, so wurde sein Name – und mit ihm Etiketten wie »Nazis«, »Nationalsozialismus« und »Faschismus« – nun zur Abraumhalde, auf der sich alle Schuld bequem entsorgen ließ. Nazis schien es im Dritten Reich nicht gegeben zu haben. So stellte der Sozialdemokrat Otto Bennemann kurz nach dem Krieg erstaunt fest, dass sich kaum ein Deutscher fand, der Anhänger des Nationalsozialismus gewesen sein wollte.[26] Wo es ab 1933 angesichts jedes erdenklichen Übels geheißen hatte: Wenn das der Führer wüsste! Da hieß es ab 1945: Nicht ich war es, Hitler ist es gewesen.[27] Oder wenn nicht Hitler allein, so höchstens noch eine kleine Clique von Schurken wie Himmler, Göring und Goebbels, verbrecherische Organisationen wie die SA, die Gestapo und die SS, und Monster wie die sadistische KZ-Aufseherin Ilse Koch, deren Namen und Gesichter unter dem Titel »SS-Schergen« das Böse wie Voodoo-Puppen zu verkörpern schienen. Und bei Weizsäcker hieß es schließlich ganz lapidar: »Die Ausführung der Verbrechen lag in der Hand weniger.« Die seelische Taubheit, mit der die einstigen Volksgenossen »die dunklen Jahre« vom eigenen Erleben abspalteten, wurde aber auch von außen kaum irritiert. Im Gegenteil, mit den Kategorien der Entnazifizierung, dem Jargon des Antifaschismus und den Erzählmustern des Kinos lieferten die Siegermächte Deutschland symbolische Hilfsmittel, mit denen sich »der« Nationalsozialismus als ein gefährliches, quasi außerirdisches Anderes auch langfristig auf Distanz halten ließ – wie eine ferne Epoche, die mit den heftig erinnerten Erlebnissen (HJ! Lagerfeuer! Kameradschaft! Frau Rosenbaum gegrüßt! Anstand! Schalker Kreisel!) und Entbehrungen (Bomben! Verluste! Hunger! Kälte! Vergewaltigung! Böse Blicke!) in keinem Zusammenhang zu stehen schien.[28]

Vier Jahrzehnte nach Kriegsende konnte Weizsäckers Rhetorik auf jede Drastik verzichten. Wenn seine Rede das deutsche Volk kategorisch vom Nationalsozialismus unterschied, dann setzte das die längst etablierten Muster der Täterdämonisierung ebenso voraus, wie sie den Bundesdeutschen, vermittelt über ein aus dem Kontext gerissenes jüdisches Gebot, den Weg in die opferzentrierte Erinnerungskultur wies.

—

Erstaunlicherweise lauschte die bundesrepublikanische Öffentlichkeit gut ein Jahrzehnt später ähnlich fasziniert einer Rede, die genau das Gegenteil von Weizsäckers Botschaft verkündete. Als Martin Walser 1998 in der Frankfurter Paulskirche gestand, unter der »Moralkeule Auschwitz« und der »Dauerrepräsentation unserer Schande« zu leiden, war die tiefe Sehnsucht zu spüren, doch bitte den ganzen Scheiß endlich mal zu vergessen, bitte endlich wieder nichts als eine Kulturnation sein, endlich wieder Romane über Goethes Alterssexualität schreiben zu dürfen, ohne sich fragen zu müssen, ob Hitler möglicherweise einen Hoden zu wenig hatte (oder einen zu viel! Oder gar keinen!). Zerknirschter, mitleidheischender, gravitätischer war die Forderung nach einem SCHLUSSSTRICH unter den Nationalsozialismus noch nie erhoben worden.

Hatten die Deutschen sich gewandelt? Hatten die Walserfans 1985 geschwiegen? Schwiegen 1998 die Weizsäckerfans? Nichts von alledem. Das Erinnerungsgebot und der Vergessenswunsch sind nur zwei Seiten des gleichen Willens, dem Problem aus dem Weg zu gehen. Die Identifikation mit den Opfern ist genauso bequem wie die Imagination einer Geschichte ohne Täter. Beide Haltungen vermeiden die doppelte Mühe, ohne die man eine solche Tat niemals loswird: die Aufklärung des Verbrechens und das Eingeständnis, dass die Perspektive des Opfers dem Täter nicht zur freien Verfügung steht. Stellt man sich Weizsäcker und Walser nebeneinander vor, dann wirken sie wie zwei unerlöste Brüder, von denen der eine seine Haare genauso leidenschaftlich kämmt, wie der andere sich dagegen sträubt.

Wenn heute die Bad boys von der AfD oder sogenannte Rechtsintellektuelle den deutschen SCHULDKULT beschimpfen und die guten Deutschen daraufhin schreien, als hätte man ihnen ihren Kuschelteddy Adorno weggenommen, dann zeigt sich darin die gleiche spiegelbildliche Komik. Nur drastischer.[29] Wo der Predigerpräsident und der Nörgeldichter argwöhnisch ihre Frisuren beäugten, da wirkt das Gezänk von Nationalnarzissten und Holocaustpathetikern wie der Ringkampf zweier Gefesselter. Die wütende Empörung, mit der die einen reagieren, wenn die anderen mit zorniger Verachtung ihren Freilufttempel als »Denkmal der Schande« verhöhnen, hat weniger mit dem Bruch eines Tabus zu tun als mit dem Unvermögen, die eigene Sache souverän zu verteidigen. Weil es für diese Sache aber keine guten Gründe gibt, müssen sie ihre Zwangsreaktion mit einer heiligen Tat verwechseln und die zwanghafte Provokation mit einem Sakrileg.

Das Licht der Opfer

Aufklärung West

Die weltliche Alternative zur Erlösung heißt: Loslösung. Wer nicht auf Rettung hoffen will, der muss sich selbst befreien, indem er sich von der ihn bindenden Macht emanzipiert. Die Lösung von einem schuldbelasteten Erbe kann in die Trauer führen, das Geheimnis ihres Gelingens aber liegt in der Rückbindung. Es gehört zu den Merkwürdigkeiten der deutschen Erinnerungskultur, dass zur Rechtfertigung der Opferidentifikation gerne der Titel eines oft erwähnten, aber nicht ganz so oft gelesenen Buchs bemüht wurde, das die Täterkinder eigentlich vor ihrer Gedankenlosigkeit hätte bewahren können. *Die Unfähigkeit zu trauern*, die Margarete und Alexander Mitscherlich 1967 den Deutschen attestierten, meinte ja gerade nicht: Trauer um die ermordeten Juden. Wie denn auch! Trauern kann man nur um etwas, dessen Verlust wehtut. Aber das Erlösungsphantasma, das viele Deutsche mit Hitler geteilt hatten, bestand doch gerade in der Wahnidee, es ließe sich ohne die Juden besser leben als mit ihnen. Das Verlustgefühl der Nazideutschen hätte daher nur der eigenen Verstiegenheit gelten können, dem Ideal eines Lebens, dessen Verwirklichung die Verheerung und Versklavung eines halben Kontinents sowie die Auslöschung eines ganzen Volkes nötig erscheinen ließ. Die Botschaft der Mitscherlichs lautete daher so kurz wie schockierend: Mehr als alles andere fehlte den Deutschen ihr Idol Adolf Hitler. Lässt man die Frage, ob sich ganze Gesellschaften therapieren lassen, sowie einige andere, später zu Recht monierte Schwächen des Buchs beiseite, so lag sein Wahrheitskern in der Diagnose einer seelischen Blockade, die nur durch kathartische Selbsterkenntnis zu lösen gewesen wäre. Nichts hätte, so die beiden Psychoanalytiker, den beklemmenden Zirkel von Wiederaufbaumanie und verstocktem Schweigen durchbrechen können als die Einsicht, dass man dem Nationalsozialismus verfallen war. Dass man ihn bekam, weil man ihn wollte. Dass man begehrte, unbesiegbar und unverletzlich zu sein. Dass man den Führer bewunderte und liebte, weil er dieses unmenschliche Ideal verkörperte. Dass man darum nicht nur alles für ihn getan hätte, sondern tatsächlich Unvorstellbares für ihn getan hatte. Dass man sich schämte, ihm nur im Leben, nicht aber in den Tod gefolgt zu sein. Dass Weltmeisterschaft, Wirtschaftswunder und Wiederbewaffnung, weil sie die Melancholie abzuwehren halfen, auch Drogen für das nationalsozialistische Über-Ich waren.[30] Erst die depressive Leere, die mit dieser Einsicht eingetreten wäre, hätte in der Folge auch eine Trauer um all die Güter ermöglicht, die man Hitler im Wahn in den Rachen geworfen hatte, das unglaubliche Ausmaß von Menschenleben und Lebenszeit, von Heimat, Erbe und Besitz, von Anstand und Vernunft, von innerer und äußerer Unversehrtheit, eine Trauer um alles, was man selbstverschuldet und unwiederbringlich verloren hatte. Die Trauer über das *eigene* Opfer wiederum hätte helfen können, die Fesseln zu lockern, in denen man mit innerem Zwang in die Selbstaufgabe marschiert war. Und wer weiß, vielleicht hätte die fortgesetzte Lockerung

am Ende sogar zum Entsetzen über die eigenen Taten geführt.[31]

Doch weil die Täter und Mittäter sich von den Voraussetzungen ihrer Tat nicht lösen konnten, blieb es ihren un-
bescholtenen Altersgenossen, ihren Kindern und Enkeln
vorbehalten, die Bindung an eine Herkunft zu erneuern, der
nun einmal nicht zu entkommen war. Und die nahmen sich
der Aufgabe an, indem sie den Nationalsozialismus als ein
Ereignis der deutschen Geschichte anerkannten – und das
hieß: indem sie anfingen, ihn gründlich zu erforschen und
konkret zu beschreiben. Im Rückblick auf die gut vier Jahrzehnte, in denen diese Arbeit an der eigenen Vergangenheit
mittlerweile stattfindet, kann man ohne falsche Bescheidenheit feststellen, dass die einzige Alternative zu einer ge-
fühligen Erinnerungskultur und das einzig wirksame Mittel
gegen den Hochmut der Schuldvergessenheit in einer lebendigen Geschichtskultur lagen – und liegen. Seit ein Teil der
Kriegs- und Nachkriegskinder um 1980 das historische Erbe
ihrer Eltern angenommen hat, ist fast alles, was Deutschland zur Auseinandersetzung mit dem Nationalsozialismus
beigetragen hat, aus dieser Kultur hervorgegangen. Sie war
gemeint, als ich am Anfang von »produktiver Heimatkritik«
sprach.

Man könnte es auch so sagen: Die gangbare Alternative
zur Therapeutisierung der Bundesrepublik bestand in der
HISTORISIERUNG des Nationalsozialismus. Dass es sich
dabei, obwohl der Impuls vom späten Erwachen der Revo-
luzzer ausging, um mehr als ein Generationsprojekt handelte, könnte nichts besser belegen als die Herkunft dieses
Mottos. Es stammt von Martin Broszat, einem Hitlerjungen,
der in den 60er Jahren zu einem führenden Vertreter der

Aufklärung West   97

Zeitgeschichtsforschung geworden war. Als er es 1985 in einem Essay im *Merkur* ausrief, zog das einen Briefwechsel mit seinem israelischen Kollegen Saul Friedländer nach sich, einem sechs Jahre jüngeren, deutschsprachigen Juden aus Prag, dessen Eltern im Holocaust ermordet worden waren.[32] Wenn Friedländer im »Pathos der Nüchternheit«, das Broszat für die »objektive« Erforschung der Tätergesellschaft und des Tatgeschehens einforderte, eine Reduktion seiner selbst auf die Opferperspektive erkannte, und das nicht zu Unrecht, dann führte das zu wechselseitiger Irritation.[33] Aber sie überhaupt riskiert und damit auch die schmerzliche Wahrheit sichtbar gemacht zu haben, dass die beiden Perspektiven sich füreinander nicht vollständig übersetzen ließen, war ein Meilenstein, an dem wir uns heute noch orientieren können. Es blickten da ja nicht nur zwei Zeitgenossen auf eine gemeinsame Geschichte, die sie zugleich trennte, weil der eine unter den Mördern aufgewachsen war, während der andere nur durch großes Glück der Ermordung entging, sondern auch zwei Wissenschaftler, die ihre Suche nach historischer Wahrheit verband. Dass sich diese Wahrheit im Fall des Holocaust nicht auf die Form einer geschlossenen Erzählung bringen lässt – das darf heute als Erkenntnis gelten, hinter die es kein Zurück mehr gibt. Und auch als eine Leistung Friedländers. Denn wenn Broszat den methodischen Vorrang der Täterperspektive zwar zu Recht betonte, so konnte er doch nicht sehen, dass die Historiographie des Holocaust etwas grundsätzlich anderes ist als die Rekonstruktion eines Tathergangs. Dieser Erkenntnis verdanken wir nicht nur Friedländers meisterhaft vielstimmige Gesamtdarstellung *Nazi Germany and the Jews* (dt. *Das Dritte Reich und die Juden*), sondern auch ein so radikales Stück Geschichtsschreibung wie Peter Fritzsches *Life and Death in the Third Reich*, einen Text, der exakt in der Mitte eine Zäsur aufweist.[34] Nachdem Fritzsche in der ersten Hälfte des Buchs mit den Augen »ganz normaler« Deutscher auf die ersten Jahre des Nationalsozialismus blickt und dabei klar wird, dass das sich abzeichnende Böse einem blinden Willen zur Steigerung des eigenen Lebens entsprang, erzählt er die gleiche Geschichte in der zweiten Hälfte noch einmal, nun aus der Perspektive derer, denen dieser Wille zuerst die Würde und dann das Lebensrecht absprach.

Seine Begegnung mit dem Überlebenden mochte für den Hitlerjungen Züge eines tragischen, weil unauflösbaren Konflikts gehabt haben; aber anders als so viele Deutsche, die sich zur gleichen Zeit einen Opferblick auf die eigene Geschichte erschlichen, muss man Broszat lassen, dass er Verantwortung für die deutsche Vergangenheit übernahm, indem er ganz bei sich blieb: Er blickte auf den Nationalsozialismus als ein Mitglied der Tätergesellschaft.[35]

Wahrten Friedländer und Broszat trotz aller Distanz immerhin kollegialen Respekt, so verlief der Kontakt zwischen Reinhart Koselleck und Ignatz Bubis, dem damaligen Vorsitzenden des Zentralrats der Juden, weniger freundlich. Denn nicht nur zerstritten sich die beiden über einem unvermeidlichen Problem, sie taten es auch in einem Kontext, der sie eigentlich hätte zusammenführen können. Statt zu sehen, dass auch Bubis dem Holocaustmahnmal mit Skepsis begegnete, betrachtete Koselleck ihn fälschlicherweise als treibende Kraft hinter der Idee. Zudem vertraten die beiden in der erinnerungspolitischen Streitfrage, ob der Opfergruppen getrennt oder gemeinsam gedacht werden sollte, gegensätzliche Standpunkte. So konnte Koselleck Bubis dafür kritisieren, dass dieser einen Juden, der statt in Auschwitz oder in Treblinka im Euthanasieprogramm ermordet worden war, nicht als Opfer des Holocaust anerkennen wollte. Für Bubis machte es aber einen entscheidenden Unterschied, ob die Tat einem Menschen als »Juden« oder als »Geisteskrankem« gegolten hatte – während wiederum der Historiker Koselleck in genau solchen Unterscheidungen den Ungeist der Nazis fortleben sah.[36] Auch hier hatten beide Deutungen gute Argumente für sich. Aber anders als bei Friedländer und Broszat war diesen beiden der Weg ins Gespräch verschlossen. Was im Nacheinander von Rede und Gegenrede, von Frage und Antwort im Horizont der Zukunft hätte offenbleiben können, das verlangte im Ewigkeitsmedium der Repräsentation nach einer Entscheidung. Dass der Holocaustüberlebende und der Historiker unversöhnt starben, der eine empört, sich von einem ehemaligen Wehrmachtsoldaten über jüdische Identitätsfragen belehrt zu fühlen, der andere verbittert, zu Unrecht in den Ruch des Antisemitismus gekommen zu sein: das ist traurig. Hätte sie nicht ein Denkmalsvorhaben getrennt, dessen Repräsentationszweck ein scharfes Entweder-oder verlangte, wäre ein respektvoller Dialog wohl möglich gewesen. Wie hätten denn diese beiden einander nicht viel zu erzählen gehabt? Ohne den Streit hätte Bubis vielleicht noch einmal von dem Entsetzen berichten können, das ihn überfallen hatte, als er mit guten Gründen meinte, sich 1975 – während des »Häuserkampfs« um die Zukunft des Frankfurter Westends – in Rainer Werner Fassbinders Theaterstück *Der Müll, die Stadt und der Tod* in der Figur eines reichen jüdischen Immobilienspekulanten wiederzuerkennen. Und

Koselleck hätte womöglich davon erzählen können, unter welchen Umständen er im Sommer 1945 vom Grauen der Gaskammern erfahren hatte: als deutscher Soldat in sowjetischer Kriegsgefangenschaft. Der Name des Lagers: Auschwitz.[37]

Es sind Geschichten wie diese, die erst durch die Arbeit an der Geschichte zutage gefördert werden. Deutschlands Archive, Dachböden und Keller sind voll von ihnen. Je mehr dieser Geschichten geborgen werden, desto deutlicher zeichnen sich die Konturen der historischen Formation ab, die wir Nationalsozialismus nennen. Und dabei wird zweierlei deutlich. Zum einen, wie wenig sich individuelle Lebensläufe über einen Leisten schlagen lassen; wie viele unterschiedliche Geschichten man über einen einzigen Menschen erzählen kann; und wie vielgestaltig das Leben, für die, die nicht sterben mussten, auch im Nationalsozialismus war. Zum anderen aber, dass sich in der Vielfalt dieser Lebensläufe auch die fatalen Strukturen einer Gesellschaft, böse Muster des Denkens und Handelns und die tödliche Dynamik eines Prozesses zeigen. Während die individuellen Geschichten oft in privater Initiative erschlossen und dokumentiert wurden, war die wissenschaftliche Beschäftigung mit den Gewaltverbrechen des Nationalsozialismus, die Rekonstruktion der Tathergänge sowie die Erforschung der Täter und ihrer Gesellschaft, ein Beitrag zur Geschichtsschreibung, der in vollem Umfang wohl nur in Deutschland geleistet werden konnte. Und er wurde geleistet. Wenn ich aus der unüberschaubaren Fülle der Beiträger, zu denen neben akademischen Historikern wie Helmut Krausnick, Martin Broszat, Andreas Hillgruber, Lutz Niethammer, Hans Mommsen, Eberhard Jäckel, Christian Streit,

Aufklärung West

Gisela Bock, dem hochbegabten, viel zu früh verstorbenen Detlev Peukert, Peter Longerich, Ludolf Herbst, Wolfgang Benz, Helga Grebing, Manfred Messerschmidt, Bernd Weisbrod, Norbert Frei, Susanne Heim, Michael Wildt, Christian Gerlach, Christoph Dieckmann, Karin Orth, Frank Bajohr, Sibylle Steinbacher, Ulrike Jureit, Thomas Sandkühler, Dieter Pohl, Hannes Heer, Habbo Knoch, Uffa Jensen, Stefanie Schüler-Springorum, Sven Reichardt, Janosch Steuwer, Hanne Leßau auch – und ganz gewiss nicht zuletzt! – ein exzeptioneller Freigeist wie Götz Aly zählt, zwei Personen hervorheben möchte, so liegt das nicht nur an ihren unbestreitbaren Leistungen.

—

Ulrich Herbert gehört zur Generation der Nachkriegskinder. Zugleich ist er ein Ziehkind des Ruhrgebiets, wo man sich angeblich um ein ehrliches Wort nicht drückt, mag es in den Ohren des Adressaten auch noch so hart klingen. Jedenfalls galt es vermutlich nicht nur unserer Jugend, wenn Herbert sich in seinem Hauptseminar zum Holocaust barsch die »Partygespräche« verbat, sobald es ihm mal wieder zu pathetisch oder zu abstrakt geworden war, sondern auch seiner eigenen. Denn wie so viele seiner Altersgenossen hatte auch er zum Ethos des Konkreten, mit dem er maßgeblich zur deutschen TÄTERFORSCHUNG beitrug, erst über den Umweg von Faschismustheorie, Imperialismuskritik und Revolutionsromantik gefunden. Und wie für so viele fand auch sein Denken nach dem »roten Jahrzehnt« einen Anker in der Wirklichkeit, als er begann, den Alltag des Nationalsozialismus zu erforschen. Während die »Bielefelder

Schule« ehrfürchtig von sich selbst sprach, wurde in Essen Schule gemacht. Unter der Leitung Lutz Niethammers entstand dort in den 8oer Jahren eine Vielzahl von Arbeiten, die auf der Grundlage von biographischen Interviews die Lebenswelten des Arbeitermilieus im Dritten Reich erforschten. Es war dieser Geist der Oral History und der Alltagsgeschichte, von dem um 1990 auch ein wichtiger Impuls für die Holocaustforschung ausging. Mit der gleichen Akribie, mit der eben noch Kohlekumpel, Edelweißpiraten, »Fremdarbeiter«, Zwangssterilisation und Sozialfürsorge erforscht worden waren, widmete man sich nun der Weltanschauung und dem Habitus der SS-Elite, dem System der Konzentrations-, Arbeits- und Vernichtungslager sowie den lokalen Ereignissen im besetzten Polen und im Westen der Sowjetunion. So schrecklich das Geschehen war, mit dem sich Herberts Hauptseminar im Wintersemester 1996/97 beschäftigte, so anregend und streckenweise sogar beglückend habe ich die Nähe zu einer Wissenschaft empfunden, die nicht um sich selbst kreiste, sondern um ein echtes Problem. Bei der deutschen Holocaustforschung verhielt es sich genau umgekehrt wie bei der Holocausterinnerung. Wo diese blind war für die Probleme, die der Import einer opferzentrierten Gedenkkultur in den deutschen Kontext mit sich brachte, da schloss die täterzentrierte Geschichtswissenschaft nicht nur zur internationalen Forschung auf; sie wurde für einige Jahre sogar einer ihrer Brennpunkte.[38]

Nachdem ein zentrales Denkmal für alle Opfer des Nationalsozialismus nicht zustande gekommen ist, wird im Rückblick auch deutlich, dass die treffendste Ausdrucksform, die das Gedenken in Deutschland gefunden hat, aus dem Geist der Täterforschung entstanden ist. Das deutsche Pendant zu Yad Vashem und dem U. S. Holocaust Memorial ist nicht das Berliner Holocaustmahnmal. Es sind die Ausstellungen, die – als »Topographie des Terrors« – auf dem Gelände der Gestapo (in unmittelbarer Nähe zum Hauptquartier des SD und des Reichssicherheitshauptamts), in den KZ-Gedenkstätten oder im Haus der Wannseekonferenz die Verbrechen des Nationalsozialismus dokumentieren. Einen Höhepunkt hat dieser dokumentarische Gestus in den beiden Ausstellungen gefunden, die das Hamburger Institut für Sozialforschung 1995 und 2001 den Kriegsverbrechen der Wehrmacht widmete. Sie waren insofern wegweisend, als sie erstmals einer breiten Öffentlichkeit vor Augen führten, dass die millionenfachen Morde im Osten nicht nur von einer kleinen Clique überzeugter Nationalsozialisten begangen wurden, sondern ein Produkt des Krieges und damit auch der gesamten deutschen Gesellschaft waren. Und wenn die Demagogie, mit der Björn Höcke im Dresdener Bierdunst gegen das Berliner Mahnmal hetzte, auch deswegen so hilflose Wut provozierte, weil man ihr nur Empörung entgegenzusetzen hatte, dann kann man dem Eifer, mit dem Höckes Kumpel Kubitschek, ein Ex-Offizier der Bundeswehr, den Mythos von der »sauberen Wehrmacht« zu retten versuchte, mit souveräner Gelassenheit begegnen. Wo ein böser Instinkt unverstandene Gefühle auf dem falschen Fuß erwischt, da lässt sich gesichertes Wissen gegen einen wehleidigen, dummdreisten Stolz ja spielend leicht verteidigen.

Es ist nicht ohne Ironie, dass es ausgerechnet diese Atmosphäre eines strengen Sentimentalitätsverbots war, in der ich das einzige Mal ein Kind des Dritten Reichs die

Fassung verlieren sah. An Herberts Seminar nahm auch ein sogenannter Seniorstudent teil. Er musste so deutlich vor Kriegsbeginn geboren worden sein, dass die grauenvollen Ereignisse, über die er nun referieren sollte, in seine Schulzeit fielen. Als er auf den SS-Führer Helmut Tanzmann zu sprechen kam, einen Hauptverantwortlichen für die Mordaktionen im polnischen Distrikt Galizien, da begannen plötzlich seine Mundwinkel zu zucken. Seine Stimme stockte. Er konnte nur noch stammeln.

»Dieses Schwein ... dieses Schwein ... dieses Schwein.«

Und dann weinte er, eher verschämt als gelöst, weniger trauernd als voll verhaltener, hilfloser Wut, kurz und leise und fast ohne zu schluchzen. »Es ist gut«, sagte Herbert. »Ich kenne das. Manchmal muss es einfach raus. Und jetzt zurück an die Arbeit.« Das Meer von Tränen, das die Nachgeborenen lustvoll vergossen haben, als sie im Kino *Schindlers Liste* sahen, kann für mich nicht die eine aufwiegen, die an diesem Winternachmittag in Herberts Holocaustseminar widerwillig, bitter und schwer über Alfreds Wange rollte.

—

Das Kriegskind Wolfgang Hardtwig gleicht seinem Kollegen Ulrich Herbert eigentlich nur darin, dass auch er ein exzellenter Historiker aus Deutschland ist. In jeder anderen Hinsicht könnten die beiden gegensätzlicher kaum sein. Dieser ist manchmal bis zur Kränkungsbereitschaft brüsk, jener am Rande der Kränkbarkeit sensibel; wo die Hände des einen schwer sind wie die eines Bauern, da könnten die des anderen auch einem Pianisten gehören; und wenn sich auf dem Fußballplatz die Verletzungsgefahr dadurch verringerte, dass man Herbert in der eigenen Mannschaft hatte, dann hütete Hardtwig beim Historikerturnier – weil er seinen Turnbeutel vergessen hatte – das Professorentor in Kaschmirpullover und Flanellhose. Auch die wissenschaftlichen Stile der beiden sind markant verschieden. Der Täterforscher dürfte im Archiv ähnlich viel Staub gefressen haben wie die Kumpel, die man bei Niethammer interviewte, im Stollen unter Tage. Der Ideenhistoriker dagegen hat in Bibliotheken über alten Büchern und Manuskripten gebrütet und dabei so genau gelesen wie zuvor die großen Geister, über die er nun schrieb. Der eine gehört zu den wenigen Experten, die Forschungssynthesen über den Nationalsozialismus verfassen können, der andere zu den seltenen Universalisten, deren historische Urteilskraft weit genug reicht, um das Mittelalter mit der Gegenwart zu verbinden. Dieser orientierte sich an funkelnden Geschichtsdenkern wie Burckhardt und Koselleck, jener suchte Antwort auf brennende Fragen, wie sie von Zeithistorikern wie Friedländer und Broszat formuliert worden waren. Dass ich mich für einige Jahre in der deutschen Geschichtswissenschaft heimisch fühlte, verdanke ich diesen beiden Professoren.

Als ich Ende des 20. Jahrhunderts nach Berlin zog, brachte ich aus Freiburg ein Forschungsproblem mit, das von Herbert kam, aber mit seinen Mitteln nicht zu lösen war. Der historische Horizont der Holocaustforscher reichte in der Regel nicht weiter zurück als bis ins späte Kaiserreich, in die Lebenswelt, aus der die Täter gekommen waren. Wenn sie von »Weltanschauung«, von »Antisemitismus«, von »völkischer Ideologie« und »Rassismus« sprachen, dann schien es, als ließen sich die gemeinten Diskurse allein als Reak-

tion auf die Modernisierungskrisen um 1900 begreifen. Wie
Herbert interessierte auch mich die Frage, welche Rolle das
weltanschauliche Denken für das Führungspersonal der
SS gespielt hatte, nur dass die historische Figur, an der ich
diese Frage entwickelte, nicht die rechte Hand von Rein-
hard Heydrich gewesen war, sondern mein Großvater. Der
Titel meiner Dissertation gibt als Untersuchungszeitraum
die Zeit von 1890 bis 1940 an.[39] Aber das ist ein Etiketten-
schwindel, der mehr Herbert antäuscht, als das Buch enthält. Tatsächlich geht die Arbeit zurück bis auf die Zeit um
1800, als die theologische Hermeneutik Schleiermachers,
das charakterologische Problembewusstsein Schopenhauers
und die Naturwissenschaft Goethes in ganz unideologischer
Absicht Denkfiguren geprägt hatten, die um 1900 struktur-
bildend für das weltanschauliche Denken wurden. Um nicht
nur die Weltsicht der SS-Offiziere zu verstehen, sondern
auch die bürgerliche Kultur, aus der sie kamen, musste ich
den deutschsprachigen Diskursraum des 19. Jahrhunderts
durchmessen. Eine Welt, in der wenige so zuhause sind wie
Wolfgang Hardtwig.

Mein Doktorvater war Assistent Thomas Nipperdeys gewesen, eines Unzeitgemäßen, der es mit seiner monumen-
talen Nationalgeschichte des 19. Jahrhunderts zwischen All-
tags-, Sozial- und Zeithistorikern nicht immer leicht gehabt
hat, aber heute, fast 30 Jahre nachdem er leider zu jung ge-
storben ist, seinen Rang ganz mühelos behauptet. Während
zur gleichen Zeit Hans-Ulrich Wehler versuchte, sein Fach
neu zu erfinden, indem er es durch den Import amerikanischer Soziologie und den Missbrauch deutscher Metaphern
zur historischen Gesellschaftswissenschaft hochstilisierte,
wusste Nipperdey um die Riesen, auf deren Schultern er

Aufklärung West

stand. Er wusste, dass die Historie Wissenschaft nur werden kann, wenn sie Erzählkunst bleibt. Nipperdey wusste, wie sehr er ein Kind der deutschen Geschichtskultur war, ihm war klar, dass er mit den Fragen seiner Zeit und auf seine ganz individuelle Weise das Gleiche tat, was Friedrich Schiller, Leopold von Ranke, Gustav Droysen, Heinrich von Sybel, Theodor Mommsen, Heinrich von Treitschke, Jacob Burckhardt, Friedrich Nietzsche, Ricarda Huch, Franz Schnabel, Friedrich Gundolf oder Ernst Kantorowicz zu ihrer Zeit und auf ihre Weise auch schon getan hatten. Und wenn nicht er selbst, so wusste mit Sicherheit sein Schüler Wolfgang Hardtwig, der die deutschsprachige Geschichtskultur zu einem Lebensthema gemacht hat, wie viel diese Erzählwissenschaft Goethe verdankt.[40]

—

Hätte sich Martin Walser doch, statt es zu idyllisieren, mit dem 19. Jahrhundert wirklich beschäftigt! Dann wäre ihm vielleicht aufgegangen, dass man Hitler zwar nicht wie einen »Vogelschiss« (Alexander Gauland) aus der deutschen Geschichte entfernen, ihm aber mit deutscher Kultur durchaus beikommen kann. Es ist bis auf Weiteres nicht nur unvermeidlich, es ist auch möglich, mit Hitler zu leben. Nur muss man dazu neben dem Inferno, das er bewirkte, auch die Lebenswelten begreifen, aus der er und seine Bewegung kamen, sowie das zwiespältige Erbe, das sie hinterließen. Ein Mittel dazu ist die historische Forschung. Ein anderes ist die Kunst, insbesondere die Literatur. Auf beiden Gebieten hat der deutsche Sprachraum im 19. und frühen 20. Jahrhundert kanonische Werke hervorgebracht. Und wenn das heute immerhin für ein Teilgebiet wie die Erforschung des Nationalsozialismus wieder gilt, so haben deutsche Schriftsteller auf diesem Gebiet vielleicht keine Weltliteratur geschaffen, aber doch mit einer Reihe beachtlicher Bücher zur Arbeit an der eigenen Geschichte beigetragen. *Die Blechtrommel* allerdings, der eine Roman über die Zeit des Nationalsozialismus, der es tatsächlich zu Weltruhm gebracht hat, steht im Rückblick eher für den Versuch, sich aus der eigenen Geschichte fortzustehlen. Dass Günter Grass als Jugendlicher der Waffen-SS beigetreten war, hätte kein Makel sein müssen. Er handelte, dachte und lebte ja kaum anders als so viele, die im Dritten Reich aufgewachsen waren. Und davon hätte es sich gelohnt zu erzählen; vielleicht nicht gleich nach dem Krieg, aber eben auch nicht erst, nachdem er sich in vielen kleinen Akten des ostentativen Dagegenseins den Ruf eines literarischen Rebellen, den Rang einer moralischen Autorität und den Titel eines Nobelpreisträgers erworben hatte.

Lesens- und entdeckenswert bleiben dagegen die Bücher, die den Nationalsozialismus nicht mit überbordender Phantasie ins Symbolische entrückten, sondern einfach mit den Stoffen arbeiteten, die zuhauf vor der Haustür lagen. Dabei konnten dokumentarische Texte herauskommen wie C. F. Delius' *Unsere Siemens-Welt*, eine faktengesättigte Satire auf die satten, selbstzufriedenen, vergesslichen Wirtschaftswunderjahre. Rasende Texte wie der autofiktionale Roman *Die Reise*, in dem Bernward Vesper sich seinen Vater, einen hochdekorierten Nazidichter, förmlich vom Leibe schreibt; und mit ihm zusammen auch seine Jugendliebe Gudrun Ensslin, die mit Andreas Baader in den terroristischen Untergrund gegangen war (eine urdeutsche Konstellation, der wiederum Gerd Koenen später mit *Baader, Vesper, Ensslin* ein Buch von archäologischer Präzision gewidmet hat). Ruhige Texte wie *Mitteilung an den Adel*, eine Familienerinnerung, in der Elisabeth Plessen schon 1976, als ihre Altersgenossen den alten Nazis noch mit Drogen und Theorie beizukommen versuchten, beklemmend anschaulich beschreibt, dass das Schweigen der Eltern nicht Stille bedeutete, sondern ein mechanisches Sprechen in Phrasen mit Geltungsanspruch. Spiegeltexte wie *Schlachtbeschreibung* und *Der Luftangriff auf Halberstadt am 8. April 1945*, in denen Alexander Kluge aus deutscher Perspektive, aber ohne einen Hauch von Larmoyanz oder Heroismus, auf die Schrecken des Krieges blickt, einmal als Montage dessen, was kein Soldat in Stalingrad je als Ganzes erfahren hat, einmal als autobiographische Erinnerung eines Kindes an den Tag, der sein ganzes weiteres Leben markieren sollte. Suchende Texte wie *Die Ausgewanderten*, vier Porträts, in denen der England-Auswanderer W. G. Sebald Menschen seiner Jugend, darunter seinen jüdischen Grundschullehrer, zu literarischen Figuren gestaltet, um ihnen in die Tiefen ihrer Lebensgeschichten und Erinnerungen zu folgen. Essayistische Texte wie *Luftkrieg und Literatur* vom selben Autor, eine Polemik gegen das dröhnende Schweigen, mit dem Alfred Andersch und andere Mitglieder der Gruppe 47 den Stoffen ihrer Jugend ausgewichen waren. Versöhnliche Texte wie *Am Beispiel meines Bruders*, eine späte Würdigung der eigenen Eltern, denen sich Uwe Timm über eine familiäre Leerstelle, den im Krieg gefallenen Bruder, nähert.

Nicht über einen einzelnen Text einholbar und darum einer besonderen Erwähnung wert ist schließlich noch ein

Außenseiter, dessen Gesamtwerk eigenwillig zwischen der Zugänglichkeit des Populären und der Hermetik des Archivs oszilliert. Wie Martin Broszat als Historiker hat auch Walter Kempowski als Schriftsteller den Nationalsozialismus zu seinem Lebensthema gemacht. An diesen beiden zeigt sich exemplarisch, dass die Jahrgänge 1926 bis 1930 besonders gute Voraussetzungen mitbrachten, um der Nachwelt ein glaubwürdiges Bild vom Dritten Reich zu vermitteln. Alt genug, um in der nationalsozialistischen Herrschaft ein Problem der eigenen Biographie zu erkennen, doch zu alt, um sich selbst kategorisch von »den Nazis« zu unterscheiden, jung genug, um nach der Indoktrinierung durch die NS-Organisationen die Notwendigkeit einer korrigierenden Selbsterziehung einzusehen, doch meist zu jung, um mit schwerer Schuld belastet zu sein, ist die Fähigkeit, kritisch, aber nicht überheblich, persönlich betroffen, aber nicht egozentrisch, mit einem Wort: gerecht über den Nationalsozialismus zu sprechen, unter den ehemaligen Hitlerjungen und Flakhelfern auffällig ausgeprägt. Kempowski hat diese Generationslage in zwei literarische Großprojekte übersetzt. In der neunbändigen *Deutschen Chronik*, zu deren bekanntesten Titeln der autobiographische Roman *Tadellöser & Wolff* und das »Befragungsbuch« *Haben Sie Hitler gesehen?* gehören, spiegelt er den Nationalsozialismus, dessen Vorgeschichte, den Zweiten Weltkrieg und die Nachkriegszeit in einer Vielzahl von individuellen Perspektiven, mal durch die eigene Familiengeschichte miteinander verbunden, mal in symptomatischer Vereinzelung durch das Gespräch mit Unbekannten.

Diese in der Erinnerung verankerten Texte finden ihr Komplementärstück, wenn nicht ihre Überbietung, in dem aus vier Teilen und zehn Einzelbänden bestehenden *Echolot*, einem Gipfel im Gebirge der dokumentarischen Literatur. Mit dem Ethos des Chronisten sammelte, archivierte und ordnete Kempowski über viele Jahre hinweg Zeitungsartikel, Tagebucheinträge, Briefe, Fotos, offizielle Dokumente und Verlautbarungen aus der Zeit des Zweiten Weltkrieges, die er zwischen 1988 und 2005 zu einer vieltausendseitigen Collage verband. In diesem Megatext ist kein Platz für Erinnerung, niemand blickt zurück auf die Vergangenheit, weder das Wissen der Gegenwart noch die Autorität der Zeitzeugenschaft können ihn beglaubigen – die einzige, aber gewaltige Leistung des Echolots besteht darin, die undurchdringliche Stimmenvielfalt historischer Zeitpunkte so zu filtern und zu ordnen, dass sie für die Nachwelt in der Zeit lesbar werden. Wo das technische Gerät Schallwellen in Bilder übersetzt, da verwandelt Kempowskis Collagetechnik die uneinholbare Gegenwart des historischen Augenblicks in die Dauer einer nachträglichen Lektüre. Ohne es auszusprechen, konstatiert der Autor damit eine zweifache Unmöglichkeit. Nur die Zeitgenossen sind dabei gewesen, aber gebunden an ihre jeweilige Situation war das Gesamtgeschehen für sie unverfügbar; umgekehrt lässt sich die Totalität einer historischen Lage nur im Rückblick erschließen, aber sie ist zu komplex und widersprüchlich, um sich zu einem Gesamtbild zu fügen. Kempowskis Ausweg aus dieser Doppelaporie bestand darin, das Chaos der Gleichzeitigkeit in eine Zeitgestalt, das Nebeneinander einer unverfügbaren Vielfalt in das lesbare Nacheinander einer Reihe von Fragmenten, zu verwandeln.

Im *Echolot* erteilt Kempowski der Authentizität des »Zeitzeugen«, einer Schlüsselfigur der Erinnerungskultur, eine ebenso radikale Absage wie der Macht des Autors, diese historische Mannigfaltigkeit als Erzählung zu poetisieren. Und damit trifft sich die Praxis des vielleicht radikalsten Versuchs, die Zeit des Nationalsozialismus mit literarischen Mitteln als Ganzheit einzufangen, mit der historiographischen Einsicht, dass sich diese Ganzheit nicht als Einheit fassen lässt. Wo in der Geschichtsschreibung die kategorische Unterscheidung der Perspektiven von Tätern und Opfern zum unhintergehbaren Standard geworden ist, da geht Kempowski in den letzten Bänden des *Echolots* sogar noch einen Schritt weiter, wenn er der Sammlung auch Texte hinzufügt, die von Flucht, Vertreibung und Vergewaltigung in den deutschen Ostgebieten berichten. Mit diesen Stimmen würdigt Kempowski auch die deutschen Opfer. Aber er ehrt sie nicht. Denn das Nebeneinander der Collage lässt keinen Zweifel, dass das deutsche wie jedes Leid zwar seine eigene, unverrechenbare Würde hat, seine Vergegenwärtigung ohne den Kontext der deutschen Verbrechen aber verlogen und larmoyant bleiben muss.

Es war kein Rückschritt, als Kempowski nach dieser gewaltigen Rekonstruktion einer historischen Landschaft, die kein Mensch je mit eigenen Augen gesehen hat, mit *Alles umsonst* zuletzt noch einen geradezu aufreizend konventionellen Roman verfasste. Nicht ohne Grund jedenfalls hat Gustav Seibt dem Autor bescheinigt, mit diesem Buch das »fast Unmögliche«, nämlich einen »vollkommen überzeugenden historischen Roman« vorgelegt zu haben. Spielerisch souverän verband Kempowski kurz vor seinem Tod noch einmal all die Themen und Perspektiven, die er sich in den Jahrzehnten zuvor in literarischer Kärrnerarbeit erschlossen hatte. In Hörweite der sowjetischen Artillerie lässt der Ro-

Aufklärung West   113

man im Januar 1945 auf dem Gutshof einer ostpreußischen Adelsfamilie Täter und Opfer, Nazis und andere Deutsche, unterschiedliche Generationen, Klassen und Charaktere zu einem historischen Kammerspiel zusammenkommen, das Gewissen der einen beladen mit Schuld, die Wagen der anderen mit ihrem Hab und Gut. Auch diese Vielfalt fügt sich nicht mehr zur Symphonie eines Gesellschaftsromans, aber ihre kakophone Schönheit klingt wie ein fernes Echo der Urszene, die der Autor für sein literarisches Schaffen ausgemacht hat. Als Häftling des SED-Regimes, so berichtet Kempowski, habe er in seiner Zelle in Bautzen vom Gefängnishof das Stimmengewirr der Mithäftlinge gehört und mit Wehmut bedauert, dass all das dabei Gesagte für immer verloren sei.[41] Die historische Wahrheit, so kann man diese Selbstauskunft wie das Gesamtwerk Kempowskis lesen, liegt in den Mustern eines Rauschens, das in kostbaren Augenblicken Bruchstücke von Musik preisgibt. (Wer Claude Lanzmanns neunstündigen Dokumentarfilm *Shoah* gesehen hat, ahnt vielleicht, wie das gemeint ist).

Doch auch den Nachgeborenen bleibt noch genug zu erzählen. Nur haben sich die Stoffe vom Biographischen und Dokumentarischen zu Fragen der Überlieferung und der kollektiven Erinnerung verschoben. Marcel Beyer etwa erzählt in *Flughunde* vom an sich unverfügbaren historischen Geschehen, indem er in einer paradoxen Erzählbewegung Schallplatten fingiert, auf denen der Tontechniker Hermann Karnau als junger Mann Stimmen, darunter auch die von Joseph Goebbels' Töchtern, aufgezeichnet hat und sich beim Wiederanhören an die Zeit des Nationalsozialismus erinnert. Und wenn Iris Hanika den Protagonisten ihres Ro-

mans *Das Eigentliche* in einem »Institut für Vergangenheits-
bewirtschaftung« arbeiten lässt, dann wird klar, dass die
Schrecken des Dritten Reichs sich nicht mit den Abgründen
der Gegenwart verrechnen lassen.

Eine Würdigung verdient in diesem Zusammenhang aber
unbedingt auch eine kleine Riege von deutschen Autoren,
die nach dem Zweiten Weltkrieg tatsächlich Weltliteratur
geschaffen haben – für Kinder.[42] Obwohl sie den Nationalsozialismus nie ausdrücklich erwähnten, dürften ihre Bücher für die moralische Läuterung der Deutschen wichtiger
gewesen sein als sämtliche Pfeifen, die in der Gruppe 47
je geraucht haben. Und das konnte gelingen, weil diese
Schriftsteller sich der Welt öffneten, indem sie auf Traditionen des deutschsprachigen Erzählens zurückgriffen. Wo
Günter Grass den Namen »Dos Passos« wie eine Monstranz
der Weltläufigkeit vor sich hertrug, da erzählten Michael
Ende, Otfried Preußler und James Krüss so, als lebten Karl
Philipp Moritz, E. T. A. Hoffmann, die Brüder Grimm, Georg
Büchner, Gottfried Keller, Adalbert Stifter und Wilhelm
Raabe in ihnen fort. Unzählige Doktorarbeiten sollten sich
an der Frage abarbeiten, ob man »nach Auschwitz noch Ge-
dichte« schreiben dürfe (cum laude), es wagen solle (magna
cum laude) oder – summa cum laude! – gar nicht anders
wollen könne, als es zu müssen. Michael Ende dagegen war,
kaum zehn Jahre, nachdem Soldaten der Roten Armee am
27. Januar 1945 die Überlebenden von Auschwitz, Birkenau
und Monowitz befreit hatten, einfach so frei, die Arbeit an
einem Bildungsroman mit Happy End aufzunehmen. Mit
dem dunkelhäutigen Findelkind *Jim Knopf* und seinem öl-
verschmierten Freund Lukas, dem Lokomotivführer, schuf
Ende zwei Helden, die es todesmutig mit einem übermäch-

Aufklärung West

tigen Bösen aufnehmen und es besiegen, nicht weil sie die besseren Waffen haben, sondern weil sie ihre Gegner genau genug beobachten, um ihnen sagen zu können, dass sie gar nicht die sind, für die sie sich halten. Wenn Jim, indem er das Geheimnis der »Wilden Dreizehn« lüftet, auch das Rätsel seiner Herkunft löst, und er zusammen mit Lukas stürmische Meere, himmelhohe Gebirge und endlose Wüsten überwinden muss, damit sich ihre winzige Insel Lummerland in ein Königreich verwandeln kann, dann variiert Ende hier nur kindgerecht das Erzählmuster, durch das auch schon Anton Reiser, Wilhelm Meister und der Grüne Heinrich in der weiten Welt zu sich selbst gefunden hatten.

Otfried Preußlers Bücher wiederum knüpfen an die romantische Literatur an. Sie schöpfen aus dem Fundus des volkstümlichen Erzählens, den Sagen, Legenden und Schwänken, deren natürlicher Ort nicht das Papier, sondern der Ofen, die Erntepause oder der Jahrmarkt ist. Mit dem *Räuber Hotzenplotz* schuf Preußler einen unsterblichen Bösewicht, der sich, nach einem Reigen von Verzauberung, Täuschung und Verwechslung, mit Hilfe seiner Freundfeinde Kasper und Seppel vom furchterregenden, bis an die Zähne bewaffneten Bratwurstschurken in einen gemütlichen Kneipenwirt verwandelt. Ähnlich beschwingt treibt auch das *Kleine Gespenst* auf dem Dachboden eines Kleinstadtschlosses, wo es seit dem Dreißigjährigen Krieg nachts oft mit dem schwedischen General Torstenson ringt, sein Unwesen. Aber mindestens ebenso meisterhaft verstand sich Preußler auf die düsteren Seiten der Romantik. Schon das Leben des *Kleinen Wassermanns* ist am Rande der Depression dunkelgrün, winterlich und melancholisch.

Doch wenn Eltern sich immer wieder aufs Neue fragen müssen, ob ihr Kind schon alt genug für den *Krabat* ist, dann weil der Autor seinen Lesern hier einen alten sorbischen Sagenstoff zumutet, den man auch als Parabel auf die jüngste Vergangenheit lesen kann: einen Müller, der nur leben darf, wenn er seine Gesellen sterben lässt.

Und auch James Krüss konfrontiert seine jungen Leser in *Timm Thaler* mit einem Kind, das in die Fänge des Bösen gerät, eines mephistophelischen Barons, der dem Helden sein Lachen gegen das Vermögen abkauft, jede Wette zu gewinnen. Einen ganz eigenen, autobiographischen Akzent aber setzte Krüss, als er in *Mein Urgroßvater und ich* zeigte, wie lebendig trotz des Missbrauchs, den das Dritte Reich und die frühe Bundesrepublik mit ihm getrieben hatten, die tausendmal totgesagte Gattung des Heimatromans sein kann. Die Unbefangenheit, mit der Boy auf der englisch-deutschen Insel Helgoland seinem Urgroßvater gebannt beim Spinnen von Seemannsgarn zuhört, hat rein gar nichts mit der koketten Verrätselung von Herkunft und Geschichte zu Schicksalsgrößen zu tun, wie sie etwa der »letzte Deutsche« Botho Strauß auf verlorenem Posten betreibt. Ohne eine einzige programmatische Phrase macht Krüss nur deutlich, dass klären muss, von welchem Ort er herkommt, wer irgendwo in der Welt heimisch werden will.

Wenn diese Herkunftsorte in Deutschland liegen, dann wird eine solche Klärung heute immer zu Geschichten führen, die auf die eine oder andere Weise mit dem Nationalsozialismus zu tun haben. Das Faszinierende ist, dass sich nicht vorhersagen lässt, auf welche. Das Buch, in dem ich den Stoff meiner Doktorarbeit ein zweites Mal erzählte,

nun mit literarischen Mitteln als persönliche Herkunftsgeschichte vor deutschem Hintergrund, hätte auch »Mein
Großvater und ich« heißen können. Tatsächlich heißt es
Flut und Boden, und es erzählt von zwei Brüdern, von denen
der eine mit der SS in den Krieg zog, während der andere
mit Goethe seinen Frieden fand, obwohl er erbkrank war
und die Nazis ihm deswegen die Samenleiter durchtrennt
hatten. Es ist der Bericht eines Enkels, der seinen Ort in der
Welt findet, indem er den Nationalsozialismus in eine mittlere Distanz zu sich selbst bringt, wo er weder so riesig wie
ein Drache erscheint, noch so winzig wie ein Vogelschiss,
sondern so real wie ein Grizzlybär, dessen Existenz nicht
ignorieren kann, wer berauscht von ihrer Erhabenheit in der
deutschen Geschichte wandert, als wäre sie ein Gebirge in
Alaska.

Dass die eigene Herkunft ein Königsweg zum Verständnis des Nationalsozialismus ist, gilt für alle, aber natürlich muss sich niemand für seine Geschichte interessieren.
Doch bevor man im Kino Genugtuung darüber empfindet,
aus so ganz anderem Holz geschnitzt zu sein als die Nazis,
könnte man ja auch einfach mal untersuchen, wie genau es
denn um die eigene Familie, die eigene Stadt, den eigenen
Verein, die eigene Firma oder den eigenen Beruf im Dritten
Reich bestellt war. Ob die Ergebnisse solcher Suchbewegungen eine Darstellung verdienen, kann offen bleiben, genauso wie die Form, die sie gegebenenfalls annehmen. Wie
nah aber die historische Wissenschaft hier an der Literatur
liegt, kann man an der Bedeutung ablesen, die das biographische Schreiben auf diesem Gebiet erlangt hat. Das Buch,
mit dem Ulrich Herbert der Täterforschung neue Horizonte
erschloss, war eine Biographie. Und ebenso verfasste Wolf-

gang Hardtwig nach seiner Emeritierung eine Lebensgeschichte mit Anmerkungsapparat. Wie die beiden Autoren so unterschieden sich aber auch die Gegenstände ihrer Bücher markant voneinander.

Herbert hat mit Werner Best einen Deutschen beschrieben, der – von der Jugend im Ersten Weltkrieg und der studentischen Radikalisierung in der Weimarer Republik, über die Karriere im Reichssicherheitshauptamt und den Besatzungsverwaltungen in Frankreich und Dänemark, bis hin zum unbehelligten Nachkriegsleben als FDP-Mitglied und Justiziar des Stinnes-Konzerns – wie ein Idealtyp seiner Generation erscheint.[43] Hardtwig dagegen würdigte ein Individuum, das den Titel eines Helden verdient: den bayerischen Politiker Eduard Hamm, der für die DDP im Reichstag saß, 1925 Wirtschaftsminister unter Wilhelm Marx wurde, schon früh scharfe Kritik an der NSDAP übte, um sich nach 1933 dem Widerstandskreis um Franz Sperr, den ehemaligen Gesandten Bayerns in Berlin, anzuschließen. In der Folge des 20. Juli 1944 wurde Hamm von der Gestapo verhaftet, in deren Gewahrsam er kurz darauf unter nie ganz geklärten Umständen ums Leben kam; wahrscheinlich stürzte er sich aus dem Fenster, um keine Namen von Mitwissern verraten zu müssen.[44]

So unterschiedlich sie waren, beide Zugänge haben mir geholfen, einen Weg zu finden, um über die eigene Familie zu schreiben. Von Herbert habe ich gelernt, wie unverzichtbar die typisierende Methode nicht nur für das Verständnis bürgerlich geprägter Organisationen wie der SS ist, sondern auch für das Verfassen von Texten, die Epochenwissen über Lebensgeschichten vermitteln wollen. Dass ich diesen Versuch unternahm, indem ich über meinen Großvater schrieb,

Aufklärung West

verband mich wiederum mit Hardtwig. Denn Eduard Hamm war der seine. Mein Doktorvater brauchte nicht viele Worte, um über das Interesse an der Familiengeschichte im Nationalsozialismus eine Nähe zu stiften, in der sich zwanglos Berufliches mit Persönlichem verband. Ich habe in diesen Gesprächen gelernt, wie wenig die Perspektive, von der man auf eine Sache sieht, mit der eigenen Identität zu tun haben muss. Dass mein Großvater ein verbohrter Nazi und Hardtwigs ein haltungsstarker Demokrat war, schien fast nicht der Rede wert. Die Unterschiede zwischen Täter und Opfer, zwischen soldatischer Heldenprätention und stillem Heldentum, waren so offensichtlich, wie es unnötig schien, sich mit einem von beiden zu identifizieren. Weder schämte ich mich meines Großvaters, noch zeigte Hardtwig Stolz auf seinen. Was uns zusammenbrachte, war der Wille, das zu erforschen und zu beschreiben, was der Zufall uns jeweils ins Nest gelegt hatte. Hätte ich über Eduard Hamm und Hardtwig über Friedrich Leo geschrieben, hätte das nichts daran geändert, dass der eine sein Leben so sicher verfehlte, wie der andere es durch sein Sterben krönte. Doch ein familiäres Erbe geht eben nie im historischen Wissen und im moralischen Urteil auf. Es hat für den Nachfahren immer auch eine persönliche Bedeutung, die allein von den Umständen abhängt, unter denen er sich seiner annimmt. Inwieweit sie und damit auch die Subjektivität des Erzählers Berücksichtigung finden: mehr noch als in den Darstellungsmitteln und Recherchemethoden unterscheidet sich der literarische vom wissenschaftlichen Zugang durch die Antwort auf diese Frage. Dass Hardtwig nur andeutete, welche Last es ihm war, unter dem überlebensgroßen Porträt eines Helden aufzuwachsen, während ich die Lust, nach

einer langen Depression über die Erforschung eines Schurken zurück ins Leben zu finden, über viele Seiten ausbuchstabierte, ließ ihn Historiker bleiben – und mich andere
Wege gehen.

Blind für die Morgenröte

Post-arische Trauerschleier

Das lange Jahrhundert, das der Katastrophe vorausging, eröffnet der Tätergesellschaft aber noch einen weiteren Weg zurück in die eigene Geschichte. Er verläuft parallel zu den post-arischen Herkunftsgeschichten. Und zugleich weist er in die Zukunft.

Die Nachfahren der Täter können sich nicht mit den Juden als Opfern identifizieren, ohne sich selbst zu betrügen. Aber sie könnten versuchen, einen Blick für die Geschichte und das Leben der Juden in Deutschland zu entwickeln – einer Minderheit, die von der Mehrheitsgesellschaft genauso ausgegrenzt wie gebraucht wurde: als lebender Beweis religiöser Verstocktheit; als Träger dämonisierter Tätigkeiten wie dem Geldhandel; als Projektionsfläche für das eigene Begehren; als Sündenbock, der für Unheil verantwortlich gemacht wurde; als Feindbild, mit dem sich zu Wahlen und Feldzügen mobilisieren ließ; als Bevölkerungsteil, an dessen Eigentum man sich schadlos halten konnte; und schließlich, nachdem man diesen, derart »nutzlos« geworden, fast vollständig vernichtet hatte, als Zeuge der eigenen Läuterung und Garant der eigenen Gewissensruhe. Doch diese Minderheit hat, insbesondere auf den Gebieten der Religiosität und der Gelehrsamkeit, auch ihre eigene Kultur oder genauer gesagt: ihre eigenen Kulturen hervorgebracht. Die Impulse des 19. Jahrhunderts, von denen das Judentum heute noch zehrt, kamen überwiegend aus der deutschsprachigen Diaspora. So nahm die Verzweigung in ein konservatives, ein orthodoxes, ein charedisches und ein Reformjudentum in Breslau, Hamburg, Frankfurt und Berlin ihren Ausgang, und die Ursprungsorte des politischen Zionismus liegen im deutschen Teil Ungarns, in Basel und in Wien.[1] Doch auch die Kultur Deutschlands ist mit den Juden auf eine untrennbare Weise verbunden. Die Ereignisse Goethe und Hegel hätte es ohne das Ereignis Spinoza nicht gegeben. Und genauso wenig wäre die deutsche Frühaufklärung möglich gewesen ohne die Herausforderung, die für protestantische Gelehrte in der textkritischen Erkenntnis lag, dass Christentum und Judentum womöglich gar nicht durch Gottes Wort getrennt waren, sondern nur durch unterschiedliche Traditionen seiner Auslegung.[2] Dass auf den Funkenflug des 18. die Borniertheit des 19. Jahrhunderts folgte, in dem sich christliche Bildungsbürger der Ambivalenz ihrer – in vieler Hinsicht akkulturierten – jüdischen »Doppelgänger« (Uffa Jensen) schließlich nur noch durch völkische Einfalt zu erwehren wussten, gehört zu unserer gemeinsamen Geschichte.[3] Und auch, dass der Rassenantisemitismus, der die Trennung der Juden aus dem »deutschen Volkskörper« forderte, mehr war als die Rede von der »Biologisierung des Sozialen« suggeriert, kann nur begreifen, wer die Linie zurückverfolgt, die von Goethes Wissenschaft und Schopenhauers Philosophie in die deutsche Weltanschauungskultur um 1900 führt. Aber so verfehlt es ist, angesichts dieser Gebrochenheit – und im Namen der Islamkritik – auch hierzulande eine »christlich-jüdische Tradition« oder gar eine »deutsch-jüdische Symbiose« zu beschwören, so wahr ist es, dass zur deutschen Aufklärung der Austausch zwischen Mendelssohn und Lessing gehörte und dass die deutsche Romantik ohne die Salons von Rahel Varnhagen und Henriette Herz oder die Liebe von Friedrich Schlegel und Dorothea Veit ganz anders verlaufen wäre. Doch die deutschsprachigen Juden waren nicht nur Katalysatoren einer Kultur, ihre kulturelle Bedeutung zeigte sich vor allem darin, dass sie im 19. und 20. Jahrhundert als Dichterinnen und Philosophen, als Wissenschaftlerinnen und Komponisten, als Publizistinnen und Maler, aber auch als Förderer und Mäzene überproportional zu einem Geistesleben beitrugen, das weder als »jüdisch« noch als »deutsch« angemessen bezeichnet ist.

Wenn es ein Phänomen gibt, an dem sich zeigt, wie weit wir mittlerweile vom Nationalsozialismus entfernt sind, dann ist es die erneuerte Pluralität des jüdischen Lebens in Deutschland. Diese Pluralität ist eine ganz andere als zu Zeiten von Moses Mendelssohn, Rahel Varnhagen und Heinrich Heine oder von Ernst Cassirer, Hannah Arendt und Franz Rosenzweig. Natürlich, denn von diesen Zeiten sind wir durch einen Abgrund getrennt. Aber unsere Lage im frühen 21. Jahrhundert gleicht der am Beginn des 20. Jahrhunderts immerhin darin, dass Jüdinnen und Juden wieder in Deutschland leben können, ohne sich als Überlebende und Davongekommene fühlen zu müssen. Wenn Juden hierzulande immer noch und immer wieder mit Feindseligkeit konfrontiert sind, ist das schlimm genug; und wenn viele von ihnen sich hier weniger sicher fühlen als noch vor 20 Jahren, kann man das gar nicht ernst genug nehmen. Doch anders als Paul Celan, Hans Rosenthal, Theodor W. Adorno oder Ignatz Bubis leben sie heute nicht mehr unter den Mördern von damals; und die Ermordeten

Post-arische Trauerschleier

sind nicht mehr ihre Eltern, Geschwister und Freunde, sondern ihre Groß- und Urgroßeltern. Das dürfte zwar reichen, um den Atem der Nazis noch immer deutlicher im Nacken zu spüren, als es die meisten nichtjüdischen Deutschen, seien sie nun autochthoner, türkischer, italienischer oder iranischer Herkunft, mittlerweile tun. Aber dass Deutschland heute nicht mehr in erster Linie das Land der Täter ist: Das könnten gerade wir post-arischen Deutschen von den Juden unter uns lernen; und zwar besonders dann, wenn sie nicht aus der alten Bundesrepublik stammen. Diese Juden wissen sehr genau, dass Hitler uns nie ganz verlassen hat – aber zur Selbstbeschreibung brauchen sie ihn meist viel weniger zwanghaft als wir.

—

Die Bundesrepublik unterscheidet sich heute in zwei Hinsichten grundlegend von dem Land, das Jahrzehnte lang im Schatten des Nationalsozialismus gestanden hat. Es ist endgültig zu einem multiethnischen Einwanderungsland geworden; und es ist das Land, zu dem seit gut 30 Jahren auch Gebiet und Bevölkerung der DDR gehören. Der Wandel, der sich aus diesen beiden fundamentalen Tatsachen für die deutsche Gesellschaft ergibt, sprengt das Thema dieses Buchs. Aber wie man die Geschichte der alten Bundesrepublik über das Erbe des Nationalsozialismus erzählen kann (obwohl sie selbstverständlich nicht darin aufgeht), so ist es auch möglich, die Komplexität unserer Gegenwart zumindest anzudeuten, indem man sie durch das Prisma jüdischer Pluralität betrachtet. Ich will das tun, indem ich auf zwei Freundinnen und zwei Bekannte zu sprechen komme:

Katja, Yael, Fabian und Max. Alle vier sind jüdischer Herkunft, aber wenn man sie fragte, würden sich wohl nicht alle auf die gleiche Weise als Jüdin oder Jude bezeichnen. Auch zu Deutschland hat jede und jeder von ihnen ein eigenes Verhältnis. Und sicher würden sie über sich selbst ganz anders sprechen, als ich es hier tue. Doch das ist nicht nur unvermeidlich, es gehört auch zum Reiz dieser Konstellation. Dass ich es aber überhaupt tue, erscheint mir dennoch grenzwertig. Und darum erklärungsbedürftig.

—

Personen als Minderheit zu gruppieren, um von einer Mehrheitsposition über sie zu sprechen, etabliert eine Asymmetrie, die sich durch guten Willen allein nicht aus der Welt schaffen lässt. Im Gegenteil, weil man sie schwerer ablehnen kann, ist die gönnerhafte Rede ja oft noch ekliger als die gehässige. Die asymmetrische Beschreibung kann nur gelingen, wenn zwei Forderungen erfüllt sind. Zum einen muss zum Gönnenkönnen, nun ja, ein Schuss Goethe kommen, der erkennen lässt, dass die gemeinte Gruppe zu vielfältig ist, um sie auf den Nenner eines Charakters, eines Wesens, einer Struktur oder einer dominanten Eigenschaft zu bringen. Und dann darf die Beschreibung die Selbstbeschreibung der Beschriebenen nicht ignorieren.

Dass beide Postulate schon lange vor 1933 missachtet worden sind, gehört zu den fundamentalen Voraussetzungen des Holocaust. Als der zuerst von Raul Hilberg beschriebene Radikalisierungsprozess von Entrechtung, Enteignung, Konzentration und Ermordung einsetzte, war dem ein langer, schleichender Prozess der Entmündigung vorausge-

Post-arische Trauerschleier

gangen, der immer nah an der Entwürdigung gelegen hatte. Im Laufe des 19. Jahrhunderts waren ja zunehmend auch all jene ihrer Abstammung wegen als »Juden« typisiert worden (wozu etwa die Unfähigkeit gehörte, bei einem Waldspaziergang die richtigen Gefühle zu empfinden), die sich selbst als emanzipiert oder assimiliert betrachteten und daher als gleichberechtigte »Deutsche«, »Akademiker«, »Kulturbürger«, »Patrioten« und vielfach auch als »Christen« gelten wollten. Bevor die nichtjüdischen Theoretiker der »Judenfrage« realisierten, dass deren »Lösung« auf ein beispielloses Mordprogramm hinauslief, hatten sie die Entfernung der Juden aus dem eigenen Volkskörper gefordert, nicht weil sie in ihren Augen minderwertig, sondern im Gegenteil: ihnen selbst zum Verwechseln ähnlich geworden waren. Weil sie die Juden aber zugleich für unaufhebbar fremd und unveränderbar anders hielten, empfanden sie paranoide Angst vor einer »Judaisierung« Deutschlands, die schlichtere Gemüter gar nicht bemerken würden.

Nachdem Richard Wagner dieses Deutungsmuster 1850 in *Das Judenthum in der Musik* in die Welt gesetzt hatte, begann er, um ja nicht mit Konkurrenten wie Felix Mendelssohn-Bartholdy oder Giacomo Meyerbeer verwechselt zu werden, betont »tief« und »deutsch« zu komponieren. Dass genau dieser Wille zur kulturellen Distinktion durch Deutschtumsbeweise womöglich künstlicher, um nicht zu sagen: hysterischer war als eine Kunst, die gar nicht vorgab, mehr als nur schön sein zu wollen, hat sinngemäß schon Friedrich Nietzsche sehr treffend bemerkt. Wenn aber Ludwig Klages um 1910 beide Deutungen verband, indem er Richard Wagner und die Juden als zwei Varianten des »Hysterischen« beschrieb, eines Charaktertyps, der statt lebendigen »Ausdruck« nur schauspielerische »Gesten« zu bieten habe, dann war damit die kulturbürgerliche Spiegelfechterei komplett: ein Reigen des Redens über imaginierte »Juden« – ohne Ohren für reale Juden.[4]

Der ignorante Antisemitismus, der sich bei vielen Deutschen im Nationalsozialismus bis in den eliminatorischen Wahn gesteigert hatte, wich nach dem Krieg einem Syndrom der indirekten Ablehnung. Es verband Verhaltensweisen, die sich darin trafen, dass sie nicht von der Lage der davongekommenen Minderheit ausgingen, sondern vom Entlastungsbedürfnis der Mehrheit. Das Ressentiment lebte munter, aber verdruckst weiter. Wenn etwa im Zuge des Luxemburger Abkommens auf dem Bremer Vulkan, wo mein Großvater und einer seiner Brüder arbeiteten, auch waffenfähige Schiffe für Israel gebaut wurden, dann sah die gehobene Belegschaft darin keine Folge des eigenen Verbrechens, sondern einen Anlass, sich Sorgen über die »Aufrüstung der Juden« zu machen. Und dass der Marshallplan, wo doch sein Namensgeber schon ein Freimaurer war, womöglich nur eine freundlich maskierte Variante des Morgenthauplans war, wurde hinter verschlossenen Türen für genauso möglich gehalten wie eine jüdische Mithilfe bei den Wahlerfolgen der SPD.

Waren diese von manifester Angst und verdrängter Schuld geprägten Haltungen in der Regel auf die Älteren beschränkt, so verwandelte sich die Verachtung bei den Jüngeren zunächst in Achtlosigkeit. Noch bevor viele von ihnen sich im Sechstagekrieg mit einer Kriegspartei solidarisierten, die Israel von der Landkarte löschen wollte, lernten wie überall auf der Welt auch diese Kinder sprechen, indem sie ihre Eltern imitierten. Dass man etwas, zum Beispiel Rock'n Roll tanzen oder Monopoly spielen, »bis zur kalten Vergasung« betreiben konnte, dass man sich einen »Juden« aus der Nase popelte, oder dass man sich eine »jüdische Hast« verbat, gehörte noch in meiner Kindheit mit der gleichen Selbstverständlichkeit zum alltäglichen Sprachgebrauch wie der »innere Reichsparteitag« als Synonym für Freude; es war genauso gedankenlos dahingesagt wie »Grüß Gott«, wenn man ein Geschäft betrat, oder »Vergelt's Gott«, wenn man sich bedankte. Als wir noch Jüngeren die Erwachsenen auf den offensichtlichen Ursprung beziehungsweise die Konnotation solcher Formulierungen aufmerksam machten, erschraken sie.

Je mächtiger dieser Schrecken wurde, desto mehr verkehrten sich, getrieben von Scham, die Verachtung und die Achtlosigkeit in eine Achtsamkeit, die kaum weniger blind war. Wie Seefahrer beim Erstkontakt mit einem geheimnisvollen Südseevolk begegnete man den Juden nun mit einer fast zeremoniellen Sprachlosigkeit. Zum Handel mit Glasperlen kam es allerdings nicht, denn das Staunen galt weniger den konkreten jüdischen Nachbarn, dem jüdischen Kollegen in der Firma, der jüdischen Mitschülerin, mit der die Tochter hin und wieder spielte, oder gar dem Land Israel als vielmehr dem »Volk«, das die eigenen Eltern hatten auslöschen wollen. Da ein Ausgangspunkt dieses Verbrechens aber gerade darin gelegen hatte, dass viele Juden sich einem solchen Volk gar nicht zugehörig fühlten und darum genauso lebten wie die Menschen ihrer Umwelt, mussten die Nazikinder zur gleichen Selbstüberlistung greifen wie ihre Eltern. Um sich ein »Judentum« vorstellen zu können, das es in seiner fremdartigen Andersheit nun nicht mehr auszulöschen, sondern auf das Heftigste zu achten galt, griffen sie auf das Imaginarium des Nationalsozialismus zurück, nur mit umgekehrtem

Vorzeichen. Wo Streichers und Goebbels' Propagandamaschinen neben der ikonischen Physiognomie (Hakennase, Wulstlippen, Glupschaugen, krummer Rücken) vor allem die Stereotype des Ostjudentums (Schläfenlocken, Kaftan, Ghetto, Schmutz) bemüht hatten, um eine uneinholbare Vielfalt realer Lebensformen zu vereindeutigen und zu dämonisieren, da verliebten sich die Postnazideutschen nun in die bunten Figuren, die auf Chagalls Bildern zwischen Haustieren, Geigen und Sternen traumgleich über den Hütten des Schtetl schwebten; und mehr als das Quaken der Klezmerklarinetten rührten sie nur die Klagelieder von Musikpoeten, die auf Jiddisch von Heimweh, Völkermord und Liebe sangen. So wie sich dieser völkisch-philosemitische Phantasiekitsch vor die Wahrnehmung realer Juden schob, so war auch Israel für die achtsamen Nazikinder kein komplizierter und bedrohter Staat im Nahen Osten, sondern ein mythologischer Raum, aus dem sie aber statt poetischer Erzählstoffe – wie es Thomas Mann in *Joseph und seine Brüder* so hinreißend getan hatte – lieber poetisch, unverbraucht und vor allem: unschuldig klingende Vornamen bezogen. Eine halbe Generation von Nazienkeln heißt heute Lea, David, Sara, Samuel, Jakob, Hannah, Simon, Gabriel oder Magdalena; und niemand könnte es ihnen verdenken, wenn sie manchmal wünschten, sie hießen Monika oder Manfred.

Zu den Bilderwelten des Schtetl und des Alten Testaments kam als dritte – und zugleich natürlich erste – Dimension eines untergegangenen Judentums das Gedenken an den Holocaust. Anders als bei der Faszination für die Motive der jüdischen Volkskultur war hier der Kontakt mit lebenden Juden unvermeidlich. Aber wie man jene durch Romantisierung auf das Maß der eigenen Gefühlswelt stutzte, so ver blieb der Kontakt zu den Überlebenden und ihren Nachfahren meist im Rahmen ritualisierter Distanz. Dabei etablierte sich ein Muster, in dem das Land der Täter seinen Juden die Funktion einer doppelten Zeugenschaft zuwies. Zum einen hörten die Nachfahren der Nazis überlebenden Juden zu, wenn sie als Zeitzeugen von dem Leid, das sie erfahren hatten, in Schulen, in Parlamenten, in Gedenkveranstaltungen, auf Seminaren und in Kirchenkreisen berichteten. Zum anderen luden sie Juden ein, ihnen dabei zuzusehen, wie sie den Nationalsozialismus aufarbeiteten und seiner Opfer gedachten. Wenn man sich in der Bundesrepublik im Licht der Öffentlichkeit reumütig, schuldbewusst und verantwortlich zeigte, dann wurde die Aufrichtigkeit dieser Pose dadurch beglaubigt, dass Juden im Publikum nicht nur saßen, sondern vor allem: sitzen blieben. Die normalerweise ganz selbstverständliche Annahme, dass man nicht so völlig anders sein kann als die eigenen Eltern, war im Fall der Nazikinder offenbar so wenig auszuhalten, dass nichts sie mehr beruhigen konnte als die Andacht, mit der sie selbst überlebenden Juden zuhörten, und das strenge, beifällige Schweigen, mit denen repräsentative Juden ihre Reden bedachten.

So hilfreich die öffentlichen Rituale einerseits waren, um überhaupt wieder zu einem gesellschaftlichen Miteinander zu finden, so sehr verführten sie beide Seiten im Lauf der Zeit dazu, sich mit den Rollen dieses sozialen Spiels zu identifizieren. Es kann daher nicht verwundern, dass dem zeremoniellen Verkehr, der bei Festakten und Gedenkveranstaltungen eine Nähe im Medium der Repräsentation ermöglichte, im Alltag eine oft mit Händen zu greifende Verhaltensunsicherheit gegenüberstand. Schon die Frage, ob

man es mit einem »jüdischen Mitbürger«, einem »Mitglied
der israelitischen Kultusgemeinde«, einem säkularen »Kul-
turjuden«, einem »Holocaustüberlenden«, einem »Israeli der
zweiten Generation«, einem »deutschen Juden«, einem »jüdischen Deutschen«, einer »Person jüdischer Abstammung«
zu tun hatte oder vielleicht doch einfach nur mit einem Individuum, who happens to be a Jew, ließ die Hände feucht
und die Münder trocken werden. Und wenn sich schließlich doch Gespräche ergaben, dann oft erst, nachdem das
Gegenüber die Zumutung zurückgewiesen hatte, so alter-
nativlos wie verschämt über »Nazis« und »Juden« reden zu
müssen. Auf jüdischer Seite wiederum fand die Rolle des
Überlebenden eine gegenwartsbezogene Ergänzung in der
Rolle des Wächters, der die deutsche Gesellschaft warnte,
sobald sich irgendwo Spuren rechtsextremistischer Aktivi-
tät oder »rechten Gedankenguts« zeigten. Und anders als bei
der Fixierung auf das Dritte Reich konnten im Warnen vor
dem Vierten post-arische Deutsche und bundesrepublikanische Juden sogar zusammenfinden. Ob die Gefahr einer
deutschen Rechtsdiktatur nach 1945 je real war, spielte angesichts des Nutzens, den man aus ihrer Imagination ziehen
konnte, kaum eine Rolle. Für das Geschichtstheater, in dem
die Bundesrepublik allmählich zu sich selbst fand, brauchte
man jedenfalls nicht nur die toten und überlebenden Juden
als Opferfiguren mit hohem Identifikationspotential. Komplementär dazu brauchte man auch die lebenden Juden als
schutzbedürftige Figuren des Bedrohten. (Inwiefern man
auch den Rechtsextremismus brauchte, idealerweise in Na-
zikostümen, aber unbewaffnet, ist eine interessante Frage, in
der ich mir kein Urteil zutraue; Janosch Steuwer erforscht
sie gerade auf eine vielversprechende Weise.)

Post-arische Trauerschleier

Heute haben diese Rollenspiele ihren praktischen Nutzen weitgehend verloren. Während sich in ihnen Identitäten weiterhin stabilisieren lassen, stehen sie einem nüchternen Blick auf die Gegenwart mittlerweile eher im Weg. Niemals habe ich das so deutlich empfunden wie am 27. Januar 2020, als ich eine Gedenkveranstaltung der Fußballgroßmacht Borussia Dortmund besuchte. Man hatte mich eingeladen, weil ich den BVB und seinen Sponsor Evonik 2017 als Berichterstatter zu einer Gedenkstättenreise nach Auschwitz begleitet hatte. Aber so beeindruckend diese exzellent vorbereitete Exkursion gewesen war, so zwiespältig waren die Gefühle, die das Programm dieses Abends in mir auslösten. Nachdem zwei Musikpoeten mit KZ-Liedern, einigen davon auf Jiddisch, den Ton gesetzt hatten, berichtete die Auschwitzüberlebende Halina Birenbaum von dem Grauen ihrer Kindheit. Ihr Bericht, den sie frei vortrug, dauerte 90 Minuten, und je länger sie sprach, desto stärker schien sich das Geschehen, von dem sie erzählte, in ihr wie durch ein Medium zu zeigen. Indem sie die Bilder der furchtbaren Erlebnisse vor ihrem inneren Auge beschwor, machte sie ihre Zuhörer zu Zeugen einer Vergegenwärtigungstrance. Dabei war kaum zu unterscheiden, ob sich ein Geschehen so tief in den Körper des Mädchens eingebrannt hatte, dass sie es auch als alte Frau noch jederzeit zum Glühen bringen konnte, oder ob eine Darstellerin so sehr in einer hundertfach gegebenen Rolle aufging, dass diese von ihrem Körper Besitz ergriffen hatte. Den Grundbass des Abends hatte aber eine vage Beschwörung von Aktualität gebildet. Dass wieder passieren könne, was passiert sei, musste nicht offen ausgesprochen werden, die andauernden Anspielungen waren so unmissverständlich wie das Gebot, unter allen Umständen

136   Blind für die Morgenröte

CDU, CSU, SPD, Grüne, FDP, ÖDP, Graue Panther, Bier-
trinkerpartei oder zur Not auch Die Linke zu wählen. Damit
keine Missverständnisse aufkommen: Die Musik mochte
nicht meinem Geschmack entsprochen haben, aber die Lie-
dermacher verstanden ihr Handwerk; dem Bericht von Frau
Birenbaum hörte auch ich berührt zu; und der AfD kann in
ihrer gegenwärtigen Verfassung kein vernünftiger Mensch
etwas anderes wünschen als Misserfolg. Aber eine gemischte
Gefühlslage zeichnet sich eben dadurch aus, dass solche
Eindrücke nicht für sich stehen können. Verstörend waren
nicht die einzelnen Elemente der Veranstaltung, sondern
ihre funktionale Einheit, die Effektivität, mit der sie ihren
Zweck erfüllte, das Publikum im moralisch zweifelsfreien
Gedenken in eine selbstgenügsame, gegenwartsblinde Ruhe
zu wiegen.

Es gehört zur Asymmetrie dieser Rollenspiele, dass ihre
Ambivalenz auf jüdischer Seite viel häufiger bemerkt und
angesprochen worden ist als auf Seiten der deutschen Mehrheitsgesellschaft. Michal Bodemann etwa hat sie unter dem
Begriff des »Gedächtnistheaters« ebenso polemisch wie erhellend analysiert.[5] Dagegen wog bei den Nazikindern der
innere Zwang, den toten und überlebenden Juden die Re-
verenz zu erweisen, schwerer als die Bereitschaft, lebenden Juden zuzuhören. Als der Bundestagspräsident Philipp
Jenninger am 10. November 1988 der Pogrome von 1938 ge-
dachte, indem er in erlebter Rede den untätigen Opportu-
nismus der Deutschen anschaulich zu machen versuchte,
musste er kurz darauf zurücktreten. Dass mit Ignatz Bubis
ein führender Vertreter der Juden Deutschlands die Rede
würdigte, weil sie diesseits der dämonisierten Nazischur-
ken die Grauzone der Mittäterschaft beleuchtet hatte, in-

Post-arische Trauerschleier

teressierte die empörte Öffentlichkeit nicht. Bubis vergalt diese Ignoranz kurz darauf mit einer Rede, die wie kaum ein anderes Ereignis zeigt, in welchem Maß die deutsche Mehrheitsgesellschaft ihre Juden nicht als Mitbürger, sondern als Figuren des eigenen Entlastungsdramas brauchte. In einem genialen Bubenstück, auf das ein Aktionskünstler wie Ruppe Koselleck stolz gewesen wäre, fügte Bubis seiner Rede unmarkierte Zitate Jenningers bei und erntete für den gleichen Text, der diesen sein Amt gekostet hatte, den – wie immer ergriffenen – Beifall der Frankfurter Paulskirche. Es ist bezeichnend, dass nach Bubis' Würdigung auch seine Travestie der Jenningerrede ohne Echo blieb. Man konnte Verkomplizierungsversuchen wie dem des Bundestagspräsidenten nur mit Moralgesten beikommen, die signalisierten, dass man selbst zusammen mit den Opfern auf der richtigen Seite der Geschichte stand. (Und mit pädagogischer Arbeit, wenn auch erfolglos: Nachdem wir im Ethikunterricht eine Doppelstunde lang die Jenningerrede in allen Einzelheiten durchleuchtet hatten, war immer noch keinem von uns klar, worin nun genau der Skandal bestand. Zum Glück war sie kein Prüfungsstoff).

Unter diesen Umständen konnte es nicht verwundern, dass auf nichtjüdischer Seite Kritik am Jenningertheater kaum öffentlich, sondern eher in Form von »Nachtgedanken« (Rüdiger Safranski) geäußert wurde, die sich dann, weil es keinen nüchternen Diskurs gab, der den Kritiker hätte kritisieren können, mit dunklem Ressentiment paarten. Ich halte es jedenfalls für keinen Zufall, dass Rolf-Peter Sieferle, ein damals noch sehr fähiger Historiker, auf den Skandal im Verborgenen reagierte, wo sich zu den schmerzhaft kritischen, stellenweise bitterbösen Notaten ein geschichtstheologisches Fragment gesellte, das den Holocaust als »Mythos« bezeichnet. Womit aber nicht gemeint war: als Erfindung; sondern: als Geschichte, aus der es für die Deutschen, anders als für das biblische »Tätervolk« der Juden, kein Entrinnen mehr gebe. Wo Antisemitismus gewesen sei, herrsche nun Antigermanismus. Dieses Gemisch aus unzeitgemäßer Polemik und skandalöser Täter-Opfer-Umkehr gärte ein Vierteljahrhundert vor sich hin, bevor es im Frühjahr 2017 von einem rechtsextremen Kleinverlag unter dem Titel *Finis Germania* veröffentlicht wurde – um dann, weil der deutsche Kulturbetrieb den Geist trotz zahlreicher Nervenzusammenbrüche nicht zurück in die Flasche bekam, wochenlang auf Platz 1 bei Amazon zu stehen.

Unter den Rollen, in denen die Bundesrepublik Juden willkommen heißt, ist in den vergangenen Jahren eine weitere immer wichtiger geworden: die des Komikers. Wenn heute die Sitcoms von Larry David oder Sarah Silverman bei uns ebenso begeistert aufgenommen werden wie zuvor schon die Komödien von Woody Allen, dann meist in dem Bewusstsein, es hier mit Vertretern eines sprichwörtlich »jüdischen« Humors zu tun zu haben. Warum denn auch nicht, könnte man fragen und sich über die Normalisierung der Verhältnisse freuen. Ja, wenn sie denn normal wären. Tatsächlich wiegt aber auch beim Spaß das deutsche Begehren noch immer schwerer als jüdischer Eigensinn. Der Regisseur Dani Levy kann ein Lied davon singen. Als er 2004 in *Alles auf Zucker* die deutsche Einheit als Beziehungsgeschichte zweier jüdischer Familienteile erzählte, der westliche so vertrottelt traditionsbewusst wie der östliche sympathisch neben der Spur, da lachte die Kritik noch zusammen mit einem Millionenpublikum. Doch das sollte

Post-arische Trauerschleier

sich ändern, als Levy von allen Türen, die ihm nach diesem Erfolg offenstanden, die interessanteste wählte – und er einen Spielfilm über Adolf Hitler drehte.

Mit facettenreicher Komik nahm der Schweizer Jude Levy dabei auch Rache an dem dramatischen Fehltritt, den sein Landsmann Bruno Ganz sich leistete, als er den Deutschen in *Der Untergang* einen quasi originalen, praktisch leibhaftigen, so gut wie gar nicht toten Hitler geschenkt hatte. Es konnte 59 Jahre zuvor im Führerbunker nicht lebendiger geschnauft, speichelreicher geschrien und erbärmlicher gezittert worden sein als hier auf der Leinwand! Und so erschütternd all das war, eine gewisse Erleichterung ließ sich kaum verbergen, denn endlich wusste das deutsche Volk, was in den Tagen, von denen es damals befürchtet hatte, es könnten seine letzten sein, wirklich passiert war. Endlich konnte man auch als Deutscher in den Chor einstimmen, der aus den Siegernationen schon seit Jahrzehnten stolz herüberschallte: Ich kenne meine Geschichte, ich bin im Kino gewesen! Mit Ganz' Hitler war der Dämon ganz Mensch geworden, eine einsame, verlassene Kreatur, die im Verbund mit dem ebenfalls aus dem Kino bekannten Judenretter Oskar Schindler bewies, wie schwach doch letztlich das Böse und wie stark das Gute im Dritten Reich gewesen war.

Um die Verhältnisse geradezurücken, tat Levy das einzig Richtige. Auf den echtesten, wirklichsten und schicksalschwersten ließ er in *Mein Führer* den künstlichsten, figürlichsten und komischsten Hitler der Filmgeschichte folgen. Er tat dies, indem er zum einen die Rolle Hitlers mit Helge Schneider besetzte, der einzigen Antwort, die das post-arische Deutschland je auf die Emigration Ernst Lubitschs gefunden hat. Zum anderen, indem er zeigte, dass die Macht der Kunst erst dort beginnt, wo sie den Mythos nicht mehr fortschreibt, sondern in ihn eingreift. Als er dem kriegsmüden, vor lauter Verzagtheit vollkommen vernuschelten Gröfaz den jüdischen Schauspieler Adolf Grünberg an die Seite stellte, der ihm durch Körpertraining und Sprechübungen Kraft für eine große Neujahrsrede vermitteln soll, da verleugnete Levy nicht, dass das Leben des einen Adolf in der Hand des anderen lag. Aber kraft der gottgleichen Macht des Drehbuchs hing zugleich Hitlers Geschick von Grünbergs Geschicklichkeit ab. Die Plausibilität des historischen Plots war fast gleichgültig angesichts des dramaturgischen Effekts, den er für die Gegenwart entfaltete. Denn die Parodie war ja tatsächlich eine Travestie: Mit mal sanftem, mal albernem Witz entwendete der jüdische Regisseur der naturalistischen Ergriffenheit ihr Heiligtum. Aus dem Schicksalskanzler der Deutschen wurde für Levy so – *mein* Führer. Doch wo die bundesdeutsche Öffentlichkeit über die jüdische Selbstironie in *Alles auf Zucker* noch hellauf begeistert gewesen war, da wollte sie von der bissigen Ironie dieser Aneignung irgendwie nichts mehr wissen. Bei allem, was der post-arischen Kritik zu diesem Film einfiel, blieb das Entscheidende ungesagt: Wie mit dem Gröschaz, lieber Herr Levy, dem größten Schurken aller Zeiten, angemessen umzugehen ist, das weiß doch niemand besser als wir, auf deren Gewissen sein schrecklicher Völkermord an ihresgleichen so unendlich schwer lastet – also bitte, es ist immer noch *unser* Führer.

Holocaust-Hitler im Zustand allzu menschlicher Verlorenheit. Deutsche, die Juden aus dem KZ retten. Juden, die über sich selbst lachen können. Solche Geschichten werden in der Bundesrepublik schnell kanonisiert. Aber die »sin-

Post-arische Trauerschleier

gende Herrentorte« Helge als machtloser Führer, dessen Schicksal in der Hand eines noch machtloseren Juden namens Adolf liegt: so viel Spaß musste dann doch nicht sein.[6]

—

Der Gerechtigkeit halber muss man allerdings hinzufügen, dass die Bereitschaft und vielleicht auch die Fähigkeit der Juden in der Bundesrepublik, sich unbefangen auf ihre Umwelt zuzubewegen, zunächst nicht sonderlich ausgeprägt war. Wie denn auch anders? Der Schrecken des Überlebens und die Beklemmung, unter den Mördern zu leben, waren für sie schließlich genauso real wie das Unverständnis, mit dem viele Juden im Ausland, besonders in Israel und den USA, ihrer Entscheidung begegneten, das Land der Nazis nicht verlassen zu haben. Zwischen allen Stühlen, hätte die Juden Deutschlands eine demonstrative Abkehr von der postnazistischen Mehrheit so sicher in die gesellschaftliche Isolation geführt wie ein erneuter – nach allem, was passiert war, ohnehin kaum denkbarer – Versuch der Assimilation zu ihrer Entfremdung von den Juden in aller Welt.

Doch auch für das Vermeidungsverhalten und die Distanzierungsrituale der Postnazideutschen gab es nachvollziehbare Gründe. Denn bei aller Polemik darf man, wie beim Historikerstreit und der Opferidentifikation, nicht übersehen, dass der Ausgangspunkt der Peinlichkeiten echte Pein war. Die realen Kontakte mit Juden waren ja wirklich, wie der Streit zwischen Koselleck und Bubis zeigt, oft kompliziert und frustrierend. Am ehesten gelangen solche Begegnungen, wenn sie durch die Hintertür über Israel oder die USA führten. Mit amerikanischen oder israelischen Juden ließ sich freier reden, weil sie von einer Position sprachen, die auf deutsche Befindlichkeiten keine Rücksicht nehmen musste. Auch diese Begegnungen waren vielfach kompliziert, aber weil, wie wiederum der Briefwechsel zwischen Friedländer und Broszat zeigt, eine selbstbewusste jüdische Position das deutsche Gegenüber zwang, seinerseits eine eigene Position zu beziehen, konnte genau die Spannung entstehen, ohne die ein Dialog, der seinen Namen verdient, nicht zu haben ist.

Wenn mit der Zeit auch in Deutschland die Umgangsformen etwas unbefangener wurden, dann ist das zur einen Hälfte Pionieren wie Micha Brumlik, Michael Wolffsohn oder Michel Friedman zu verdanken. Weil sie, anders als etwa der schüchterne Showmaster Hans Rosenthal, ihre jüdische Herkunft bestimmt vertraten, ohne sie aber in den Mittelpunkt ihrer öffentlichen Präsenz zu stellen, konnte man von ihnen lernen, dass Juden nicht zwangsläufig Auschwitzopfer oder Schtetlflieger sein mussten, sondern zuweilen gar nicht so anders waren als man selbst: ein bisschen normal, ein bisschen gaga, vor allem aber unverwechselbar individuell.

Die zweite Hälfte des Ruhms gebührt Maxim Biller. Juden, die im Namen der Opfer zuhörten, als Mitglied einer schutzbedürftigen Minderheit sprachen oder dem deutschen Mangel an Selbstironie abhalfen, hatte die Bundesrepublik längst in ihre starken, schwachen Arme geschlossen. Juden, die dezent ihre Meinung sagten oder gar Kritik äußerten, ließen sich problemlos ignorieren. Was es hingegen lange nicht gab und was man auch nicht ganz so dringend brauchte, das waren selbstbewusste Juden, die offen auf Konfrontationskurs gingen. Diese Lücke füllte Biller virtuos, indem er den

Charme einer Panzerfaust mit der Beobachtungsgenauigkeit des Zugewanderten und dem Sprachgefühl des Schriftstellers verband. Geboren in Prag, war dieser Jude aus dem benachbarten Osten vielleicht nicht die Rache für den Holocaust (die es zum Glück nicht gegeben hat), aber doch für den ignoranten Achtsamkeitskitsch, mit dem sich die Gedenkweltmeister das Unbehagen am Verbrechen ihrer Eltern vom Leibe hielten.

Wenn ich richtig sehe, hat der Migrant Biller drastischer als alle anderen den Deutschen mit Arierhintergrund ins Gesicht gesagt, was die Juden für sie waren: Figuren, die sie zu ihrer Entlastung brauchten, ja: gebrauchten.[7] Dass seine zahlreichen Interventionen im Ergebnis etwas Befreiendes für beide Seiten hatten, lag auch daran, dass er nicht repräsentativ sprach, sondern performativ schrieb. Weder beanspruchte er, für alle Juden in Deutschland zu reden, noch zog er sich auf die Subjektivität seiner persönlichen Empfindungen zurück. Er beobachtete nur, wie in Deutschland mit Juden umgegangen wurde. Und dem begegnete er, indem er in der Rollenprosa der jüdischen Nervensäge sämtliche Klischees überbot, die seine Umwelt halb verdrängt, halb obsessiv mit sich herumtrug. Indem er sie scheinbar bestätigte, nahm er den Nazikindern die Hoheit über die Stereotype weg. Die Kunstfigur Biller hasste leidenschaftlich, und so bot er sich selbst als Hassobjekt an, als ein Blitzableiter, der die gewaltige Energie des antijüdischen Ressentiments in den stumpfen Ärger über einen einzelnen Juden verwandelte. Er hat zur Entkrampfung des Verhältnisses zwischen Juden und post-arischen Deutschen vielleicht mehr als jeder andere beigetragen, *weil* er allen auf die Nerven ging – und geht. (Eva Menasse, der ich das zu lesen gebe, sieht mit dieser exklusiven Würdigung Henryk M. Broder um seinen Anteil betrogen; vermutlich hat sie Recht, aber mit Broder verbindet mich nunmal keine Leidenschaft, ich finde ihn einfach nur manchmal ärgerlich und manchmal atemberaubend gut).

Anders als die vier, von denen nun gleich die Rede sein wird, kenne ich Maxim Biller nicht persönlich. Aber es gab eine Zeit, in der er mir so dermaßen auf den Zeiger gegangen ist, während er mich zugleich in Gedanken beschäftigte und faszinierte, dass ich um ein Haar einen fiktionalen Text über uns beide geschrieben hätte. Weil der Ort, an dem wir uns zufällig getroffen, über Stunden beäugt und dann am Ende heftig unterhalten hätten, Anselm Kopfs großartige Bar in München gewesen wäre, sollte der Titel lauten: *Im Kopf mit Maxim Biller*. Aber dann habe ich die Einladung zum Klagenfurter Wettlesen doch ausgeschlagen, und der Text blieb ungeschrieben. Si non tacuisses poeta non mansisses (puh! Ächz!). Ich bin mir übrigens sicher, dass es mit Biller nicht zufällig ein Einwanderer war, der die deutsch-jüdische Friedhofsruhe der alten Bundesrepublik solange störte, bis sie allmählich wieder dem Leben wich. Und ich bin mir ebenfalls sicher, dass die Begegnungen mit Katja, Yael, Fabian und Max auch deswegen so lebendig waren, weil keiner von ihnen in good ol' West Germany geboren wurde. Sie kamen aus der Sowjetunion, aus Israel und aus der DDR in die neue Bundesrepublik.

—

Es ist ein Glück für unsere Literatur, dass ein Buch wie *Vielleicht Esther*, in dem Katja Petrowskaja, ein Kind der Sowjetunion und Tochter einer ukrainisch-jüdischen Familie, von der Ermordung ihrer Urgroßmutter – und noch so viel mehr – erzählt, auf Deutsch geschrieben wurde; ja dass es nach Auskunft der Autorin sogar nur in der Sprache der Täter geschrieben werden konnte. Und es war ein Glück für mich, dass ihr Familienbuch zur gleichen Zeit erschien wie meines. So konnte zwischen uns und unseren Texten ein Dialog entstehen, in dem, wie zwischen Wolfgang Hardtwig und mir, die gegensätzlichen Perspektiven nur der Ausgangspunkt waren, um etwas Gemeinsames wahrzunehmen. Katja wuchs mit zwei heroischen Bilderwelten auf: den griechischen Mythen, die in einer Akademikerfamilie wie der ihren zum Alltag gehörten, und dem Heldenepos des Großen Vaterländischen Krieges, das für den inneren Zusammenhalt der Sowjetunion eine viel größere Rolle spielte als die Erinnerung an die Revolution. Nachdem Katja spät und im vollen Umfang vielleicht sogar erst, als sie in Deutschland angekommen war, den jüdischen Anteil ihrer Herkunft angenommen und als Erzählstoff entdeckt hatte, fand sie dafür eine Metapher, die nicht nur diese beiden Bilderwelten zusammenführte, sondern auch ihre und meine Geschichte verband. Was in der Nacht vom 21. auf den 22. Juni 1941 im Westen der Sowjetunion begann und über Babij Jar, Leningrad, Chelmno, Treblinka, Stalingrad, Auschwitz, den Kursker Bogen, das Warschauer Ghetto und die Seelower Höhen nach Berlin führte, wo es am 2. Mai 1945 um 13 Uhr endete, und wovon wir uns seitdem immer und immer wieder aufs Neue erzählen müssen, jedes Mal anders und doch immer gleich, das nannte Katja: unsere Antike.[8]

Yael Reuveny dagegen musste ihre jüdische Herkunft nicht erst entdecken. Als Kind Israels und Enkelin einer überlebenden Jüdin aus Litauen ist sie mit dem Holocaust aufgewachsen. Wenn er aber auch für sie zu einem Thema wurde, das sie über Jahre nicht losließ, dann weil die Geschichte ihrer Familie nicht in der Erinnerung ihres Landes aufging. Um den Dokumentarfilm *Schnee von gestern* zu drehen, musste sie nach Deutschland kommen, das Land, in dem der Bruder ihrer Großmutter geblieben war, weil er sich am Ort seiner letzten Lagerhaft in eine deutsche Volksgenossin verliebt hatte. Das Unverständnis, mit dem seine Schwester, die ihn lange für tot gehalten hatte, auf diese Entscheidung reagierte, und die Unversöhnlichkeit, die sie mit ins Grab nahm, verwandelte Yael in Neugier. Das Ergebnis war ein Film, der nicht nur den Blick ihrer Mutter auf den Onkel verändert hat, sondern womöglich auch ein wenig den Blick ihres Landes auf seine Vorgeschichte. Er gehört jedenfalls inzwischen zum festen Programm, das im israelischen Fernsehen jedes Jahr am Yom Hashoah, dem nationalen Holocaustgedenktag, gezeigt wird. Eine besondere Pointe des Films liegt in der Begegnung mit einem Enkel ihres Großonkels, den es in einer Kreuzbewegung nach Israel zog – während Yael in Deutschland blieb. Sie ist Teil der Community junger Israelis, die heute aus ganz unterschiedlichen Gründen lieber in Berlin leben als in Tel Aviv oder Jerusalem. Und sie ist mit einem katholischen Deutschen liiert. Mit ihm, wie auch mit meiner Frau und mir, spricht sie auf Englisch, mit dessen Sohn und unserer Tochter dagegen auf Deutsch.

Im Verhältnis zur deutschen Sprache mag sich auch zeigen, dass Yael einen anderen Bezug zu ihrer Herkunft hat als Katja. Wie viele Juden aus der Sowjetunion, die im wiedervereinigten Deutschland ein faktisches Einwanderungsrecht erhielten, hat Katja Petrowskaja ihr Land verlassen, um in einem anderen heimisch zu werden. Sie kommentiert die politischen Zustände in der Ukraine und hat sich 2014 mit der Demokratiebewegung auf dem Maidan solidarisiert; aber sie würde sich vermutlich nicht als »Ukrainerin« bezeichnen, sondern als deutsche beziehungsweise in Deutschland lebende Jüdin oder als jüdische Deutsche mit ukrainischem Hintergrund. Yael dagegen ist eine Israelin in Berlin, and she is as Jewish as it gets. Das ist nicht im Sinne einer Charakterisierung gemeint, sondern als Selbstzuschreibung, was jenseits aller Identitätsfragen auch heißt: als Rolle, die eine spielerische Interaktion mit Juden wie Nichtjuden ermöglicht. Es gibt kein Stereotyp, das Yael in diesen Spielen nicht bemühte. Die provokative Lust und die selbstironische Distanz, mit der sie sich ihrer Umwelt als »self-hating«, »wandering«, »Holocaust-surviving« Jew präsentiert, erzeugt einen solchen Funkenschlag, dass man, um drei weitere Klischees zu bemühen, als einfältiger Wurzeldeutscher nur mit Neid auf die Beweglichkeit dieses Luftmenschen blicken kann (und froh ist, kein Pulverfass zu sein).

Eines der bizarrsten, lustigsten Streitgespräche meines Lebens habe ich in einer Bar mit einem Freund Yaels geführt, einem tschechischen Juden, der sich felsenfest überzeugt zeigte, dass man einen jüdischen Körper quasi riechen könne, während ich es als post-arischer Antisemitismusforscher – mit Verweis auf meine Doktorarbeit! – vehement bestritt. Auch das könnte ein Rollenspiel gewesen sein, aber wenn: dann war es großes Theater. Nie jedenfalls hat Berlin für mich so sehr nach South Park gerochen, meiner heimlichen Heimatstadt in den Bergen Colorados.

Trugschluss naher Osten

Gehören Katja und Yael zu den Migrantinnen, die betreffend
man die Frage, ob sie denn auch bitteschön a fucking Berei-
cherung für unser wunderhübsches, wehrmachtloses, welt-
meisterlich wiederaufgebautes, nahtlos wiedervereinigtes,
in seiner Geschichte und Leitkultur ruhendes, sich seit Jahrhunderten sämtliche Waren, Dienstleistungen und Kunst-
werke aus den eigenen Rippen schneidendes Land seien,
nicht stellen kann, ohne vor Scham tot umzufallen, wurden
Fabian Wolff und Max Czollek gar nicht erst gefragt, ob sie
»zu uns« gehören wollen. Sie wurden beide in Deutschland
geboren. Aber nicht in der Bundesrepublik, in deren Horizont dieses Buch geschrieben wurde, sondern in der DDR.
Sie sind zwar nicht mehr, so wie Yaels Großonkel Feivke alias
Peter Schwarz, wie Gerhard Leo, wie Victor Klemperer oder
Stefan Heym es waren, Juden aus der DDR. Aber wie Ger-
hards Tochter, die Historikerin Annette Leo, wie sein Enkel,
der Schriftsteller Maxim Leo, wie Gregor Gysi, Mirna Funk
und viele andere sind sie Juden mit DDR-Hintergrund. Es
gehört zum Hochmut des westlichen Landesteils, dass man
sich dort gerne mal was auf seine Vergangenheitsbewältigung einbildete, während man verächtlich auf die DDR als
»zweiter deutscher Diktatur« blickte, ohne zu sehen, dass deren »Antifaschismus« ja hundertmal ein Gründungsmythos

sein mochte, eine Doktrin, die nun neues Unrecht legitimierte – es sich für Juden unter Antifaschisten aber eben auch hundertmal freier atmen ließ als unter Juristen, die nun Staatssekretäre und Konzernjustiziare waren, obwohl sie gerade noch die Nürnberger Gesetze kommentiert oder die Entfernung des »jüdischen Blutsanteils« aus dem Volkskörper als gesundheitspolizeiliche Aufgabe definiert hatten.

Wenn die Zwangsidentifikation mit der Sowjetunion dazu führte, dass sich in der DDR kaum ein Verhältnis zur deutschen Täterperspektive entwickeln konnte, dann war man in der Bundesrepublik weitgehend blind für die gewaltigen Opfer, die im Kampf gegen den Nationalsozialismus unter kommunistischer Fahne erbracht wurden. Und im Grunde hat sich daran bis heute nichts geändert. Viele deutsche Kinder wissen, dass im Nationalsozialismus sechs Millionen Juden ermordet wurden; einige mögen sogar wissen, dass zu dieser Schreckenszahl noch bis zu 500 000 »Zigeuner« sowie 200 000 »Kranke« und »Lebensunwerte« kommen. Aber dass, während im Westen der Sowjetunion der Holocaust begann, drei Millionen Rotarmisten in den Kriegsgefangenenlagern der Wehrmacht an Hunger, Durst und Seuchen verreckten, und dass die deutsche Kriegswirtschaft zusammengebrochen wäre, wenn ab 1942 nicht fünf Millionen »Slawen« in den Fabriken und auf den Höfen Sklavenarbeit geleistet hätten: Das wissen in Deutschland selbst Professoren oft nicht.

Es darf mittlerweile als gesichert gelten, dass auch der Kampf gegen die USA für Hitler starke ideologische Gründe hatte; seine sogenannte Weltanschauung war beweglich genug, um im Kapitalismus wie im Kommunismus eine Gestalt des »Weltjudentums« zu erkennen. Doch anders als im

Westen, wo der Krieg weitgehend von strategischen Kalkülen geprägt blieb, raste im Osten tatsächlich ein ganzes Volk in dem Wahn, die Welt vom »jüdischen Bolschewismus« erlösen zu müssen. Dass im Sommer 1941 die Erschießungskommandos von SS und Wehrmacht bald keinen Unterschied mehr zwischen »Politkommissaren«, »Partisanen« und »Juden« machten, wurde zwar vielfach fotografiert. Aber während die Bilder zusammen mit den Parteiabzeichen und Uniformen bald in den Kellern verschwanden, von wo sie höchstens in den Träumen wieder auftauchten, musste der andere Teil der Mission im Osten nicht verdrängt werden. Der Antikommunismus wurde ja schon bald wieder gebraucht: Er war das Nazifett, mit dem die Bundesrepublik ihre Westbindung schmierte. Unter dem Vorzeichen eines neuen Kriegs stellte die alte Angst eine Kontinuität der Feindschaft her, die es den Westdeutschen erlaubte, sich als potentielle Opfer kommunistischer Aggression zu fühlen und die östlichen Reichsgebiete als Territorialverluste zu betrachten, die man schon irgendwann wieder rückgängig machen würde. Der Osten mag ein Land mit geliehener, ja aufgezwungener Identität gewesen sein, in dem nach dem Siegeszug des Atheismus, dem Rückzug der Roten Armee und dem Durchzug der Versicherungsvertreter heute die Nation als letzte Reserve kollektiver Sinnstiftung gebraucht wird. Aber West Germany ist trotz seiner unbestreitbaren Leistungen ein partiell blindes, um nicht zu sagen: dummes Land geblieben.

Die Auseinandersetzung mit den Taten und den Tätern hat stattgefunden; doch sie war Sache von Eliten und Projekt einer engagierten Minderheit. Dagegen ist das historische Bewusstsein der meisten Bundesdeutschen bis heute weder

Trugschluss naher Osten   151 von Wissen um die eigene Geschichte geprägt, noch von Sensibilität für die Probleme des eigenen Erbes – sondern von vagen Gefühlen und abstrakten Bildern, zwischen denen es hin und her flippert, ohne einen Zusammenhang zu begreifen. Die Dämonisierung der Nazis fand ihren Gegenpol in der Identifikation mit den jüdischen Opfern, und die panische Angst vor der Sowjetunion hatte ihre Rückseite im Vergessen der »kommunistischen« Opfer. Dämonisierung der Täter, Identifikation mit der Unschuld, Angst vor Rache, Verdrängung der Ambivalenz: Jede einzelne dieser seelischen Regungen lässt sich aus den Umständen ihrer Entstehung erklären. Aber als Syndrom gehört dieses Quartett der emotionalen Entlastung zu den hässlichen Zügen unseres Landes. Es ist ein Erbe der alten Bundesrepublik, das uns Westdeutschen auf doppelte Weise den Zugang zum östlichen Landesteil vernagelt hat. Während wir – zu unserem Glück! – den »langen Weg nach Westen« (H. A. Winkler) mit Pilgerdemut gewandert sind, haben wir den kurzen Weg nach Osten – zu unserem Unglück! – kaum je betreten.

Weil wir genauso ratlos und entsetzt vor brennenden Flüchtlingsheimen, Neonazi-Aufmärschen, Pegida-Demonstrationen und AfD-Wahlergebnissen stehen, wie wir uns schlicht nicht dafür interessieren, wer wie, warum und unter welchen Umständen in der DDR gelebt hat, können we by America democratized Germans im Osten nichts anderes wahrnehmen als die historischen Kostüme, die uns aus dem Kino so vertraut sind, und nichts fühlen als den Willen zur re-education. Borniert wie wir sind, müssen wir die AfD-Wähler pauschal als »Nazis« und »Faschisten« verachten, während wir den »Demokraten« der »Zivilgesellschaft« nicht anders helfen können, als ihnen BAP und

Herbert Grönemeyer vorbeizuschicken und sie ganz, ganz herzlich von Heiko Maas zu grüßen.

»Wieso nur, warum wollten sie im Westen von unserem Leben im Osten nichts wissen?«, fragt 30 Jahre nach der Wiedervereinigung Florian Havemann, um dann Helmut Kohl zu paraphrasieren: »[W]as wisse er denn, was aus ihm, einem ehrgeizigen jungen Mann in der DDR geworden wäre. Damit war diese Frage beantwortet: Das hatte kein Westdeutscher wissen, sich vorstellen wollen, wer wäre man denn im Osten gewesen. Deshalb das Schweigen.«[9] Mit bezwingender Selbstverständlichkeit schlägt Havemann die Brücke von der Sprachlosigkeit der Nachwendejahre zu den Ruhestörungen der Gegenwart: »Und wem verdanken wir es, dass wir nun auch in der Zeitung über die DDR reden können? Der AfD, ihren Wahlerfolgen im Osten. Schlecht.« Ja, schlecht. Und darum hilft es nichts: Wenn wir den Osten finden wollen, müssen wir endlich auch den Kommunismus als ein Erbe anerkennen, das eben nicht nur unsere »zweite Diktatur« war, sondern auf eine komplizierte Weise quer zum Erbe des Nationalsozialismus steht.

—

Die Bundeszentrale für politische Bildung, der Volksverhetzungsparagraph, der Regierungsbeauftrage zur Vernichtung des Antisemitismus und das vereinte Kommentariat der Landesrundfunkanstalten mögen verhüten, dass über deutsche Lippen je wieder ein Vorurteil gegen Juden kommt. Aber wer einen aufrechten post-arischen Philosemiten fragt, ob es nicht nur angebracht sein könnte, alle Juden in Deutschland zu beschützen, sondern auch jeden einzel-

Trugschluss naher Osten

nen von ihnen als genau das ernst zu nehmen, was er oder sie ist, wird oft ratlose Blicke ernten. Täte man es, könnte es nämlich dazu führen, dass man mal kurz den Sektempfang beim Zentralrat verlassen müsste, um sich vor den Juden aus der DDR zu verneigen – und anzuerkennen, dass viele von ihnen Kommunisten waren. Und dass das kein Fehler war, kein Irrtum, nichts, was man gönnerhaft tolerieren oder ignorieren müsste, sondern seine guten Gründe hatte. Ja auch zu diesen Juden zu sagen würde bedeuten, auch Ja zum Kommunismus zu sagen, nicht als Ideologie und schon gar nicht in seiner Gesamtheit, aber doch zu einem seiner wesentlichen Aspekte.

Dass die deutsche Gesellschaft ihre Juden trotz des Opfers, das diese ihrem Vaterland im Ersten Weltkrieg brachten, schnöde ausgespuckt hat, kann man als Zäsur kaum überschätzen. Der antisemitische Sündenfall fand nicht 1933 statt, und auch nicht in den Braukellern der Weimarer Republik, sondern im Januar 1916, als klar wurde (so wie es auch im Herbst 1941 klar werden sollte), dass man sich die Hoffnung auf einen schnellen Sieg getrost in den Kaiserbart schmieren konnte. Und ihr Urheber hieß zwar auch Adolf, aber nicht Hitler, sondern Wild von Hohenborn. In seiner Funktion als preußischer Kriegsminister ließ dieser Adolf, angefeuert vom eigenen Offizierskorps, mitten im Krieg die Juden seines Heeres zählen. Weil das Ergebnis aber nicht zu der Unterstellung passte, der jüdische Bevölkerungsteil drücke sich überdurchschnittlich oft vor dem Wehrdienst, wurde es geheim gehalten. Das Faktum einer Zählung ohne Zahl war ein Gift, das sich in deutschen Herzen auf zwei Weisen festsetzte: auf der einen Seite verhärtete sich der Verdacht gegen eine Minderheit, auf der anderen das Misstrauen gegen die Mehrheit. Als 1922 eine genaue Statistik publiziert wurde, die ergab, dass das eine Gefühl so unbegründet war wie das andere berechtigt, war es längst zu spät. Deutschland hatte seine Dreyfusprüfung nicht bestanden.[10] Wer verstehen will, warum gerade gebildete Juden sich überdurchschnittlich oft nicht nur zum Marxismus, sondern auch zur Kommunistischen Internationale hingezogen fühlten, muss sehen, dass ihre Nation sie verdächtigte und verschmähte, obwohl sie im bis dahin schlimmsten Krieg aller Zeiten genauso zahlreich gekämpft hatten und gefallen waren wie der Rest der Gesellschaft. Ihre Entscheidung für die revolutionäre Linke hatte darum nicht nur mit Klassenkampf zu tun, sie war vor allem eine kämpferische Alternative zum Nationalismus. Aber, und das darf man ebenfalls nicht übersehen, das Nein zur Nation galt in diesem Fall nicht nur dem Antisemitismus ihrer Vaterländer, sondern auch der jüdischen Antwort darauf: dem Zionismus. Wer als deutscher, russischer oder polnischer Jude Sozialrevolutionär oder Kommunist wurde, hatte ab da nicht nur ein ambivalentes Verhältnis zu seinem Heimatland, sondern auch zu seiner jüdischen Herkunft. Dass es heute aus gutem Grund kaum noch Kommunisten gibt, heißt nicht, dass es niemals gute Gründe gab, Kommunist zu sein. Und weil ein solcher Grund darin lag, sich dem Kampf gegen den antisemitischen Nationalismus anzuschließen, können viele Juden aus der DDR heute selbstbewusst, vielleicht sogar stolz sagen: Ich komme aus einer kommunistischen Familie. Dagegen mag es eine Menge unterschiedlicher, jeweils berechtigter Gefühle geben, mit denen man auf die Tatsache blicken kann, dass die eigenen Großeltern Nazis waren – Selbstbewusstsein und Stolz gehören nicht dazu.

Trugschluss naher Osten

Zugleich aber, und erst damit wird es richtig kompliziert, war die DDR ja tatsächlich die zweite deutsche Diktatur. In ihren Dimensionen nicht annähernd so verheerend wie die erste, aber immerhin schlimm genug, um auch hier von einem System des Unrechts zu sprechen. Genauso wenig wie für den Nationalsozialismus heißt das, dass jedes Mitglied dieser Gesellschaft entweder ein Täter oder ein Opfer war. Es bedeutet nur, dass die staatliche Willkür in der DDR eine fundamentale Ungleichheit geschaffen hatte, die einen so oder so treffen konnte. Denn während Staatsfunktionäre, Parteimitglieder, Reisekader, Ärzte, Wissenschaftler, linientreue Künstler und spätbürgerliche Nischenexistenzen von ihm profitierten, haben andere, um vom Mord an der Grenze zu schweigen, unter Freiheitsentzug, Gewalt, Überwachung, Bespitzelung, körperlicher Ausbeutung, moralischer Nötigung bis hin zur psychischen Folter und weniger unmittelbar, aber dafür mit umso langfristigeren Folgen, auch unter den süßen Entmündigungen des Staatssozialismus gelitten. Und es bedeutet, dass wir nicht auf den ersten Blick wissen können, ob und wie jemand, der aus der DDR kommt, von diesem Unrecht betroffen war. Mit ihm sind jedenfalls Erfahrungen verbunden, die zwar nicht auf eine Stufe mit dem Unrecht des Dritten Reichs gestellt werden können – aber anders als die erste liegt die zweite deutsche Diktatur eben auch nicht fast acht, sondern gerade mal drei Jahrzehnte zurück. Waren die Verletzungen im Ganzen ohne Zweifel weniger schlimm, so sind die Wunden, die der Kommunismus in Deutschland geschlagen hat, noch deutlich frischer, und darum fühlen sie sich wohl oft auch schmerzhafter an als die des allmählich in die Geschichte entrückenden Nationalsozialismus.

Es mag sein, dass heute im Osten sogenannte Fremde häufiger beleidigt, angepöbelt und angegriffen werden, weil der Rassismus der Nazis dort noch weniger problematisiert worden ist als im Westen (wo immerhin der Antisemitismus geächtet wurde). In den Wissenschaften, die so etwas nachweisen könnten, kenne ich mich nicht gut genug aus. Dass xenophober Hass (genauso wie antisemitisches Ressentiment) in bestimmten Milieus der DDR schon lange vor 1989 zum Alltag gehörte, lässt sich jedenfalls nicht ernsthaft bestreiten. Für mindestens genauso wichtig halte ich aber zwei andere Gründe, aus denen man in den neuen Bundesländern heute stärker mit »Fremdheit« und Migration fremdelt als in den alten. Zum einen hatte, während sich in der Bundesrepublik ein postnationales Sonderstaatsbewusstsein entwickelte, die romantische Idee der Nation in den 8oer Jahren für viele Bürger der DDR eine ähnliche Bedeutung gewonnen wie auch für viele Polen, Ungarn, Tschechen, Letten, Litauer und Esten. Genau umgekehrt wie für die Juden, die vor einem nationalistischen Antisemitismus in den Kommunismus flüchteten, war die Nation in den Ostblockstaaten eine Idee, durch die man sich vom imperialen Herrschaftsanspruch der Sowjetunion emanzipieren konnte. Wenn im Herbst 1989 aus »*Wir* sind das Volk« bald »Wir sind *ein* Volk« werden sollte, dann spiegelte sich darin jedenfalls nicht nur der Konflikt zwischen reformwilligen Vollbärten und konsumgeilen Schnäuzern – taub für die eigene Geschichte, wie wir oft sind, haben wir viel zu wenig bemerkt, dass in beide Parolen auch ein fernes Echo des Frühlings 1848 nachhallte, als Volkssouveränität und nationale Einheit noch zwei Seiten einer Sache sein konnten. Zum anderen stand die Zuwanderung von Asylbewerbern in den Osten nach 1990 in starkem Kontrast zur massenhaften Binnenmigration in den Westen. Gut ein Viertel der ostdeutschen Bevölkerung – etwa vier Millionen Menschen, fast alle im arbeitsfähigen Alter – ist seit der Wiedervereinigung von den neuen in die alten Bundesländer ausgewandert. Die Kränkung, den Kindern in der eigenen Heimat keine Zukunft bieten zu können, während man als Empfänger von Transferleistungen plötzlich mit angeblich »schmarotzenden« Ausländern (die tatsächlich meist gar keine Arbeitserlaubnis besaßen) auf einer Stufe zu stehen schien, dürfte für viele Beitrittsbürger eine besonders prägende Deklassierungserfahrung gewesen sein.[11]

Vor diesem vielschichtigen Hintergrund sollte man sich sehr genau überlegen, ob man, um Xenophobie und Rassismus im Osten Einhalt zu gebieten, wirklich den historischen Oberlehrer geben will. Ist der Rekurs auf die Geschichte dafür nötig? Nein, ist er nicht. Weil das moralische Gewicht der Geschichte Selbstverständlichkeiten und Verfehlungen der Gegenwart zu Heldentaten und Verbrechen von welthistorischem Ausmaß dramatisiert, ist er sogar eher kontraproduktiv. Man muss ja nicht mal wissen, dass es den Nationalsozialismus überhaupt gab, um auf der Einhaltung der Postulate zu bestehen, die er auf so beispiellose Weise verletzt hat. Aber man könnte wissen, dass nicht nur AfD-Wähler die Faust in der Tasche ballen, wenn die Migrationsskepsis und der Rechtspopulismus des Landesteils, an dessen »antifaschistischem Schutzwall« noch vor kurzem Flüchtlinge erschossen wurden, von westdeutschen »Antifaschisten« und Fragebogendemokraten mit erhobenem Zeigefinger und Stoßseufzern der Verachtung quittiert werden. Wer »Dunkeldeutschland« den Weg ins Licht weisen möchte, kann ruhig weiter in seinen Sessel pupsen; aber er sollte vielleicht mal kurz innehalten und sich fragen, ob er wirklich schon wieder zwanghaft von »Nazis«, »Faschisten«, »völkischen Nationalisten«, »Demokratiefeinden« und »autoritären Charakteren« twittern muss, nur weil die Zimmerluft kurz danach immer so wunderbar duftet.

—

Wäre ich noch Historiker, dürfte ich mir die folgende Vermutung nicht erlauben. Aber ich habe mit der Schriftstellerei ja nicht umsonst einen Beruf ergriffen, der zumindest in Deutschland die Lizenz zur nationalen Kathederrede enthält. Also, my fellow Germans, hört gut zu, was ich uns zu sagen habe.

Das Drama unserer sogenannten Wiedervereinigung besteht auch darin, dass der Westen, full of himself, sich viel zu sehr mit der jüdischen Opferperspektive identifiziert hat, während der Osten, sorry for himself, viel zu verschlossen für die deutsche Täterperspektive war. Zugleich lebte im Westen, zusammen mit der Empörung über die Massenvergewaltigungen der Roten Armee, auch die Angst vor dem – nun nicht mehr »jüdisch«, sondern »russisch« genannten – Bolschewismus fort, während man im Osten Selbstmitleid über das Zerstörungswerk der englischen und amerikanischen Bombengeschwader kultivieren durfte. Da der Westen den Osten aber, anders als behauptet, nicht nur behandelt hat wie einen vermissten Landesteil, sondern auch wie eine besiegte Diktatur, konnten die jeweils einseitigen Perspektiven einander – was für beide Seiten gut gewesen wäre! – nicht ergänzen. Im Gegenteil, weil man nach 1990

Trugschluss naher Osten

hier taub blieb und dort stumm, steigerte sich das Bewusstsein, auf der richtigen Seite der Geschichte zu stehen, im
Westen in einen herrischen Demokratiestolz, während die
Larmoyanz des Ostens zunächst depressive und dann immer
trotzigere Züge annahm. Wenn die Beitrittsbürger aus der
DDR keine Sprache entwickelten, mit der sie über ihr bis-
heriges Leben auf eine erzählende, nicht voreilig wertende
Weise auch öffentlich hätten reden können, dann hatte das
jedenfalls auch damit zu tun, dass im Westen alles außer
reibungsloser Anpassung mit Ungeduld quittiert wurde.
Während man die gewaltigen Transformationsleistungen
als selbstverständlich betrachtete, saßen die Verdikte locker.
Mochte der Vorwurf der Undankbarkeit und der Spott über
die »Jammerossis« nur als kränkend empfunden worden
sein, so war die Entlarvung von Diktaturverstrickungen, vor
allem der ohne Differenzierung vorgetragene Stasiverdacht,
eine echte Bedrohung. Die komplizierte Lebenswirklichkeit im Staatssozialismus, der Mut des Aufbegehrens, die
Überforderung und der Frust der Nachwendezeit, die Entfremdung von den eigenen Kindern, denen man keine Erfahrungen mit auf den Weg geben konnte – all das blieb auch
deswegen unausgesprochen, weil sich vom Westen aus ein
Klima der moralischen Einschüchterung ausgebreitet hatte,
in dem sich im Osten permanent das Andere der Demokratie
wittern ließ. Dass die Bürger der DDR ihre Diktatur aus eigener Kraft abgeschafft hatten, während die Bundesrepublik de
facto von den Besatzungsmächten gegründet worden war,
wurde gerne verschwiegen. Dass die älteren Ostdeutschen
sich von Kommunisten hatten regieren lassen, während die
jüngeren scharenweise zu Neonazis wurden, war dagegen
ein Dauerthema. Dabei war die ausländerfeindliche Gewalt

der frühen 90er Jahre ein gesamtdeutsches Problem. Nicht von ungefähr jedenfalls fanden die ersten rassistischen Pogrome nach dem Nationalsozialismus nicht in Hoyerswerda oder Rostock-Lichtenhagen statt, sondern in Solingen und Mölln; und es war der CDU-Spitzenkandidat Jürgen Rüttgers, nicht der NSU, der den Republikanern den Slogan »Kinder statt Inder« soufflierte. All das aber vergaß man in den alten Bundesländern genauso schnell, wie für die neuen der Rechtsextremismus zum Stigma wurde. Und »Dunkeldeutschland« zum Namen.

Das konnte nicht gut gehen. Und so kam es, dass der Osten, nachdem er sich nicht umstandslos hatte zivilisieren lassen und darum vom Westen als Abraumhalde der *beiden* deutschen Diktaturen verachtet wurde, Rache nahm, indem er das Stigma zu seinem Feldzeichen machte – und den Spiegel zu seiner Waffe. Je schamloser die einen für ihre Entwicklungshilfe »Buschzulage« empfingen, während die anderen nach 30 Arbeitsjahren als Berufsanfänger eingestuft wurden, je phantasieloser die Betriebe und je rücksichtloser die Belegschaften »abgewickelt« wurden, je herablassender die Wahlplakate vor »Roten Socken« warnten, je zahlreicher die jungen Leute aus den neuen in die alten Bundesländer auswanderten und die Orte des entvölkerten Hinterlandes ohne Lebensmittelgeschäft, Postamt, Arztpraxis und öffentlichen Nahverkehr auskommen mussten, je fragebogenhafter die Gespräche geführt, je ungeduldiger die Wahlergebnisse wie von Erziehungsberechtigten kommentiert wurden, desto mehr schien sich der Osten, vom Westen aus betrachtet, in eine riesige Freiluftbühne zu verwandeln, auf der bald nur noch ein einziges Stück gespielt wurde: eine albtraumhafte Parodie des antitotalitären Grundkonsenses, mit dem die Bundesrepublik sich einst von Hitler abgegrenzt und zugleich dessen Feindschaft gegen Stalin übernommen hatte. Mit spiegelbildlicher Widersprüchlichkeit und voller Trotz, so schien es den Altbundesrepublikanern, die sich weniger denn je für die komplizierte Realität in den neuen Bundesländern interessierten, entstaubte der Osten nun seinen antifaschistischen Gründungsmythos, während er sich gleichzeitig teils klammheimlich, teils mit zynischer Offenheit über seine Macht freute, im Westen panische Angst vor dem Vierten Reich zu provozieren. Die Wehmut, mit der die »Ostalgiker« ihr untergegangenes Land verklären, und der wehleidige Vorwurf, die »linke« Bundesrepublik erinnere zunehmend an die autoritäre DDR, sind nur scheinbar Gegensätze. Was sie verbindet, ist der Unwille, sich zu einem Staat zu bekennen, der keine Zugehörigkeitsgefühle weckt.

Die Dramaturgie des Stücks hat sich mittlerweile so verselbständigt, dass es dabei schon längst nicht mehr nur um »Ossis« und »Wessis« geht. Die Rollen und Kostüme sind frei verfügbar. Und wenn das Spiel anfangs Züge einer Tragikomödie gehabt haben mochte, so ist es spätestens mit dem Siegeszug der AfD zu einer deutsch-deutschen Groteske geworden.

Ein hessischer Geschichtslehrer weint beim Mauerfall in den Armen seines Vaters, aber nicht vor Freude, sondern weil er spürt, dass die westliche Moderne nun das ganze Vaterland erobern wird, er zieht in den Süden der einstigen DDR, wo er sich im rauschenden Thüringer Wald seinen inneren Germanen erwandert, unter Erfurter Domtürmen völkische Tiefe beschwört und in sächsischen Bierkellern gegen die deutsche Holocaustseligkeit hetzt, was ihm ein Aktionskünstler aus Dresden vergilt, indem er, angefeuert von der Antifa, vor dessen Wohnhaus ein Modell des Berliner Mahnmals baut und ihn mit Ferngläsern beobachten lässt, als müsste der Zuwanderer aus dem Westen an der Republikflucht gehindert werden. Ein schwäbischer Offizier fliegt aus der Bundeswehr, weil er jedes Mal, wenn irgendwo jemand »Bürger in Uniform« sagt, auf dem Appellplatz zwanghaft eine Kerze für Ernst Jünger anzünden muss, er kauft sich in Sachsen-Anhalt ein flugs zum »Rittergut« geschlagenes Häusle, wo er einen Taktikleitfaden für den identitären Widerstand verfasst, dem biedere Familienväter im sächsischen Clausnitz entnehmen, dass dem Vaterland auch gedient ist, wenn man solange brüllend an Flüchtlingsbussen herumrüttelt, bis die Insassen, darunter völlig verstört weinende Kinder, sich zurück in den syrischen Bürgerkrieg sehnen. Und im Münsterland erfährt ein Ex-Generalsekretär der CDU Jahre nach dem Ende seiner Parteikarriere endlich, wie sich Erfolg anfühlt, als er es zu seinem Lebensabendthema macht, die verirrten Brüder und Schwestern im Osten aus der Ferne zu belehren, dass man sich von den Amis nicht rückstandsfrei habe entnazifizieren lassen, nur um jetzt sprachlos zuzusehen, wie ein noch nicht umerzogener Volksteil millionenfach sein Kreuzchen bei einer »faschistischen«, »völkisch-nationalistischen«, »verfassungsfeindlichen« und »staatszersetzenden« Partei macht, wofür er sich unter dem tosenden Applaus baden-württembergischer Hausfrauen zum ersten »Antifaschisten« der Twitterrepublik krönen lässt. Szenen aus dem besten Deutschland, das wir je hatten.

Kurzschluss Naher Osten

Fabian Wolff habe ich auf Facebook kennengelernt, wo er mir durch kluge und witzige Beiträge auffiel, deren Englisch so geschliffen, nuanciert und sicher war, wie ich es nur von einem anderen Deutschen kannte (Danilo Scholz, ebenfalls aus der DDR). Aber wenn ich ihn einen »Deutschen« nenne, dann würde er sich das vermutlich verbitten; so wie er sich umgekehrt die Anführungsstriche verbat, als ich mal schrieb, Götz Aly habe aus Mark Zuckerberg einen »Juden« gemacht, weil er einen seiner Kritiker des Antisemitismus zieh, obwohl dieser ihn gar nicht als Juden, sondern als Unternehmer angegriffen hatte. Dass auch Fabian im amerikanischen Englisch eine sprachliche Wahlheimat gefunden hat, verbindet ihn mit Yael. Und wie ihr ist auch ihm seine jüdische Identität so wichtig, dass sie in unseren Gesprächen oft eine Rolle gespielt hat. Aber er vertritt sie auf eine andere, weniger verspielte, manchmal strenge, aber immer befreiend offenherzige Weise. Die Lektorate, um die ich ihn in zwei Fällen bat, haben mir jedenfalls sehr geholfen, zu einem weniger befangenen Ton im Schreiben über deutsch-jüdische Verhältnisse zu finden. Aus Neugier besuchten Fabian und ich mal gemeinsam das Holocaustmahnmal (zu dem uns nichts einfiel), aber nur, um es schnell wieder zu vergessen und, nachdem wir noch W. G. Sebald und Maxim

Biller gewürdigt hatten, den einen, indem wir ihn ausführlich lobten, den anderen, indem wir ein bisschen über ihn lästerten, auf einem langen Spaziergang im Tiergarten über alles Mögliche andere zu reden. Ich weiß nicht mehr, ob Fabian mir bei dieser oder einer anderen Gelegenheit mitgeteilt hat, dass er sich freut, Familienmitglieder zu haben, die im Spanischen Bürgerkrieg kämpften – in Brigaden, die nicht unter Moskaus Kommando standen.

Auch Max Czolleks Großvater hat als Kommunist Widerstand gegen die Nazis geleistet. Aber anders als mit Fabian hat der Nazienkel, der ich bin, mit diesem Kommunistenenkel durchaus gerungen. Max' Buch *Desintegriert euch!* finde ich genauso kritikwürdig wie er mein Buch *Mit Rechten reden*. Ich halte seinen Blick auf AfD und Neue Rechte für analytisch unzureichend, während er mir und meinen Co-Autoren vorhält, die politische Lage unnötig zu verkomplizieren und sie damit zugleich zu verharmlosen. Vielleicht muss man im Westen, in der Nähe echter SS-Offiziere, aufgewachsen sein, um rechte Possenreißer und Populisten nicht mit Nazis zu verwechseln und anzuerkennen, wie fundamental sich Gesellschaft und Mentalitäten in Deutschland seit 1945 gewandelt haben; und vielleicht muss man andererseits Rassismus oder Antisemitismus am eigenen Leib erfahren haben, um bei der nationalistischen Rechten wirklich nicht mehr den geringsten Spaß zu verstehen. Wenn ich Max aber, anders als manch anderen Kritiker unseres Buchs, dennoch schätzen gelernt habe, dann lag das nicht nur an der versöhnlichen Zigarette, die er mir drehte, nachdem wir auf unserer Lesung heftig miteinander diskutiert hatten, und an dem angeregten Gespräch, das wir einige Zeit später in einem Kreuzberger Café führten. Es lag auch daran, dass er die deutsche Erinnerungskultur als das bezeichnet hat, was sie ist. Die Distanz, die er als ostdeutscher Jude zu den Entlastungsroutinen der Bundesrepublik hat, mag dabei geholfen haben. Jedenfalls habe ich die Klarheit, mit der Max im Anschluss an Y. Michal Bodemann das deutsche »Gedächtnistheater« kritisiert, als ähnlich befreiend – und integrativ! – empfunden wie den abendländischen Ernst, mit dem Katja Petrowskaja von »unserer Antike« sprach, oder die bürgerliche Bescheidenheit, mit der Wolfgang Hardtwig dem Nazienkel von der Last berichtete, Enkel eines Widerstandshelden zu sein.[12]

Wenn Max Czollek den Imperativ zur Integration in Frage stellt, dann kommt mir das mit Blick auf das – sprachliche, ökonomische und politische – Minimum, ohne das ein Einwanderungsland nicht funktionieren kann, ein wenig fahrlässig vor. Aber die Passagen seines Buchs, in denen er die Juden in Deutschland auffordert, sich vom Nationalsozialismus zu emanzipieren, finde ich großartig. Natürlich ist damit nicht gemeint, den Holocaust zu vergessen oder Täter nicht mehr Täter und Opfer nicht mehr Opfer zu nennen, sondern: die Rollenspiele hinter sich zu lassen, in denen die jüdische Minderheit und die bundesrepublikanische Mehrheitsgesellschaft einst zueinander gefunden haben. Czollek ermutigt die Juden in Deutschland, ihren post-arischen Mitbürgern nicht länger als moralisches Alibi zu dienen. Aber weil der Essay die eigene Position nicht identitär verkürzt, ist er eine Streitschrift im besten Sinne. Wie Maxim Biller, nur auf seine ganz eigene Weise, äußert sich Max Czollek als Jude, doch ohne den Anspruch, eine Gruppe zu repräsentieren. Im Gegenteil, wenn er radikal von der jüdischen Gegenwart her argumentiert, dann im Namen einer

Pluralität, die sich nicht auf einen Begriff oder eine Perspektive reduzieren lässt. Und damit ist nicht nur die Verschiedenheit der Herkünfte angesprochen oder das Nebeneinander von religiösen und säkularen Juden, sondern auch das Verhältnis zu Israel.

—

Vielfalt, auch wenn man sie »radikal« nennt, bleibt ein Wattewort, solange wir damit nur einen idealisierten Multikulturalismus bezeichnen und über die Konflikte schweigen, die unterschiedliche soziale Lagen, kulturelle Prägungen, biographische Hintergründe und politische Haltungen unvermeidlich mit sich bringen. Der Nahe Osten ist nicht das einzige Krisengebiet der Erde. Aber er ist die Region außerhalb Europas, deren Krisen sich in der deutschen Einwanderungsgesellschaft besonders deutlich spiegeln. Und das betrifft nicht nur den Konflikt zwischen jüdischen Israelis und palästinensischen Arabern, sondern auch den politischen Streit, den Juden und Araber jeweils untereinander austragen. Dagegen hat die Vehemenz, mit der etwa mein Freund Behzad, dessen Familie aus dem Iran stammt, und ich über die USA streiten, kaum etwas mit Israel, dafür umso mehr mit dem komplizierten Verhältnis von amerikanischer Innen- und Außenpolitik zu tun. All diese Konflikte haben wir nicht »importiert«. Mit den Menschen, die nun Teil der deutschen Gesellschaft und vielfach auch deutsche Staatsbürger sind, gehören sie zu Deutschland – nicht mehr und nicht weniger als die Konflikte zwischen Kapital und Arbeit, zwischen Arm und Reich, zwischen den Generationen und Geschlechtern, zwischen alten und neuen Bundesländern, zwischen Nationalisten und Universalisten, zwischen Globalisierungsgewinnern und Deklassierten, zwischen abgehängten und Metropolregionen, zwischen Risikogruppen und Lockdownverlieren, zwischen Gretafans und Dieselfreaks, zwischen Statussymbolbesitzern und Schwarzem Block, zwischen DFL und Dritter Liga.

Max Czollek ist aber nicht nur ein Kind der DDR. Er ist auch ein Kind Berlins. Diese oft unerträgliche Stadt ist so unentwirrbar mit dem Rest der Welt verknüpft, dass sich die Strukturen und Probleme, die Komplexität und die Kompliziertheit des postnazistischen Einwanderungslandes, das wir nach der Wiedervereinigung geworden sind, hier wie unter der Lupe beobachten lassen. Es sind insbesondere zwei Orte, an denen das Erbe des Nationalsozialismus und die Realität der Migrationsgesellschaft sich hier unmittelbar berühren. Beide sind genau deswegen umkämpft, und mit beiden ist Max verbunden: das Zentrum für Antisemitismusforschung, wo er promoviert wurde, und das Jüdische Museum Berlin, dessen Aktivitäten er verschiedentlich unterstützt hat. Obwohl der Kontext heute ein ganz anderer ist, entzündet sich der Konflikt an beiden Orten im Grunde noch immer an derselben vertrackten Frage, die schon Ende der 70er Jahre Jimmy Carter und zwei Jahrzehnte später auch die deutsche Öffentlichkeit beschäftigt hatte, als es um die Mahnmalsprojekte in Washington und Berlin gegangen war. Und wie damals verbindet diese Frage auch heute Deutschland und die USA indirekt, aber unvermeidlich mit Israel. Sie betrifft, stark vereinfacht gesagt, das Verhältnis von Judenfeindschaft und Rassismus. Wie verwickelt diese Frage ist, weiß ich aus eigener Erfahrung, nachdem ich ihr eine 700-seitige Doktorarbeit gewidmet habe. Sie ist aber nicht nur wissenschaftlich herausfordernd, sie liegt auch so nah am Herz unserer Gegenwart, dass historische Forschung und Geschichtspolitik hier nur mit großem Kraftaufwand, wenn überhaupt auseinanderzuhalten sind. Und wie auch in den Debatten um die Holocaustgedenkstätten steht man wieder vor dem Problem, dass es zwar eine prinzipielle Alternative gibt, aber keine einfache Antwort.

Man kann, das ist die eine Möglichkeit, die Judenfeindschaft entweder als eine Sache sui generis behandeln, als qualitativ eigenständiges Phänomen mit einer Geistes- und Sozialgeschichte, die sich zurück bis in die Antike verfolgen lässt, und etwa die Geschichte von Sklaverei und Rassismus getrennt davon erzählen. Oder man sieht in ihr nur eine besondere Form von Ungleichbehandlung, einer Härte, die prinzipiell alle Religionen, Ethnien, Hautfarben und Minderheiten genauso treffen kann wie die Juden.[13] Die erste Antwort liegt nah an der Selbstbeschreibung einer Gruppe, die in ihrer Geschichte in vielen Ländern der Erde Hass, Ausgrenzung, Verfolgung und Gewalt bis zum Völkermord erlitten hat. Die zweite Antwort ist weniger spezifisch. Sie ist nicht auf die jüdische Position festgelegt, sondern setzt diese ins Verhältnis zu bestimmten Lagen und anderen Positionen. Kommen Juden in der ersten Perspektive vor allem als potentielle Opfer von Stereotypen, Diskriminierung und Gewalt in den Blick, so ist die zweite Perspektive doppelt offen: erstens für andere Opfergruppen und zweitens dafür, dass Juden in Machtbeziehungen auch der stärkere Teil sein können. Spitzt man die Frage auf die deutschen Verhältnisse zu und grenzt zugleich die »anderen Gruppen« auf Zuwanderer mit muslimisch-arabischem Hintergrund ein, sieht man sofort, wie heikel das Problem ist. Aus der theoretischen Alternative wird unversehens die praktische Aufforderung, eine Wahl zu treffen: zwischen der historisch bedingten Solidarität mit den Juden und dem Verständnis für die größte und am schnellsten wachsende Zuwanderergruppe unseres Landes. Aber wer meint, sich hier für eine Seite entscheiden zu müssen, hat schon verloren. Denn die Verhältnisse sind viel verwickelter, als es die Metapher der Medaille suggeriert.

Juden werden nach wie vor Opfer von Übergriffen und Verunglimpfung, genauso wie Migranten mit »muslimischem« Hintergrund Diskriminierung ausgesetzt sind; und beide müssen, nur weil sie sind, was sie sind, Gewalt bis hin zum Mord erfahren. Aber wer sind die Täter? Spart man sich die Feinheiten, um die es hier nicht gehen kann, dann lassen sich guten Gewissens folgende Tendenzen benennen. Die Feindseligkeit gegenüber »Muslimen« geht in Deutschland vor allem von Einheimischen aus, die Angst vor »Überfremdung« haben; die Feindseligkeit gegenüber Juden einerseits von dem deutschen Bevölkerungsteil, in dem das antisemitische Ressentiment ungebrochen fortlebt (oder sich im Internet erneuert), aber zunehmend auch von Migranten mit muslimisch-arabischem Hintergrund. Doch wem genau gelten der Hass und die Taten? Im Fall der muslimisch-arabischen Migranten ist eine Gruppe gemeint, die sich vor dem Hintergrund der europäischen Geschichte leicht als kulturell »fremd« und daher unpassend zu »unseren« Lebensgewohnheiten stigmatisieren lässt. Der Fall der Juden liegt komplizierter. Der israelische Sozialwissenschaftler David Ranan, der judenfeindliche Einstellungen unter Muslimen in Berlin erforscht, hat daher eine plausible Differenzierung vorgenommen. Hass, sagt Ranan, muss man über-

Kurzschluss Naher Osten   171

all entgegentreten. Um ihn aber wirksam zu bekämpfen, muss man ihn zunächst verstanden haben. Weil er zu dem Ergebnis gekommen ist, dass der Judenhass muslimischer und arabischer Einwanderer sich insofern vom antijüdischen Phantasma der Deutschen unterscheidet, als er sich auf ein reales Konfliktgeschehen im Nahen Osten bezieht, schlägt er vor, ihn nicht unter den Begriff des Antisemitismus zu fassen. Nur eine Ablehnung, die einem imaginierten Kollektiv der »Juden« gelte, könne sinnvollerweise antisemitisch genannt werden, während der arabische Hass zwar von »Yahudi« rede, aber eigentlich auf Israel ziele.[14] Diese Feindseligkeit wird allerdings vehement angeheizt von Intellektuellen und Politikern, die aus den Affekten gegen das winzige Land Israel und »die« Juden eine aggressive Entlastungsideologie für die gesamte islamische Welt gebraut haben.[15] Doch wirklich kompliziert wird diese Lage erst dadurch, dass es sich bei den deutschen Antisemiten genau andersherum verhält: Weil offener Judenhass hierzulande besonders stark geächtet ist, rationalisieren diese ihr Ressentiment, indem sie von »Israel« reden, während sie eigentlich die Juden meinen.[16] Auch wenn also der Antizionismus oft mit einem identitären Hass einhergeht, der Juden genauso grundsätzlich anfeindet wie der christlich fundierte Antisemitismus (und daher Hetzschriften wie die »Protokolle der Weisen von Zion« erfolgreich in den nahöstlichen Kontext importiert worden sind), so ließe angesichts dieser Gegenläufigkeit doch fragen: Ist es wirklich sinnvoll, beides gleich zu bezeichnen? Sollte nicht, was unterschiedliche Geschichten hat, auch begrifflich unterschieden werden? Und lässt sich nicht nur, was begriffen ist, auch erfolgreich bekämpfen?

Als wären diese Verhältnisse nicht schon verwickelt genug, erscheinen sie bis zur Unlösbarkeit verknotet, wenn man den Nahostkonflikt auch noch aus postkolonialer Perspektive theoretisiert. Israel verwandelt sich dann vom zionistischen Projekt, das Juden aus aller Welt eine »Heimstatt« bieten soll, in einen Staat des »Westens«, der seine Identität über die binäre »Trennung« vom kolonisierten »Anderen« herstellt. Damit werden Analogien denkbar, die es in sich haben: mit den Buren Südafrikas. Aber auch mit den Deutschen! Und zwar nicht nur in ihren afrikanischen Kolonien vor dem Ersten Weltkrieg, sondern auch in den eroberten Gebieten Osteuropas im Zweiten. Da Juden sich mit dieser Theorie im einen Kontext als Opfer, im anderen als Täter rassistischer Gewalt begreifen lassen, und so eine begriffliche Identifizierung Israels mit dem Nationalsozialismus denkbar wird, sieht sich wiederum die postkoloniale Perspektive mit dem Vorwurf konfrontiert, antisemitisch zu sein. What a brainfuck. Wie schmutzig und ergebnislos diese Fragen in Deutschland diskutiert werden, ließ sich jüngst an der Debatte um den kamerunischen Politologen Achille Mbembe beobachten.[17]

So richtig es ist, dass die zionistische Staatsgründung, mit all ihren Folgeproblemen für die arabische Bevölkerung, auf die Protektion der imperialistischen Mandatsmacht Großbritannien angewiesen war, so sehr verfehlen Theoretiker wie Mbembe allerdings deren politische Bedeutung, wenn sie in Palästina nur eine westliche Kolonie sehen – und nicht auch in Israel den welthistorischen Sonderfall einer »settler society without a home country« (Perry Anderson), deren Dekolonisierung ohne eine Kollateralidee von Auslöschung unvorstellbar wäre.[18] Eine unideologische,

Kurzschluss Naher Osten   173

historisch informierte Debatte über diese komplexen Verhältnisse sollte aber, nicht zuletzt mit Blick auf den Wandel unserer Bevölkerungsstruktur, auch in Deutschland unbedingt geführt werden. Und warum nicht anlässlich eines Auftritts von Achille Mbembe auf der Ruhrtriennale? Tatsächlich wurde das Problem jedoch, statt es zu diskutieren, durch Skandalisierung der Person auf die moralische Ebene verlagert, und zwar mit einer Argumentation, die kaum etwas mit der verwickelten Geschichte aktueller Konflikte zu tun hat, dafür umso mehr mit einem geschichtspolitischen Kurzschluss zwischen der deutschen Vergangenheit und der Gegenwart im Nahen Osten.

—

Von der propalästinensischen Bewegung *Boycott, Divestment and Sanctions* (BDS) hatte in Deutschland bis vor kurzem bestenfalls ein kleiner Kreis von Expertinnen und Betroffenen gewusst. Inzwischen ist sie zu einem Politikum geworden. Dass sich unter dem Dach der BDS-Bewegung auch irrlichternde Linke und fanatische Antizionisten versammelt haben, steht außer Frage. Und wenn Aktivisten dieser Bewegung auch in Deutschland durch öffentlichen Druck oder Störaktionen Auftritte von Juden und Israelis zu verhindern suchen, dann kann das unter keinen Umständen toleriert werden. Aber das gilt für jeden Versuch, andere am Gebrauch ihrer Grundrechte zu hindern. Und darum gilt es auch, wenn die berechtigte Kritik an der Freiheitsbeschränkung der einen zum Vorwand wird, um die Freiheit der anderen zu begrenzen. Doch leider hat der Deutsche Bundestag aus den Exzessen der BDS-Bewegung genau diesen Schluss gezogen, als er in denkbar vagen Formulierungen nicht nur – was nachvollziehbar gewesen wäre – dazu aufrief, allen Akteuren und Projekten öffentliche Mittel zu verweigern, die zu einem pauschalen Boykott ganz Israels und aller Israelis aufrufen, sondern auch all jenen, die BDS lediglich »aktiv unterstützen« (ohne zu klären, wann genau das der Fall ist). Auf Anfrage der FDP-Fraktion hat die Bundesregierung diese Position sogar weiter verschärft, indem sie, semantisch noch wolkiger, die Liste der inkriminierten Akteure um solche Personen und Organisationen erweiterte, die BDS auch nur »nahestehen«. Die Klammer, die diese – meines Wissens beispiellose – Einmischung deutscher Verfassungsorgane in die Belange der Öffentlichkeit zusammenhält, ist ein diffuser Begriff von »Antisemitismus«. Dabei geht die Macht des Vorwurfs nicht allein von den Assoziationen aus, die dieses Wort aus guten Gründen in deutschen Köpfen auslöst. Wenn es in der Bundestagsresolution heißt, der Boykottaufruf gegen israelische Künstler und Produkte erinnere »an die schrecklichste Phase der deutschen Geschichte« und wecke »unweigerlich Assoziationen zu der NS-Parole *Kauft nicht bei Juden!*«, dann wird der Kurzschluss zwischen Drittem Reich und Nahem Osten auch ganz ausdrücklich gezogen.[19]

Die Verschmelzung der Kontexte ist sachlich so atemberaubend falsch, wie sie psychologisch nachvollziehbar ist. Eine Boykottbewegung, die seit der zweiten Intifada Wege sucht, den Kampf gegen die israelische Besatzung auch mit zivilen Mitteln zu führen, soll irgendwie das Gleiche sein wie die erste Eskalationsstufe der Judenverfolgung im Dritten Reich? Aber natürlich, wenn man in einem – durchaus fragwürdigen – Mittel der politischen Auseinandersetzung

Kurzschluss Naher Osten

nichts anderes erkennen kann als einen skandalösen Fall von
»Judenboykott« und man zugleich vom Nationalsozialismus
nicht mehr im Kopf hat als ein paar Bilder aus dem Schul-
buch und dem Kino, dann kann einem vor lauter Wiederho-
lungspanik schon mal schwindlig werden. Der Wunsch, die
hässliche Seite der eigenen Geschichte abzuwehren, ist aber
nur die eine Seite der Gleichung. Sie muss unverständlich
bleiben, solange man nicht auch die Geschichte des ideali-
sierenden Blicks rekonstruiert, mit dem viele Bundesdeutsche heute auf Israel sehen.

—

Für die liberal-konservative Mitte war der zionistische Staat
von Anfang an ein positiver Bezugspunkt. Die – auch von
den Sozialdemokraten Brandt, Schmidt und Schröder mit-
getragene – Außenpolitik der Unionskanzler führte in di-
rekter Linie von Adenauers »Wiedergutmachungspolitik«,
die ein elementarer Bestandteil der Westintegration war,
über die Abgrenzung vom Antizionismus der DDR und die
steten (zum Teil heimlichen) Waffenlieferungen an Israel
und Saudi-Arabien bis hin zu Merkels Diktum, die israelische Sicherheit sei Teil der deutschen Staatsräson. Aber das
waren Kabinettsachen. Mentalitätsgeschichtlich folgenreich
war dagegen, dass die außenpolitische Annäherung an Israel ab Ende der 60er Jahre ideologisch flankiert – und durch
die Publizistik des Hauses Springer heftig verstärkt – wurde
vom Kulturkampf gegen eine Linke, die sich nicht nur einseitig mit dem palästinensischen »Befreiungskampf« soli-
darisierte, sondern in ihren radikaleren Ausprägungen auch
unverhohlen antisemitisch agitierte. Und agierte: Nicht von

ungefähr jedenfalls war der (gescheiterte) Anschlag, mit dem die »Tumpamaros West-Berlin« am 9. November 1969 ein jüdisches Gemeindehaus in Brand setzen wollten, ein Urmoment des deutschen Linksterrorismus; und dass am 1. Juli 1976 deutsche Flugzeugentführer in Entebbe jüdische Passagiere als Geiseln selektierten, während sie die »nicht-jüdischen« freiließen, gehört zu den makabersten Szenen der deutschen Nachkriegsgeschichte.[20]

Damit die Linke mit diesem Kapitel ihrer eigenen Geschichte ins Reine kommen konnte, musste sich allerdings die weltpolitische Konstellation des Kalten Krieges auflösen. Zugespitzt könnte man sagen, dass die Wiedervereinigung die westdeutsche Linke vor die Alternative stellte, entweder gemeinsam mit der Nachfolgepartei der SED Sozialpolitik für Deutschland zu machen oder aber die Habermasposition im Historikerstreit an die veränderten Bedingungen anzupassen. Habermas selbst konnte, wie die meisten Linksliberalen, mit der neuen Bundesrepublik insofern seinen Frieden machen, als sie den normativen Rahmen der alten bestätigte. Wer allerdings schon die faktische Existenz eines deutschen Nationalstaats als illegitim erachtete, der musste sich nun gegen Deutschland wenden. Es war diese Lage, in der sich plötzlich der Zionismus als deutscher Gegennationalismus und als neue Projektionsfläche linker Sehnsüchte anbot. *Für* Israel zu sein war für diesen Teil der Linken nun das ideologische Pendant zur Opposition *gegen* die eigene Nation, als deren Erbsünde wiederum ein spezifisch deutscher, auf Erlösung zielender Antisemitismus galt. Wenn die 180-Grad-Wende vom propalästinensischen Antizionismus zur enthusiastischen Israelliebe auch überraschender scheint, als sie es angesichts der Geschichte

Kurzschluss Naher Osten

linker Theoriesprünge tatsächlich war, so ging es dabei um mehr als nur ideologische Räson. Wegen der feindseligen Ignoranz, mit der man in der außerparlamentarischen Linken dem Holocaust vielfach begegnet war, trug die neue Solidarität mit Israel auch Züge einer moralischen Läuterung. Verantwortung für den Nationalsozialismus hatte man auf der deutschen Linken – mit mehr oder weniger guten Gründen – stets von sich gewiesen; aber was – mit nur allzu guten Gründen – auf dem Gewissen lastete, das war die sekundäre Schuld eines Antizionismus mit stark antisemitischer Grundierung. Doch all das hätte vermutlich nicht gereicht, um die Bewegung der ANTIDEUTSCHEN ins Leben zu rufen, wäre zur ideologischen Kohärenz, der moralischen Entlastung, dem Theoriekult um Adorno und der Bewunderung für wortgewandte Antinationalisten wie Hermann L. Gremliza oder Wolfgang Pohrt (dessen anti-antideutsche Kehre allerdings Erwähnung verdient) nicht noch der ästhetische Reiz gekommen, den ein Militarismus im Namen der Gerechtigkeit seit jeher auf die radikale Linke ausübt.

Die Rote Armee gab es nicht mehr, die maoistische Guerilla saß saturiert in den Volkskongressen von Peking und Ho-Chi-Minh-Stadt. Aber was es gab, das waren die Israel Defense Forces, eine vergleichsweise kleine, aber vielbewunderte Militärmacht. Ihr Ruhm ruhte auf zwei Pfeilern. Zum einen hatten sich die IDF im Sechstagekrieg, flankiert von fünf weiteren mehr oder weniger erfolgreichen Kriegen, den Nimbus der Unbesiegbarkeit erworben. Zum anderen dienten Streitkräfte, deren Zweck die Sicherheit des jüdischen Staates nach Auschwitz war, einer höheren Sache als nur der üblichen Durchsetzung eines nationalen Interesses. Zusammen mit dem Jerusalemer Prozess gegen Adolf Eichmann, der 1961 Gerechtigkeit gegen eine Schlüsselfigur der nationalsozialistischen Judenvernichtung walten ließ, fügte sich der Triumph von 1967 zu einem schlüssigen Narrativ von »Israels zweiter Geburt« (Tom Segev). Aus Theodor Herzls »nationaler Heimstätte« hatte Israel sich zwei Jahrzehnte nach seiner Gründung in einen Hort der Wehrhaftigkeit verwandelt, einen Staat, dessen Legitimität darauf gründete, die Judenfeinde der Vergangenheit genauso bestrafen wie die der Gegenwart in die Flucht schlagen zu können.[21]

Die Idee eines wehrhaften Zionismus als Lehre aus dem Holocaust war so stringent, dass sie ein säkulares Nationalgefühl stiften konnte (dass 1967 von religiösen Juden auch messianisch gelesen wurde, ist eine andere Geschichte).[22] Wenn aber Teile der deutschen Linken dem eigenen Nationalstaat eine Absage erteilten, indem sie sich die zionistische Staatsideologie anverwandelten, dann schrieb das ein nur allzu bekanntes Muster fort. Nach der opferzentrierten Erinnerungskultur vor 1989 war die Idealisierung Israels nach 1990 der zweite Kulturimport, der den Blick für die Ambivalenzen der deutschen Lage vernebelte. Teil der Linken zu sein hieß zwar immer schon, von der eigenen Herkunft zu abstrahieren, um sich selbst auf die richtige Seite der Geschichte zu stellen; und was konnte sich für deutsche Linke richtiger anfühlen, als mit dem Kampf *gegen* den eigenen Antisemitismus zugleich *für* die Wehrhaftigkeit der Juden einzutreten? Die Formen jedoch, in denen die Ablehnung Deutschlands als antisemitischer Täternation und die Affirmation Israels als jüdischer Verteidigungsgemeinschaft in deutschen Köpfen Gestalt annahm, kamen weder aus Israel noch aus Deutschland, sondern einmal mehr aus den USA – und aus Frankreich.

Daniel Goldhagens *Hitler's Willing Executioners* schlug 1996 in Teilen der deutschen Öffentlichkeit ein wie eine sehnsüchtig erwartete Bombe. Goldhagens These, die Hauptursache für die Ermordung der europäischen Juden habe im »eliminatorischen Antisemitismus« der deutschen Mentalität nach der Reichsgründung gelegen, stieß auf nahezu einhellige Ablehnung der Holocaustforschung. (Ulrich Herbert stellte insofern eine interessante Ausnahme dar, als er Goldhagen mit der gleichen Vermittlungsfigur würdigte wie Götz Aly im Rückblick auf den Historikerstreit Ernst Nolte: gute Frage, schwache Antwort).[23] Wenn das Buch aber trotzdem wochenlang auf Platz 1 der *Spiegel*-Bestsellerliste stand, dann hatte das auch damit zu tun, dass Goldhagen dem Unbehagen am deutschen Nationalstaat eine wissenschaftliche Begründung zu geben schien. Schön war das allerdings nicht. Um das düstere Bild des eigenen Landes durch einen lichten Gegenentwurf zu ergänzen, brauchte man aber auch gar keine Bücher. Man konnte ja ins Kino gehen – und sich dort in die paradoxe Schönheit der Stimmen und Bilder verlieben, durch die Claude Lanzmann zur Welt sprach.

Mit der beharrlichen Kraft seiner Fragen und der Härte seines Blicks hatte Lanzmann in *Shoah* das Wunder vollbracht, die Schrecken des Holocaust zu evozieren, ohne eine einzige historische Aufnahme zu zeigen. (Die Gegenläufigkeit zu Kempowski, der mit der gleichen Radikalität allein die Quellen sprechen ließ, ist faszinierend). Während dieser Film in Deutschland schnell Epoche machte, nahm aber nur noch eine interessierte Minderheit wahr, dass er nicht nur ein monumentales Epos war, sondern auch das Mittelstück einer Trilogie. Bereits 1973 hatte Lanzmann mit *Pourquoi Is-*

rael debütiert, einer Annäherung des Diasporajuden an den Zionismus nach Auschwitz. Die über zehn Jahre dauernden Zeitzeugengespräche, aus denen Lanzmann danach das Material für *Shoah* gewann, schwiegen von Israel. Aber das ungeheuerliche Geschehen, von dem dort die Rede war, verlieh der Existenzberechtigung des jüdischen Staates eine unabweisbare Evidenz. Es war schließlich *Tsahal*, Lanzmanns dritter Film, der dann 1994 die Verbindung zwischen den beiden ersten unmissverständlich ausbuchstabierte. Wie schon im Fall von *Shoah* vollzog auch dieser Titel performativ nach, was in *Pourqoui Israel* thematisch geworden war: die israelische Binnenperspektive. Das Wort *Shoah* bezeichnet im Hebräischen den Holocaust, so wie die Abkürzung *Tsahal* für »Tsava Haganah Leisrael« steht, was auf Englisch bedeutet: Israel Defense Forces. Die Bedeutung, die Lanzmann selbst diesem Schlussstein seiner Trilogie beimaß, liest sich wie eine lakonische Version des zionistischen Narrativs nach 1967: »Es ist wichtig zu verstehen, dass der Holocaust nicht allein ein Massaker an Unschuldigen war, sondern dass es ein Massaker an Menschen war, die keine Verteidigung hatten, die nicht wehrhaft waren; das heißt an Leuten, die zum allergrößten Teil seit Generationen und Jahrhunderten nicht daran gewöhnt waren, Waffen zu gebrauchen und Gewalt anzuwenden. Daher handelt es sich bei *Tsahal* um die Fortsetzung von *Shoah*. Im Zentrum von *Tsahal* steht das Problem, dass man angreifen muss, wenn man nicht sterben will, und dass man zugleich diesen Angriff nach Möglichkeit vermeiden will.«[24]

Wie nötig Lanzmanns Werbung für die israelische Perspektive und wie überfällig damit auch die linke Selbstkritik der Antideutschen war, zeigte sich, als noch am 15. Oktober

Kurzschluss Naher Osten

2009, fast 40 Jahre nach dem Brandanschlag der Tumpamaros, »antiimperialistische« Aktivisten im Kiez von St. Pauli
erfolgreich eine Vorführung von *Pourqoui Israel* verhin-
derten. Dass der Film kurz darauf dennoch gezeigt werden
konnte, war auch der Entschlossenheit zu verdanken, mit
der proisraelische Linke nun das Kino beschützten. Die
Blindheit der Lanzmanndeutschen (diese Kritik kann ihnen
der Kempowskideutsche nicht ersparen) begann erst da, wo
sie nicht mehr nur Israel gegen die Ignoranz aus den eigenen
Reihen verteidigten, sondern sich auch mit dessen Mythos
identifizierten – ohne ihn aber je verantworten zu müssen.
Die ja gerade von Lanzmann angesprochene Ambivalenz,
widerwillig zum Kampf gezwungen zu sein, blieb ihnen
fremd, weil Israel nicht ihr Projekt war, sondern (wie für andere Teile der Linken zuvor schon die Arbeiterklasse und die
Völker des globalen Südens) eine Projektionsfläche für das
eigene Unschuldsbegehren.

Den Weg, den Yitzhak Rabin mit seinem Land ging, als er
vom Helden des Sechstagekriegs zum Ministerpräsidenten
wurde, der gegen immense – psychische wie politische – Widerstände den Ausgleich mit Jordanien und der PLO suchte,
1967 wie 1993 in einer Verbindung von strategischem Weit-
blick und pragmatischem Realismus: diesen Weg, auf dem
viele seiner Landsleute Rabin damals aus Not, Anstand und
schließlich auch aus Überzeugung gefolgt sind, haben die
deutschen Bewunderer Israels fast nie nachvollzogen. Sie
mochten mit dem Friedensprozess vage sympathisieren,
aber da sie einer fernen Abstraktion anhingen, mussten sie
sich kein Bild von der Lage vor Ort machen. Sie hätten den
gehemmten Respekt nicht verstanden, den ein General wie
Rabin seinen Gegenspielern auf syrischer und ägyptischer

Seite und am Ende sogar einem ehemaligen Terroristen wie Yassir Arafat entgegenbrachte.[25] Ihnen fehlte die Einsicht in die Dialektik der militärischen Stärke, die Peres und Rabin nach langem Zögern letztlich dazu bewogen hatte, den Primat der Politik durchzusetzen. Weil sie nie gezwungen waren, die gestalterische Impotenz des Militärs zu begreifen, konnten sie aber umgekehrt auch die politische Agonie nicht wahrnehmen, in die Israel verfiel, nachdem Rabin 1995 von einem nationalreligiösen Fanatiker ermordet worden war und die Friedensagenda wenige Jahre später endgültig scheiterte. Und darum konnten sie schließlich auch nicht sehen, wie quer ihr deutscher Entlastungszionismus zur Haltung linker und liberaler Israelis stand, denen das eigene Land umso fremder wurde, je mehr es ihnen unter dem Druck der zweiten Intifada, des Terrors der Hamas und der antiarabischen Identitätspolitik der Likud-Regierungen wie eine nationale Festung vorkam. Wenn es stimmt, dass Israel, wie der Schriftsteller David Grossmann einmal gesagt hat, die Antwort auf eine sehr gute Frage ist: Dann ist die antideutsche Identifikation mit Israel eine schlechte Antwort ohne Frage.

Um dem Gefühl einer Stagnation im Ausnahmezustand zu entkommen, sind in den vergangenen 20 Jahren viele Israelis nach Berlin, Köln oder Hamburg gezogen. Dass Deutschland in dem Ruf steht, die eigene Vergangenheit kritisch aufgearbeitet zu haben, hat gewiss dazu beigetragen. Aber ob sie auch damit gerechnet haben, hier auf Deutsche zu stoßen, die so tief in den zionistischen Mythos verstrickt sind, dass sie israelkritische Juden unter Antisemitismusverdacht stellen? Die Konstellation hat wahrlich groteske Züge. Geradezu absurd wird sie aber dort, wo ehemalige israelische Soldaten wie David Ranan oder Yehudit Yinhar, die das von Lanzmann benannte Dilemma einer Aggressivität wider Willen am eigenen Leib erfahren haben, sich des passiv-aggressiven, selbstgerechten, kompensatorischen Zionismus linker Nazinachfahren erwehren müssen. Eingekeilt zwischen dem antiimperialistischen Vorwurf, auf der falschen Seite gekämpft zu haben, und dem antideutschen Vorwurf, die richtige Seite nicht bedingungslos zu unterstützen, muss ihnen der Nachfolgestaat des Dritten Reiches manchmal vorkommen wie ein sehr, sehr merkwürdiger Traum.

Unter der Flagge des Anti-Antisemitismus kommt bei uns heute die breite Mitte der Holocaustbetroffenheit zusammen mit der links-rechten Verstrickung in den zionistischen Mythos. Und diese Doppelnähe zu »den« Israelis und »den« Juden hat ihr Widerlager in einem dritten Motiv: einer historisch tief verwurzelten Feindseligkeit gegen »den« Islam. Für jede dieser Haltungen gibt es Gründe. Der Perspektive der Opfer durfte sich das Land der Täter nicht verschließen; der Israelhass der Linken war und ist skandalös; und die Gefahren von dschihadistischer Ideologie und autoritärem Islamismus sind keine Einbildung. Was dagegen Kritik verdient, sind die Verabsolutierung dieser Motive und ihre Verschmelzung zu einer deutschen Ideologie, die im Namen der Verneinung das Risiko der Selbstfindung scheut. Es war genau diese Unsicherheit einer Position ohne eigenen Bezugspunkt, die im partei- und lagerübergreifenden Konsens der Anti-BDS-Resolution ihren Ausdruck fand (selbst die AfD-Fraktion stimmte ja nur dagegen, weil ihr eigener Antrag noch schärfer formuliert war).

—

Man kann die Überblendung von schrecklicher Vergangenheit hier und heroischer Gegenwart dort im Übrigen problemlos kritisieren, ohne sich ein abschließendes Urteil über die Lage in Israel und Palästina anzumaßen. Alle im Raum stehenden Fragen sind umstritten. Es gibt die einen, die wie Lanzmann (und natürlich auch Rabin) in der militärischen Stärke nicht nur die Garantie für den Fortbestand Israels erkennen, sondern auch eine zentrale Voraussetzung für jeden Friedensprozess; und es gibt andere wie den Historiker Tom Segev, die den Präventivschlag von 1967 auf eine psychologisch verständliche, aber tatsächlich unbegründete Vernichtungsangst zurückführen. Es gibt Gründe für die Besatzungspolitik, wie es berechtigten Widerstand gegen sie gibt. Man kann den BDS-Boykott genauso gut als Alternative zum Terror der Hamas begreifen, wie man sich über die Diffamierung von ganz Israel und allen jüdischen Israelis empören kann. Die Aufnahme diplomatischer Beziehungen zwischen Israel und den Vereinigten Arabischen Emiraten erscheint aus der einen Perspektive als ein Schritt zum Frieden, aus der anderen wie ein Ausverkauf palästinensischer Interessen und eine Forcierung des Konflikts mit Iran. Und man mag die Zweistaatenlösung als faktisch gescheitert ansehen, aber während die einen deswegen die Segregation von Juden und Arabern forcieren wollen, spinnen andere den präzionistischen Traum eines Staates, in dem Juden und Araber gleichberechtigt leben, aus postzionistischer Perspektive fort.

Jede dieser Positionen verdient Diskussion. Und das gilt nicht nur für Israel und Palästina. Die Frage, was einen Staat im Innersten zusammenhält, stellt sich dort nur mit ungleich größerer Schärfe; und darum wird sie von israe-

Kurzschluss Naher Osten

lischen Intellektuellen auch viel unbefangener diskutiert. Aber sie betrifft auch andere, im Grunde sogar alle selbstbestimmten Gemeinwesen. Also auch Deutschland. Vielleicht sogar gerade Deutschland. Yoram Hazonys Apologie des ethnisch fundierten Nationalstaats etwa mag uns mit Blick auf die eigene Geschichte nicht schmecken, aber mit Blick auf die Legitimität von Demokratien ist sie höchst relevant.[26] Umgekehrt mag man Omri Boehms Vision eines säkularen, binationalen Israel träumerisch finden, aber anders als der naive Traum einer Welt ohne Grenzen artikuliert sich hier eine Staatsidee, die Ländern mit einer komplizierten Einwanderungs- und Konfliktgeschichte tatsächlich Orientierung bieten könnte.[27] Der einseitige Blick, mit dem Arthur Koestler 1948 auf den jüdisch-arabischen Konflikt sah, mag von der historischen Forschung überholt sein – aber seine Prämisse ist immer noch aktuell: »Auf einem Schulglobus«, schreibt Koestler am Anfang seines Buchs über die britische Mandatszeit, »nimmt Israel nicht mehr Platz ein als ein Staubfleck; und doch gibt es kaum ein politisches, soziales oder kulturelles Problem, dessen Prototyp man dort nicht fände, und das in seltener Konzentration und Dichte.«[28] Aus all diesen Gründen ist es völlig inakzeptabel, wenn die gegensätzlichen Positionen, die sich am Fall Israels entzünden, in Deutschland nicht uneingeschränkt diskutiert werden können. Aber genau das ist leider der Fall, seit sich mit dem Bundestag und der Bundesregierung auch Kommunen, Kulturinstitutionen und ein Teil der politischen Öffentlichkeit einer einseitigen Intoleranz verschrieben haben.

Sollte man sich hierzulande weiter darauf einlassen, in der BDS-Bewegung nichts anderes als eine Erscheinungsform von »Antisemitismus« zu sehen, hätte das jedenfalls gravierende Konsequenzen für den Frieden unserer Gesellschaft. Wenn jeglicher Kontakt, den eine Wissenschaftlerin oder ein Künstler jemals, und sei er noch so indirekt, mit BDS gehabt hat, als antisemitisches Vergehen zu gelten hat – dann haben wir ein echtes Problem. Um es an einigen Beispielen zu konkretisieren:

Wenn eine internationale Gruppe jüdischer Wissenschaftler die dem BDS-Beschluss zugrunde liegende Antisemitismusdefinition kritisiert, und in der Folge nicht nur die Angestellte eines Jüdischen Museums, die auf die entsprechende Erklärung verlinkt hatte, entlassen wird, sondern auch der Museumsdirektor zurücktreten muss; wenn eine israelische Studentin an ihrer Kunsthochschule über »Unlearning Zionism« sprechen will (was nicht bedeutet: gegen die Existenz Israels, sondern: für die Möglichkeit einer Einstaatenlösung), und die Veranstaltung unter tatkräftiger Hilfe germanischer Posterzionisten abgesagt wird; wenn der Feuilletonchef der *Welt* einen Dokumentarfilm des israelischen Regisseurs Avi Mograbi, der BDS zwar »mit keiner Silbe erwähnt«, aber »der Kampagne unzweifelhaft ideologisch nahe[steht]«, am liebsten von der Berlinale gecancelt sähe, weil dem »Filmfestival in der ehemaligen Reichshauptstadt der Nazis eine besondere Verantwortung« zukomme; wenn ein post-arischer Mitarbeiter eines anderen Jüdischen Museums einen Ausstellungstext zur prekären Lage der Negevbeduinen (wegen des Bezugs zur Siedlungspolitik) als »antisemitisch« einstuft, er daraufhin vom Kurator der Ausstellung (dessen Vater den Holocaust überlebt hat) aufgefordert wird, seine Kritik doch produktiv einzubringen, zum Beispiel durch Kommentierung, aber stattdessen kurz darauf in der Tageszeitung *Israel Hayom* ein Skandalartikel erscheint, in dem es heißt: »Non-Jewish museum employees agreed that the exhibit included anti-Israeli incitement«; wenn die Stadt München keine Räumlichkeiten zur Verfügung stellt, in denen man (durchaus kontrovers) über die BDS-Bewegung hätte diskutieren können; wenn Verwaltungsgerichte landauf, landab eine Reihe ähnlicher Absagen kassiert haben, weil sie den vorauseilenden Eifer, mit dem Kommunalbeamte auf Grundlage der Bundestagsresolution ihre Entscheidung trafen, als nicht verfassungskonform einstuften: Dann zeigen all diese Fälle, dass das Problem, anders als oft mit herablassender Ignoranz behauptet, keine Einbildung ist.[29]

Nicht nur sehen sich Juden, darunter israelische Staatsbürgerinnen, mit dem absurden Umstand konfrontiert, dass der Nachfolgestaat des Dritten Reichs ihre Grundrechte einschränkt, um Israel vor »Antisemitismus« zu schützen. Auch steht eine Reihe von Personen, Organisationen und Veranstaltungen, die sich in Deutschland der Klärung des komplizierten Verhältnisses von Juden und Muslimen, von einheimischen und zugewanderten Minderheiten, von Israel und Diaspora, von Judenfeindschaft und Rassismus verschrieben haben (von der offenen Solidarisierung mit den Palästinensern ganz zu schweigen), plötzlich unter gewaltigem Rechtfertigungsdruck. Es muss nun nämlich, wie im Fall Mbembes und vieler anderer geschehen, nur noch ein wenig belastendes Material gefunden werden, eine Spende, ein Doktorvater, ein Tweet, eine Organisation, ein Mitarbeiter, eine Konferenz, ein Kontakt, ein unbedachtes Wort, ein schlechter Artikel, eine Jugendsünde, irgendein Sachverhalt, der sich als »BDS-nah« markieren lässt – und schon schlägt der Shitstorm Türen zu.

Zu den Institutionen, die dem Druck dieses diffusen Antisemitismusvorwurfs ausgesetzt sind, gehören pikanterweise auch das Zentrum für Antisemitismusforschung und das Jüdische Museum Berlin. Beide haben sich aus unterschiedlichen Gründen entschieden, ihren Auftrag nicht auf »jüdische« Fragen einzugrenzen, sondern ihn doppelt auszuweiten: auf die Beziehungen von Juden zu ihrer Umwelt und auf die Frage, inwieweit sich jüdische Erfahrungen auf andere Gruppen übertragen lassen. Wenn nun aber über das Einfallstor des »BDS-Kontakts« die Frage im Raum steht, ob das ZfA »Antisemitismus relativiert«, weil es neben den Kontexten und Funktionen migrantischer Judenfeindschaft auch antimuslimischen Rassismus erforscht; oder ob, wie von Benjamin Netanjahu höchstpersönlich behauptet, das Jüdische Museum Berlin Israel in den Rücken gefallen ist, weil es sich der palästinensischen Perspektive nicht verschließt, dann ist das – unbesehen der Kritik an einzelnen Projekten und Personalentscheidungen – ein kulturpolitisches Drama. Warum aber wird darüber in der israelischen Zeitung *Haaretz* berichtet, während sich von den unzähligen Journalisten der Stadt, in der es sich abspielt, bisher kein einziger veranlasst sah, die Hintergründe zu recherchieren? Könnte es sein, dass auch Furcht eine Rolle spielt? Dass die Sache an alte Selbstverständlichkeiten rührt, die von der Wirklichkeit längst überholt sind? Dass es mühsam wäre, weil es womöglich zum Umdenken zwänge? Aber selbst wenn: Ist nicht genau das der Stoff, aus dem große Reportagen gemacht sind?[30]

—

Es wäre an der Zeit, die Entgrenzung des Antisemitismus-
begriffs auch in Deutschland als das zu bezeichnen, was sie
ist: eine begriffspolitische Kampagne, deren Ziel die einseitige Parteinahme für Israel ist.[31] Die zionistische Bewegung
hatte um 1900 auf die frustrierende Erfahrung reagiert, dass
die Gesellschaften Europas trotz aller Emanzipationserfolge
nicht bereit waren, die Juden als einen gleichberechtig-
ten Teil anzuerkennen, von den Pogromen im Russischen
Reich ganz zu schweigen. Sie war in betont säkularem Geist
ins Leben gerufen worden, weil der tief in der abendländischen Geschichte verwurzelte Antisemitismus eine be-
klemmende, im zaristischen Ansiedlungsrayon sogar le-
bensbedrohliche Alltäglichkeit angenommen hatte. Und als
der Staat Israel 1948 tatsächlich gegründet wurde, war die
Berechtigung des zionistischen Projekts zuvor durch den
Holocaust auf drastische Weise bestätigt worden. Wenn
aber die regionalen Probleme, die diese Gründung mit sich
gebracht hat, nach wie vor ungelöst sind, dann ist das eine
ganz andere Lage. Die Juden Europas waren eine bedrohte
Minderheit. Sie mussten im späten 19. und frühen 20. Jahrhundert auf einen Hass reagieren, der sich selbst »antisemitisch« nannte. Dagegen ist Israel im 21. Jahrhundert eine
Konfliktpartei im Kampf zweier Nationalbewegungen, die
beide den gleichen Flecken Erde für sich beanspruchen. Und
diesen Konflikt tragen beide Seiten zunehmend mit propa-
gandistischen Mitteln aus.

Ist der Antisemitismus für die jüdische Diaspora immer
ein Thema gewesen, so hat er in Israel nie eine nennenswerte
Rolle gespielt. Dafür sind die Mehrheits- und Machtverhält-
nisse seit der arabischen Niederlage von 1948 zu eindeutig.
Israel folgt vor allem seiner Staatsräson. Das hat zum einen

pragmatische Haltungen befördert. In der Außenpolitik etwa zählt im Zweifelsfall der strategische Wert eines Bündnisses mehr als die Gesinnung des Bündnispartners. Nicht wenige Israelis ziehen eine verlässliche Allianz mit Viktor Orbán einer schönen Rede von Heiko Maas vor, obwohl dieser löblicherweise »wegen Auschwitz« in die Politik gegangen ist, während jener in seinem Land einen schändlichen Antisemitismus toleriert.[32] (Man sollten dieses nüchterne Verhältnis zu Gesinnungsfragen im Hinterkopf haben, wenn man sich hierzulande mit dem Vorwurf konfrontiert sieht, Israel durch die Duldung von »Antisemitismus« zu schaden.) Zum anderen hat die israelische Staatsräson eine Kampfbereitschaft hervorgebracht, der es nicht um den Abbau fremder Vorurteile geht, sondern um die Sicherung der eigenen Existenz.

Dem in Palästina geborenen Yitzhak Rabin hatten amerikanische Juden erklären müssen, dass das tiefsitzende Ressentiment einer christlich geprägten Umwelt ein echtes Problem sein konnte.[33] Als Sohn der »roten Rosa«, einer legendären Gründerfigur der zionistischen Selbstverteidigung, als Offizier im Unabhängigkeitskrieg, als Generalstabschef im Sechstagekrieg, als Ministerpräsident während der Flugzeugentführung von Entebbe und als Verteidigungsminister in der Zeit der ersten Intifada war Rabin mit feindseligen Nachbarn natürlich selbst bestens vertraut. Nur äußerte sich diese Feindschaft nicht durch Stereotype und Unterstellungen, sondern durch unverhohlenen Hass und offene Gewalt. Die antizionistische Ideologie sprach so unmissverständlich durch Taten, dass man sie kaum beim Namen nennen musste.

Es war eine paradoxe Folge sowohl des Friedensprozes-

Kurzschluss Naher Osten   191

ses als auch der Abschottung der besetzten Gebiete, dass der Konflikt in dem Maße, wie die Waffen schwiegen, von beiden Seiten immer stärker moralisiert wurde. Gegen Soldaten hatten politische Entschlossenheit und eine schlagkräftige Armee geholfen, gegen Steinewerfer am Ende Gespräche, gegen Selbstmordattentäter Mauern, gegen Raketen militärische Polizeiaktionen. Aber gegen den Vorwurf, im Besatzungs- und Grenzregime Israels zeige sich der »Rassismus« einer Kolonialmacht, und gegen Methoden des Widerstands, die sensible Kinogänger im Westen am Ende womöglich an Gandhi und Nelson Mandela erinnerten, half nur ein semantischer Gegenschlag.[34] Wo sich der zionistische Staat bis dahin, so berechtigt wie nachvollziehbar, eines militanten, teilweise mörderischen Antizionismus erwehrt hatte, da sollte die moralische Delegitimierung Israels nun Ausdruck eines »neuen Antisemitismus« sein.[35] Und ganz unplausibel war das auch nicht. Es ließ sich ja kaum bestreiten, dass im Zuge der zweiten Intifada zunehmend auch Juden in Frankreich, Deutschland oder England den Hass auf Israel zu spüren bekamen. Sie wurden haftbar gemacht für die Politik eines Staates, dem sie gar nicht angehörten. Wenn vor allem Migranten mit muslimisch-arabischem Hintergrund dabei nicht zwischen »Juden« und »Israel« unterschieden, dann lag das natürlich vor allem daran, dass dieser Unterschied sie gar nicht interessierte. Vielleicht hatte es aber auch damit zu tun, dass es immer schwieriger wurde, ihn überhaupt zu erkennen. Es gehört nämlich zum Gesamtbild, dass die Gleichsetzung von »israelisch« und »jüdisch« von einem Wandel des zionistischen Selbstverständnisses wenn nicht verursacht, so doch befördert worden ist.

Nachdem die ersten jüdischen Siedlergenerationen noch mehrheitlich eine säkulare, anfangs sogar sozialistische und für eine arabische Minderheit grundsätzlich offene Staatsidee vertreten hatten, gewannen mit den Kriegen von 1947/48 – als ein Großteil der lokalen Araber vor der Haganah floh – und 1967 – als die Israel Defense Forces das biblische Kernland um Jerusalem eroberten – weltweit zionistische Gruppierungen an Einfluss, die Israel einschließlich der besetzten Gebiete als historische Wiedergeburt altjüdischer Staatlichkeit betrachteten.[36] Bis weit in das 20. Jahrhundert hinein war der Zionismus attraktiv gewesen, weil er sich nicht nur vom Antisemitismus der anderen abgrenzte, sondern auch von einer traditionell geprägten Lebensweise, die viele Juden als Sackgasse empfanden. Dagegen wird Israel Anfang des 21. Jahrhunderts mehrheitlich nicht mehr nur als Möglichkeit für Juden in aller Welt begriffen, als moderne Alternative zu Tradition und Diaspora, sondern vor allem als Nationalstaat eines gleichermaßen ethnisch, historisch und religiös verstandenen Judentums.[37]

Obwohl es also nicht unbegründet ist, auch den auf Israel bezogenen Judenhass von Muslimen und Arabern als »antisemitisch« zu begreifen, schafft diese Ausweitung des Begriffs doch mehr Probleme, als sie löst.[38] Indem sie nämlich den Kontext eines historisch äußerst komplexen, bis heute ungelösten Konflikts ausblendet, macht sie aus einer politischen Ideologie einen moralischen Abgrund. Antizionismus lässt sich als oft hässliche, aber grundsätzlich nachvollziehbare Begleiterscheinung eines latenten Kriegszustandes begreifen. Dagegen gibt es für Antisemitismus keine Rechtfertigung. Jeder weiß, wohin Antisemitismus führen kann. Weil die Überblendung der beiden Konzepte diesen Unter-

Kurzschluss Naher Osten

schied aber verschleiert, ist sie wie gemacht für die Instrumentalisierung durch Propaganda. Wer den »neuen« Antisemitismus skandalisiert, der deutet damit immer auch die extremen Folgen an, die Antisemitismus im äußersten Fall haben kann. Wenn gar von der Möglichkeit eines »nächsten Holocaust« oder eines weltweiten »Kriegs gegen Juden« gesprochen wird, dann ist die Kluft zwischen Auschwitz und Gaza kaum noch wahrnehmbar.[39]

Vor diesem Hintergrund ist es kein Zufall, dass Benjamin Netanjahu mit Effie Eitam kürzlich einen Kandidaten für die Leitung der Holocaustgedenkstätte Yad Vashem vorschlug, der sich offen dafür ausgesprochen hatte, die arabische Bevölkerung aus dem Westjordanland zu vertreiben. Und für alle, die es gar nicht kapieren wollen, buchstabiert man es zur Not auch aus. Faktisch vollkommen haltlos insinuierte die israelische Regierung etwa, es sei der Mufti von Jerusalem gewesen, der Hitler bei seinem Aufenthalt in Berlin 1941 den Holocaust eingeredet habe.[40] Wer das glaubt, der muss sich fragen, ob man mit den Arabern nicht von Anfang an viel zu nachsichtig war. Andere dagegen fragen sich, ob man aus Rücksicht auf das »Opfervolk« der Juden nicht viel zu lange die Augen vor der Tatsache verschlossen hat, dass im Westjordanland ein koloniales Unterdrückungsregime herrscht. Im ideologischen Endstadium eines Konflikts, dessen Geschichte kaum noch entwirrbar scheint, stehen sich die Behauptungen von arabischem »Antisemitismus« und jüdischem »Rassismus« in beziehungsloser Dogmatik gegenüber.

Es gibt gute Gründe, im Nahostkonflikt im Zweifelsfall an der Seite Israels zu stehen, zumal in Deutschland, zumal wenn einige seiner Feinde gar kein politisches, sondern ein geschichtstheologisches Ziel propagieren. Aber es gibt keinen Grund, in diesem Konflikt jede Bewegung der israelischen Rechten mit zu vollziehen. Und dazu gehört auch, ihr nicht zu folgen, wenn sie, um den Prozess der Segregation von Juden und Arabern ideologisch zu flankieren, Antizionismus und Judenhass im Nahen Osten terminologisch mit dem Antisemitismus, einem Monstrum des christlichen Europas, identifiziert. Wenn diese begriffspolitische Kampagne nun auch hierzulande kritisiert wird, dann hat das, anders als gerne unterstellt, in den allermeisten Fällen nichts mit einer »obsessiven« Voreingenommenheit gegen Israel zu tun – sondern mit den Folgen, die diese Politik für die inneren Verhältnisse Deutschlands hat. Überträgt man den Begriff des Antisemitismus nämlich umstandslos auf den israelisch-arabischen Konflikt, wird er von einem skandalösen Faktum der europäischen Geschichte, gegen das die Juden sich wehren mussten, zu einem psychologischen Druckmittel in den Kämpfen der Gegenwart.

Nichts belastet Deutschland so sehr wie die Geschichte seiner Judenfeindschaft. Zu Recht. Aber wie die jüdische und die christliche Tradition auf ihre je eigene Weise wissen, kann man sich mit den Stimmen, die Gesetze und Verbote aussprechen, die Schuldgefühle und Stolz vermitteln, durchaus ins Benehmen setzen, zumal in säkularen Zeiten. Wir können zum Beispiel die Gründe, die Dynamik und die Geschichte des europäischen und insbesondere des deutschen Antisemitismus erforschen, um uns vor Wiederholung zu feien. Wenn wir das tun, können wir uns aber auch darin üben, die Katastrophen der Vergangenheit von den Problemen der Gegenwart und die eigenen Verfehlungen von denen anderer unterscheiden. Und erst, wenn wir das gelernt haben, werden wir hoffentlich nicht mehr auf jeden Dealer hereinfallen, der unserem Gewissen seinen gestreckten Stoff als »Antisemitismus« verkaufen will, nur weil er zu wissen meint, wie sehr wir darauf abfahren.

—

Dass Deutschland mit dieser Lage vor dem Hintergrund seiner Vergangenheit besonders überfordert ist, leuchtet sofort ein. Aber das Erbe, das uns aus dieser Geschichte erwachsen ist, hat mittlerweile seine eigene Geschichte. Und zu dieser Geschichte gehört auch das Begehren, nach dem Holocaust die »deutsche« Position der »jüdischen« so weit anzuverwandeln, dass beide kaum noch zu unterscheiden sind. Die Opferidentifikation hat viele von uns nicht nur unempfindlich für die Ambivalenzen der eigenen Tätergeschichte gemacht. Weil sie vom eigenen Entlastungsbedürfnis ausgeht, blockiert sie auch, so paradox es klingen mag, unsere Empathie mit den Nachfahren der Opfer. Denn um sich in die Perspektive eines anderen zu versetzen, muss das Mitgefühl frei sein von der Egozentrik des Schuldgefühls. Und auch verantwortlich kann erst handeln, wessen Gewissen nicht mehr unter dem Diktat der Schuld steht. Wer Verantwortung für ein Verbrechen oder ein schuldbelastetes Erbe übernimmt, hat akzeptiert, dass Taten sich nicht ungeschehen machen lassen. Aber er weiß auch, dass offenbleiben muss, was daraus im Einzelnen folgt. Die Frage nach den Konsequenzen einer Tat stellt sich immer wieder aufs Neue: vor Gericht anders als in der Beichte, in der Psychotherapie anders als im Roman, in der persönlichen Begegnung mit einem Opfernachfahren anders als in Verhandlungen mit einem Opferanwalt, heute anders als vor 70 Jahren.

Verantwortung zu tragen setzt die dauerhafte Bereitschaft zur Antwort voraus. Dagegen ist Schuld ein auf Dauer unerträglicher Zustand. Schuld will Entlastung, darum strebt sie nach Sühne. In *meiner* Verantwortung stelle ich mich der unabweisbaren Frage eines anderen. In *seiner* Schuld dagegen kreist mein Wille um die Erlösung *vom* anderen. Weil der Schuldige nicht er selbst sein will, weiß er nicht, wer er ist. Und weil diese identitäre Leerstelle einen diffusen, deprimierenden Dauerschmerz verursacht, verlangt sie nach Betäubung und Plombierung. So wird verständlich, warum das deutsche Schuldgefühl, mag es sich auch hundertmal »historische Verantwortung« nennen, so leicht durch Stimmen manipulierbar ist, die schrill wie ein Zahnarztbohrer beanspruchen, für die Opfer des Holocaust zu sprechen. Doch weil sie nicht bekommen, wonach es sie verlangt, weil der Abgrund der historischen Schuld sich nicht füllen lässt, sind die von »Erinnerung« gebannten Deutschen umgekehrt auch taub für Juden, die so sehr in der Gegenwart leben, dass ihre Identität irritierenderweise nicht um die eigene Unschuld kreist. Verstrickt in dieses Beziehungsnetz, hat ein neuer Philosemitismus, und das ist wirklich paradox, nicht nur die Schuld, sondern auch die Ursünde des alten Antisemitismus geerbt: Vor lauter »Juden« im Kopf kann er die widersprüchliche Vielfalt realer Juden nicht sehen.

Es reicht aber nicht, die deutsche Schuldverstrickung beim Namen zu nennen. Man muss auch über ihre Folgen sprechen. Geradezu absurd mutet es nämlich an, dass das Unvermögen nur allzu gerne mit paternalistischer Geste daherkommt. Wenn die Bundesregierung zu einem Zeitpunkt, an dem eine ihrer dringlichsten Aufgabe in der Gestaltung einer hochdynamischen Migrationsgesellschaft bestünde, das Amt eines »Beauftragten für das jüdische Leben in Deutschland und den Kampf gegen den Antisemitismus« erschaffen hat, dann klingt das leider schöner, als es ist.[41] Zum einen zeichnet sich das jüdische Leben, abgesehen vom unverzichtbaren Polizeischutz repräsentativer Einrichtungen, hierzulande durch einen erfreulichen Mangel an Betreuungsbedarf aus. Wenn wir auch hier unbedingt von einer »Minderheit« sprechen wollen, dann einer so überdurchschnittlich agilen, produktiven und vielgestaltigen, dass man froh sein muss, wenn sie nicht bald ihrerseits einen Beauftragten zur Unterstützung des nichtjüdischen Lebens in Deutschland bestallt. Zum anderen, und das ist viel schlimmer, kommt das Amt des obersten Antisemitismusbekämpfers im Staate ohne einen belastbaren Begriff von Antisemitismus aus. Die wachsweiche »Arbeitsdefinition« der *International Holocaust Remembrance Alliance* (IHRA), der man auch hierzulande bereitwillig folgt, steht wegen ihrer politischen Instrumentalisierbarkeit jedenfalls zu Recht in der Kritik; denn statt Sachverhalte zu klären, belegt sie nur, dass das Definieren anderen Regeln folgt als das Begreifen.[42] Wäre treffender von »Vorurteilen, Ressentiments und Affekten gegen Juden als Juden« die Rede, könnte man immer noch fragen, ob ein Regierungsbeauftrager das richtige Gegenmittel ist. Aber man müsste differenzieren. Man würde dann vielleicht sogar mit einer Migrationsforscherin wie Sina Arnold oder einem Politologen wie David Ranan reden. Das würde allerdings das Risiko der Entdeckung bergen, dass die Verachtung, mit der Berliner Jugendliche arabischer Herkunft »Jude, Jude, feiges Schwein« brüllen, einen anderen Hintergrund (und oft auch eine andere Funktion) hat als die wohlformulierte »Israelkritik«, die ein Studienrat tief in der Nacht weinselig ins Internet reinjammert; und dass es darum vielleicht sogar sinnvoll sein könnte, dieses als israelbezogenen Umwegantisemitismus zu bezeichnen, jenes aber als identitär-antizionistischen Judenhass.[43]

Der komplizierte Nahostkonflikt gehört zur komplizierten Realität des Einwanderungslandes Deutschland; und der Schutz aller Juden vor jeglichem, also auch arabischmuslimischem Hass ist eine Pflicht, deren Erfüllung über die Glaubwürdigkeit des postnazistischen Staates mitentscheidet. Aber das kann nicht rechtfertigen, dass eine ideologische Deutung dieses Konflikts, mit der die israelische Regierung den Schulterschluss mit den nationalistischen Regierungen Ungarns und der USA sucht, in Deutschland die Weihe eines staatlichen Prüfsiegels erhält. Weil diese Deutung aber auch unter Juden heftig umstritten ist, haben der Regierungsbeauftragte und der Bundestag in der hochlöblichen Absicht, »die« Juden zu schützen, durch ihre verdeckte Parteinahme Öl ins Feuer eines Streites gegossen, der eben nicht nur »die« jüdische Seite von ihren Feinden trennt, sondern auch Michael Wolffsohn oder Alan Posener von Daniel Cohn-Bendit oder Hanno Loewy. Wenn der FDP-Abgeordnete Frank Müller-Rosentritt die BDS-Resolution als »ganz starkes Signal an unsere israelischen Freunde und *alle* in Deutschland lebenden Juden« bezeichnet, dann muss das für israelische Staatsbürger wie Omri Boehm, David Ranan, Yehudit Yinhar, Dani Gal, Yael Reuveny, Nathan Sznaider oder Moshe Zimmermann und für deutsche beziehungsweise in Deutschland lebende Juden wie Micha

Brumlik, Eva Menasse, Cilly Kugelmann, Fabian Wolff, Susan Neiman, Candice Breitz, Boaz Levin, Emily Dische-Becker, Paula Villa-Braslavsky oder Max Czollek jedenfalls wie blanker Hohn klingen.[44] Soweit ich weiß, hat niemand von den Genannten je die Existenz Israels in Frage gestellt. Aber sie alle stehen in Opposition zum ideologischen Bündnis der großisraelischen Rechten. Und weil sie dieses Bündnis faktisch stützt, lehnen sie auch – meines Wissens einhellig – die BDS-Resolution des Bundestags ab.

Man wird den Kampf gegen die Judenfeindschaft im Übrigen nicht gewinnen, indem man sie mit Hilfe diffuser Begriffe als Gesinnung skandalisiert. Sondern nur, indem man durch historische Bildung und soziale Praxis den Kontakt mit der Realität befördert. Nichtjuden, ganz gleich ob aus Europa oder dem Nahen Osten, sollten über die Traditionen der eigenen Judenfeindschaft sowie komplementär dazu über die jüdische Geschichte einigermaßen Bescheid wissen. Noch wichtiger aber dürfte es sein, die imaginierten »Juden« im Kopf mit realen Juden in der Lebenswirklichkeit zu konfrontieren. Wo die Einmischung des Staates durch Aktionismus und gut gemeinte Symbolpolitik die Probleme der Gesellschaft nur komplizierter macht, als sie ohnehin schon sind, da könnten eine kluge Bildungspolitik und zielgerichtete Projektmittel tatsächlich zu ihrer Lösung beitragen. Doch es muss gar nicht immer darum gehen, Hass in Empathie zu verwandeln. Sozialpädagogische Moderation kann helfen. Aber manchmal ist es besser (und auch gesünder), die Affekte in produktive Bahnen zu lenken. Es gibt für die arabisch-muslimische Jugend ja durchaus eine kämpferische Alternative zum Hass auf Juden: nämlich Bündnisse mit Juden. Die israelische Linke und Teile der Diaspora sind dafür jedenfalls bereit. Ihre Türen stehen, wenn ich mich nicht täusche, weit offen. Die Hände sind ausgestreckt.

Wenn es ein Bild gibt, in dem die Überforderung von der Gegenwart, die Fixierung auf die Vergangenheit, die Identifikation mit den toten und der Paternalismus gegenüber den lebenden Juden zusammenkommen, dann ist es das Porträt des Antisemitismusbeauftragten Felix Klein im Stelenfeld des Holocaustmahnmals. Als ich es sah, traf es mich wie ein Blitz, der einen Moment lang die Probleme unserer Zeit mit dem Schrecken unserer Geschichte vollständig zu verschmelzen schien. Doch je länger ich die nach Bedeutung heischende Leere dieses Bildes auf mich wirken ließe, desto mehr wich der Schrecken einer Frage, die mir allmählich das Herz wieder weitete. Könnte es nicht auch für Deutsche mit Arierhintergrund allmählich an der Zeit sein, sich von Hitler zu emanzipieren?

—

Angeblich hat Karl Kraus gesagt, Philosemiten seien halt Antisemiten, die Juden mögen.[45] Man sollte den Unterschied nicht kleiner machen, als er ist. Der Philosemitismus ist sicher nur die zweitschlimmste Haltung, mit der man Juden begegnen kann. Was ihn mit der schlimmsten aber tatsächlich verbindet, ist der Unwille, ein um »Juden« zentriertes Weltbild von der Wirklichkeit irritieren zu lassen. Wie dem Antisemiten seine zwei jüdischen Freunde als Alibi dienen, so gibt jüdische Polemik dem Philosemiten höchstens Anlass zur Betroffenheit. Dass Bundestag, Bundesregierung und Kommunen den Spielraum eingeschränkt haben, in dem man sich in Deutschland kritisch zur Besiedlung des

Kurzschluss Naher Osten

Westjordanlandes und zur ethnischen Homogenisierung Israels äußeren kann, hat viele in Deutschland lebende Juden, darunter auch israelische Staatsbürger, in Wut versetzt. Aber zum Glück regt sich allmählich auch jüdischer Widerstand gegen die Auswüchse des post-arischen Streberzionismus. Seit Dr. Klein, der ranghöchste Anti-Antisemit im Nachfolgestaat des Dritten Reichs, das zur Kenntnis genommen hat, ringt er ein wenig um Fassung. Vermutlich hat er es sich nicht ganz so kompliziert vorgestellt, auf der richtigen Seite der Geschichte zu stehen. Aber letztlich ist seine Weltanschauung auch an dieser Herausforderung nicht zerbrochen. Er hat einfach tief Luft geholt, die »eher links stehenden Israelis« gedanklich ganz fest in den Arm genommen und sie dann angefleht, doch bitte, bitte »eine gewisse Sensibilität für die historische deutsche Verantwortung« zu entwickeln.[46]

Wenn es um Juden geht, kennt die Beweglichkeit deutscher Köpfe keine Grenzen. Denn neu ist das ja alles nicht. Als sich Ernst Hüsmert mit der Judenfeindschaft konfrontiert sah, der Carl Schmitt in seinen Tagebüchern freien Lauf gelassen hatte, kommentierte der Herausgeber das so: Bei Schmitts »jüdische[m] Komplex« habe es sich offenbar um einen »durch Otto Weininger introjizierten jüdischen Selbsthass« gehandelt.[47] Wo römische Germanen schon mal dem jüdischen Selbsthass erliegen können, da sollte man nicht erstaunt sein über Judenfreunde, die sich von jüdischer Kritik irgendwo doch ein stückweit verletzt fühlen. Es geht aber auch anders: besser, weniger gut gemeint. Es gibt post-arische Deutsche, für die es nicht zu ihrer historischen Verantwortung gehört, sich durch Phrasen über Nazis einen Geltungsvorteil zu verschaffen. Und es gibt Juden, die trotz des Holocaust in Deutschland unbefangen über die Zukunft Israels diskutieren wollen. Vor allem aber gibt es hier wie da, und an so vielen dritten Orten, immer mehr wache Geister, die nicht länger bereit sind, sich die Gespenster der Vergangenheit für die Probleme der Gegenwart verkaufen zu lassen. Sie sollten sich zusammentun.

Sturz in die Geschichte

East of Erinnerung

Das Erbe des Nationalsozialismus verpflichtet Deutschland auf ein ethisches Minimum, dessen Pflege auch zukünftig Staatsaufgabe bleiben sollte. Neben der Bereitschaft, die Taten weiter zu erforschen, sie zu dokumentieren und der Opfer angemessen zu gedenken, sowie der außenpolitischen Sensibilität gegenüber Staaten und Nachfolgestaaten, die unter deutscher Gewalt gelitten haben, gehört dazu vor allem ein Bildungsauftrag. Absolventen deutscher Schulen sollten Bescheid wissen, was passiert ist. Nicht nur weil die Verbrechen des Nationalsozialismus ein elementarer Bestandteil unserer Geschichte sind, sondern auch weil Deutsche im Ausland, sei es privat oder beruflich, weiterhin mit dieser Geschichte konfrontiert sein werden. In Israel versteht sich das von selbst; aber auch in Nordamerika leben viele Juden. Und das Verhältnis zu Russland, der Ukraine, Weißrussland, den baltischen Staaten, Tschechien, Serbien, Griechenland, den Niederlanden, Norwegen, vor allem aber zu Polen würde sehr davon profitieren, wenn deutsche Politiker, Geschäftsleute, Austauschschüler und Ferienreisende wenigstens ungefähr wüssten, was deutsche Funktionäre, Soldaten, Polizisten, Verwaltungsbeamte und Unternehmer im Zweiten Weltkrieg in diesen Ländern getan haben. Noch besser wäre es jedoch, wenn zur Pflege und Verbrei-

tung dieses Wissen auch noch ein Bewusstsein dafür hinzu-
käme, wie anders man anderswo auf die gleiche Geschichte
blicken kann. Wenn in dieser Hinsicht hierzulande ein echter Mangel herrscht, dann betrifft er vor allem das Verhältnis
zu unseren Nachbarn im Osten.

Als Bundespräsident Frank-Walter Steinmeier sich kürzlich für Nord Stream 2 stark machte, die Ostsee-Pipeline, die
russisches Erdgas unter Umgehung Polens und der Ukraine
nach Deutschland liefern soll, da schob er dem ökonomi-
schen ein historisches Argument hinterher. »Für uns Deutsche«, sagte Steinmeier, »kommt noch eine ganz andere
Dimension hinzu: Wir blicken auf eine sehr wechselvolle
Geschichte mit Russland zurück. Am 22. Juni [2021] jährt
sich zum 80. Mal der Beginn des deutschen Überfalls auf die
Sowjetunion. Mehr als 20 Millionen Menschen der damaligen Sowjetunion sind dem Krieg zum Opfer gefallen. Das
rechtfertigt kein Fehlverhalten der russischen Politik, aber
das größere Bild dürfen wir nicht aus dem Blick verlieren.«[1]
Dass er selbst, während er diese Sätze aussprach, das größere
Bild nicht nur aus dem Blick verloren, sondern durch ein so-
zialdemokratisches Postkartenmotiv ersetzt hatte, machte
ihm kurz darauf der ukrainische Botschafter mit denkbar
undiplomatischen Worten klar; man könnte auch sagen:
seine Exzellenz war außer sich. Denn nicht nur war die
Ukraine 1941 eine Teilrepublik der Sowjetunion, sie gehörte
auch zu dem Teil Europas, der im Zweiten Weltkrieg den
größten Blutzoll entrichten musste. Von der Ostpolitik, die
zu Recht als größte Errungenschaft der Regierung Brandt
gilt, scheint im historischen Gedächtnis der Sozialdemo-
kratie nur noch die Himmelsrichtung geblieben zu sein.
Man ist stolz darauf, Adenauers Bindung an den Westen um

Brandts Ausgleich mit dem Osten ergänzt zu haben. Aber diesen Osten gab es nie als Einheit. Er erschien nur so, weil Moskau ihn mit harter Hand zu einem imperialen »Block« zusammengeschweißt hatte.

—

Es gibt wohl kaum einen symbolischen Akt, der für das positive Selbstbild der Bundesrepublik größere Bedeutung erlangt hat als Willy Brandts Kniefall von Warschau. So umstritten 1970 andere Fragen der Vergangenheitspolitik gewesen sein mochten, insbesondere die Anerkennung der Oder-Neiße-Grenze: die Demutsgeste des Bundeskanzlers stieß in der Bundesrepublik auf lagerübergreifende Zustimmung. Und heute gehört sie zu den wenigen Ereignissen, an die man sich in Deutschland unwidersprochen mit patriotischem Pathos erinnern kann. In der Feierstunde, die zum 65. Jubiläum des Grundgesetzes im Deutschen Bundestag abgehalten wurde, sagte der Schriftsteller Navid Kermani unter großem Beifall: »Hier hatte einer seinen Patriotismus so verstanden, dass er vor den Opfern auf die Knie ging. Ich neige vor Bildschirmen nicht zu Sentimentalität, und doch ging es mir wie so vielen, als zu seinem 100. Geburtstag die Aufnahmen eines deutschen Kanzlers wiederholt wurden, der vor dem Ehrenmal im ehemaligen Warschauer Ghetto zurücktritt, einen Augenblick zögert und dann völlig überraschend auf die Knie fällt – ich kann das bis heute nicht sehen, ohne dass mir Tränen in die Augen schießen. Und das Seltsame ist: Es sind neben allem anderen, neben der Rührung, der Erinnerung an die Verbrechen, dem jedes Mal neuem Staunen, auch Tränen des Stolzes, des sehr leisen und doch bestimmten Stolzes auf eine solche Bundesrepublik Deutschland.«[2] Diese Sätze würde wohl eine Mehrheit der Bundesbürger ohne Zögern unterschreiben. Aber wie viele Deutsche könnten sagen, welche Reaktionen Brandts Kniefall in Polen auslöste? Wer weiß, dass er bestenfalls höflich, überwiegend aber gleichgültig, wenn nicht mit Reserviertheit aufgenommen wurde? Und wer wüsste sich gar einen Reim darauf zu machen? Die Gründe dieser Zurückhaltung sind nie offen ausgesprochen oder erforscht worden; aber ein Grundwissen über die polnische Geschichte könnte zumindest einen Hintergrund vermitteln, vor dem sich darüber nachdenken ließe.

Je stärker der Holocaust das bundesrepublikanische Geschichtsbewusstsein bestimmte, desto mehr wurde Polen für uns das Land, auf dessen Gebiet die deutschen Vernichtungslager gestanden hatten. Für die Polen hingegen fügen sich die Jahre 1939–45 in das Gesamtbild ihrer Nationalgeschichte. Der September 1939 markiert für sie nicht in erster Linie den Beginn des Zweiten Weltkriegs, sondern den Vollzug der zweiten Republikvernichtung. So wie die Großmächte Russland, Preußen und Österreich 1795 das Gebiet des Verfassungsstaates von 1791 brüderlich unter sich aufgeteilt hatten, so fiel 1939 gemäß dem geheimen Zusatzprotokoll des Hitler-Stalin-Paktes der östliche Teil der 1919 gegründeten Republik Polen an die Sowjetunion, der westliche an das Deutsche Reich. Während die Teilungen des 18. Jahrhunderts aber das Gefüge der polnischen Gesellschaft zum Teil unberührt ließen, zum Teil nach »aufgeklärten« Prinzipien modernisierten, wollten Hitler und Stalin Bevölkerungsstruktur, Herrschaft und Wirtschaft Polens radikal neu ordnen. Und das taten sie – mit unwiderruflichen Folgen. So

210   Sturz in die Geschichte

unterschiedlich die Ziele der beiden Teilungsparteien auch waren, sie glichen sich darin, dass ihre Verwirklichung die Auslöschung des polnischen Nationalbewusstseins erforderte. Im Zuge der »Sowjetisierung« des östlichen Landesteiles wurden 25 000 Angehörige des Militärs und der Polizei ermordet und ihre Familien zusammen mit mehr als 300 000 weiteren Polen, vor allem aus den Reihen der Landbesitzer und der staatstragenden Eliten, nach Kasachstan und Sibirien deportiert. Ein großer Teil der Deportierten starb in der sowjetischen Verbannung, der verbliebene Rest wurde 1945 ins polnisch-deutsche Grenzgebiet zwangsumgesiedelt.[3]

Noch viel mörderischer aber war die Bilanz in Westpolen. Der »Germanisierung« der von Nazideutschland annektierten und besetzten Landesteile fielen neben etwa drei Millionen polnischen Juden auch mehr als zwei Millionen ethnische Polen zum Opfer. Noch bevor der Holocaust Ende 1941 in die Phase der systematischen Ermordung trat, hatte Heinrich Himmler als »Reichskommissar zur Festigung des deutschen Volkstums« schon den Kampf gegen das »Polentum« zum Ziel nationalsozialistischer Großraumpolitik erklärt. Und auch die Geschichte des berüchtigsten Konzentrationslagers folgt dieser Chronologie. In Deutschland steht der Ortsname Auschwitz synonym für die 1942 errichteten Gaskammern, Krematorien und Baracken von Birkenau. Doch die Steinhäuser des Stammlagers »Auschwitz I« wurden 1940 nicht mit Blick auf die Juden Europas gebaut, sondern für Mitglieder des polnischen Widerstandes. Noch Ende 1941 waren hier vor allem Soldaten und Untergrundkämpfer inhaftiert, von denen bis 1945 etwa 70 000 ums Leben kamen. Bei uns ist dieser Teil der Lagergeschichte außerhalb von Fachkreisen so gut wie vergessen – in Polen

East of Erinnerung

kennt ihn jedes Kind. Im Zentrum der polnischen Kriegserinnerung aber steht ein heroisches Ereignis: der Warschauer Aufstand, mit dem sich die polnische Heimatarmee von August bis Oktober 1944 gegen das deutsche Besatzungsregime erhob. In dem von deutscher Seite erbarmungslos geführten Kampf wurden neben etwa 15 000 Soldaten auch 150 000 Zivilisten getötet, viele davon umstandslos durch Exekution. Den Rest der Stadtbevölkerung verschleppte die SS in umliegende Konzentrationslager sowie zur Zwangsarbeit nach Deutschland; und der noch unversehrte Teil Warschaus wurde nach Ende der Kampfhandlungen so vollständig zerstört, dass die Stadt bis zum Kriegsende unbewohnbar blieb.[4]

Genauso wenig wie der Schlacht um Warschau, in der die polnischen Streitkräfte im August 1920 die sowjetische Expansion nach Westen aufgehalten hatten, konnte unter der kommunistischen Herrschaft des Warschauer Aufstandes von 1944 öffentlich gedacht werden. Dazu kam, dass viele Polen einen Verdacht hegten, der bis heute nicht ausgeräumt ist. Warum eilte die Rote Armee, die im Sommer 1944 kurz vor der Weichsel stand – dort, wo Marschall Piłsudski sie 1920 besiegt hatte – der polnischen Heimatarmee nicht zu Hilfe? Überließ Stalin den Nazis die Drecksarbeit?[5] Und warum hält Moskau die entsprechenden Archivbestände noch immer unter Verschluss? Offen ließen sich solche Fragen vor dem Ende des Kalten Krieges kaum stellen. Und auch ein Denkmal für den Warschauer Aufstand konnte erst errichtet werden, nachdem Polen sich von der sowjetischen Hegemonie befreit hatte.

Als Willy Brandt die Stadt 1970 besuchte, gab es also nicht nur keinen Ort, an dem er der Opfer des nationalen Wider-

212   Sturz in die Geschichte

stands und der polnischen Zivilbevölkerung hätte gedenken
können – es gab nicht einmal ein Vokabular, mit dem diese
Dinge auch nur adressierbar gewesen wären. Was es gab,
das war das Grabmal des unbekannten Soldaten, das bereits die Zweite Polnische Republik ihren gefallenen Streit-
kräften gewidmet hatte (auch wenn die Erinnerung an den
Polnisch-Sowjetischen Krieg von 1920 getilgt worden war).
Hier legte Brandt am 7. Dezember 1970 unter Wahrung der
protokollarischen Form einen Kranz nieder. Der berühmte
Kniefall aber fand kurz darauf außerhalb des Protokolls an
einem zweiten Gedenkort statt, um dessen Besuch der Bundeskanzler ausdrücklich gebeten hatte: dem Ehrenmal für
den jüdischen Ghettoaufstand im April 1943.

Anders als das polnische hatte das jüdische Opferbewusst-
sein schon unmittelbar nach dem Krieg einen repräsentati-
ven Ausdruck gefunden. Auf Initiative des Zentralkomitees
der Juden in Polen war im April 1946 auf dem Gelände des
ehemaligen Ghettos eine Gedenkplatte in den Boden eingelassen worden. Zwei Jahre später wurde sie durch das
Ehrenmal ersetzt, das dort heute noch steht. War aber das
erste Denkmal neben der »Würde und Freiheit des jüdischen
Volkes« auch noch einem »freien Polen« und »der Befreiung
der Menschheit« gewidmet gewesen, so lautete die Inschrift
des neuen Ehrenmals fast klassizistisch lapidar: »Vom jüdischen Volk für seine Kämpfer und Märtyrer«. Da die Bau-
phase 1947/48 mit dem – von Stalin unterstützten – israelischen Staatsgründungsprozess zusammenfiel, liegt es auf der
Hand, diese Bedeutungsverschiebung zionistisch zu lesen.
Und tatsächlich stellt auch die Ikonographie des Denkmals
einen Zusammenhang zwischen dem jüdischen Aufstand in
Warschau und der jüdischen Selbstbehauptung im Palästina-

krieg her. Die stilisierte Mauer, in die das Relief der »Ghetto-helden« eingelassen ist, war nach Aussage des Bildhauers Nathan Rapoport nicht nur Symbol für die durchbrochene Mauer des Ghettos, sie sollte auch das Bild der Klagemauer in Jerusalem evozieren.[6] Als das Denkmal am 19. April 1948 enthüllt wurde, stand die Gründung Israels unmittelbar bevor. Die Proklamation des zionistischen Staates am 14. Mai war absehbar, da man wusste, dass die britische Mandatsherrschaft am folgenden Tag enden würde.

Wenn der deutsche Bundeskanzler nun an diesem Ort, mit Navid Kermani gesprochen, Würde zeigte, so war das in der Tat eine historische Geste. Nur bleibt Kermani verräterisch vage, wenn er sagt, Brandt sei hier vor »den Opfern« in die Knie gegangen. Nein, er ging vor den jüdischen Opfern in die Knie. Zumindest tat er das in den Augen der Polen. Denn während der Körper des Bundeskanzlers, unter der Last der Geschichte und mit dem ganzen Gewicht seiner untadeligen Biographie, an der jüdischen Gedenkstätte fiel, hatten kurz zuvor an der polnischen Gedenkstätte nur die Hände eines Staatsmannes ihres Amtes gewaltet. Kein Mensch von Herz und Verstand würde Brandt daraus einen Vorwurf machen. Er tat, was damals fällig war. Aber er konnte auch nicht mehr tun, als damals möglich war. Doch heute könnten wir wissen, dass in polnischen Ohren »Oświęcim« anders klingt als »Auschwitz« in deutschen. Und dass der nationale Aufstand von 1944 eine andere Geschichte hat als der Ghetto-aufstand von 1943, auch wenn beide kurz hintereinander in Warschau stattfanden.

Das Erstaunliche ist, dass man all das nicht nur wissen könnte, sondern eigentlich wissen müsste. Kaum ein deutscher Politiker kennt die Ukraine besser als Frank-Walter

Steinmeier. Als Außenminister gehörte er 2014 zu den Verhandlungsführern, die im Konflikt zwischen der ukrainischen Regierung und der Oppositionsbewegung vermittelten. Er weiß natürlich, dass die Ukraine eine Sowjetrepublik war, so wie er weiß, dass Moskau heute versucht, die Erinnerung an den »Großen Vaterländischen Krieg« zu monopolisieren. Und dennoch spricht er über die deutsche Verantwortung für den Nationalsozialismus so, als gäbe es Länder wie die Ukraine oder Polen gar nicht. Ja, schlimmer noch: Er rechtfertigt eine politische Entscheidung, die den wirtschaftlichen Nutzen Deutschlands und Russlands gegen das Sicherheitsbedürfnis Polens und der Ukraine ausspielt, durch den Hinweis auf unsere historische Verantwortung. Wer nach einem Lehrbuchbeispiel für die ideologische Verschleierung eines Interesses sucht: hier wäre es. Ebenso wusste Steinmeiers Vorgänger Roman Herzog natürlich, dass es in Warschau zwei Aufstände gegeben hatte, obwohl er sie 1994 in seiner Warschauer Rede verwechselte; zumindest versicherte er glaubhaft, er habe nur den Fehler seines Redenschreibers überlesen. Und auch die Grundzüge der Geschichte Polens, die Gegenläufigkeit von jüdischer und polnischer Erinnerung oder die Hintergründe der Denkmäler in Warschau sind ja keineswegs verborgen. All das lässt sich ohne großen Aufwand bei Wikipedia nachlesen.

Aber wenn die Routinen der historischen Denkmuster sich immer und immer wieder sogar gegen besseres – oder zumindest leicht verfügbares – Wissen durchsetzen: um wie viel schwerer ist es dann, sie durch historische Forschung zu verändern? Dennoch sollten wir es versuchen. Ich möchte daher am Ende meines Rückblicks auf die Präsenz des Nationalsozialismus in unserer Gegenwart noch einmal an

Peter Novicks Maxime erinnern. »Will man«, hatte Novick mit Blick auf den Holocaust geschrieben, »aus einer Begegnung mit der Vergangenheit wirklich etwas lernen, dann muss diese Vergangenheit in ihrer ganzen Unaufgeräumtheit erscheinen. Wird sie dagegen solange geformt und ausgeleuchtet, bis sie eine inspirierende Botschaft mitzuteilen hat, wird sie kaum je Erkenntnis stiften.« In der Tat. So viel nämlich schon gewonnen wäre, wenn wir die historischen Perspektiven der anderen wahrnehmen und respektieren könnten – wie viel wichtiger wäre es, sie aufeinander zu beziehen, ja vielleicht sogar ins Gespräch zu bringen, und sei es ein Streitgespräch. Doch das kann nur gelingen, wenn wir die identitätsstiftenden Narrative der Erinnerung wieder der Unruhe übergeben, die man Geschichte nennt. Denn sie ist der Grund, auf dem wir alle schwanken.

—

Der englische Historiker Mark Levene hat zwischen 2005 und 2013 ein Werk vorgelegt, das in der akademischen Öffentlichkeit nahezu unbemerkt geblieben ist, obwohl es eine überragende historiographische Leistung darstellt. In vier Bänden, auf fast 2000 dicht bedruckten Seiten, entfaltet Levene die Geschichte der europäischen Genozide im 20. Jahrhundert.[7] Alle Elemente dieser Geschichte sind bekannt, zumindest den Fachleuten, aber den Versuch, sie zu einem Ganzen zusammenzufügen, hat vor ihm noch niemand gewagt. Diese Bücher fordern vom Leser Ausdauer und Kraft, und ihr Lohn steckt nicht im Genuss der Lektüre, sondern in der allmählichen Verschiebung der historischen Blickachse. So groß aber das Erkenntnispotential dieser Unternehmung ist, so provokativ erscheint ihr Ansatz. Denn natürlich wird auch der Genozid an den europäischen Juden behandelt, ausführlicher als alle anderen sogar. Aber er ist nicht der Gegenstand dieser Geschichte, sondern eher ihr Gravitationszentrum: ein Bezugspunkt, von dem aus andere Ereignisse begreifbar werden, so wie diese helfen, seinen Ort genauer zu bestimmen. Levene stellt den Holocaust nicht nur in einen Zusammenhang mit den ethnischen Konflikten auf dem Balkan, dem Völkermord an den Armeniern und der gewaltsamen Formierung des sowjetischen Imperiums – er zählt auch die kolonialen Genozide in Afrika zu dessen Vorgeschichte, und er hat noch einen weiteren Band angekündigt, in dem es auch um dessen Nachgeschichte im Nahen Osten gehen soll. Wenn es möglich ist, die Vergangenheit in ihrer ganzen Unaufgeräumtheit darzustellen und sie zugleich mit analytischer Schärfe zu durchdringen, dann ist das hier geschehen. Dieses Werk stellt die wohl größte Herausforderung dar, die das Paradigma der »Erinnerung« und damit eine Geschichtspolitik, der es vor allem um die Repräsentation von Opfergruppen geht, bisher erfahren hat. Und zugleich vollendet es eine geschichtswissenschaftliche Bewegung, die vor etwa 30 Jahren ihren Anfang nahm.

Im Verlauf der 1980er Jahre hatte sich in mehreren miteinander verknüpften Debatten, so etwa den Kontroversen um die Mahnmalsprojekte und dem Historikerstreit, die Singularität des Holocaust zu einem Topos verfestigt. Mit dem Zuwachs an empirischem Wissen, der auch durch die Öffnung der osteuropäischen Archive befördert wurde, erlaubten sich nach 1990 aber immer mehr Historiker, die Frage nach dem *Wesen* des Holocaust zu vernachlässigen – um ihn stattdessen in seinen *Kontexten* zu erforschen. Damit ließen sie auch eine fachinterne Kontroverse hinter sich, die ebenfalls in abstrakter Dogmatik erstarrt war. Ob die Ermordung der europäischen Juden als Verwirklichung einer antisemitischen »Intention« oder als Endpunkt eines unkontrollierten »Prozesses« zu begreifen sei, wiesen diese Historiker im Licht der neuen Archivstudien als falsche Alternative zurück.[8] Ohne Kenntnis der völkischen und nationalistischen Diskurse, in denen die Juden als mächtiger, potentiell feindseliger und darum nicht integrierbarer Fremdkörper stigmatisiert worden waren, müsste unverständlich bleiben, warum die völkermörderische Gewalt sie so besonders hart traf. Aber genauso unverständlich bliebe der Holocaust, wenn man übersähe, dass er unter Bedingungen stattfand, ja überhaupt nur denkbar wurde, die erst der Krieg in Mittel- und Osteuropa geschaffen hatte.

Nachdem den Juden in Deutschland durch die »Arisierung« von Staat und Gesellschaft bis 1938 die Lebensgrundlage entzogen worden war und der dann einsetzende Terror ihre Auswanderung forcierte, wurden die Juden im besetzten Polen 1939/40 in »provisorischen« Ghettos konzentriert, von wo aus sie in naher Zukunft an einen noch zu bestimmenden Ort »umgesiedelt« werden sollten. Schon die Verwirklichung dieser Idee hätte vermutlich genozidale Konsequenzen gehabt. Doch erst als sich im Spätsommer 1941 die Aussicht auf eine schnelle »territoriale Endlösung« zerschlug, begann in Weißrussland, Litauen und der Ukraine der tatsächliche Völkermord, der 1942 mit dem Bau der Vernichtungslager und den Deportationen aus dem Westen auch eine gesamteuropäische Dimension bekam. Keiner dieser Schritte wäre möglich gewesen ohne einen mal tatkräftigen, mal komplizenhaften, mal hasserfüllten, mal raffgierigen, mal feigen, mal sadistischen Antisemitismus. Aber der letzte Schritt, die physische Vernichtung, wurde erst vorstellbar im Rahmen eines Ressourcenkrieges, der nach den Plänen von Ministerialbeamten, Militärstrategen und Technokraten gar nicht zu führen war, ohne die Bevölkerung Mittel- und Osteuropas millionenfach zu dezimieren.[9]

Durch die detaillierte Erforschung dieses Geschehens wuchs Stück für Stück, Studie für Studie, Buch für Buch das Wissen um die Weltanschauung der Täter, die Psychologie der Gruppengewalt, die Soziologie der beteiligten Organisationen, um die Zusammenhänge von lokaler Initiative und zentraler Entscheidung, von Radikalisierungsprozess und Kriegsverlauf, von ideologischem Antrieb und zweckrationaler Begründung, vom Stocken der Umsiedlungspläne und selbstgeschaffenen Sachzwängen, und schließlich auch um die europäische Dimensionen der Mittäterschaft von Litauern, Ukrainern, Weißrussen, Polen, Ungarn, Rumänen, Niederländern und Franzosen.[10] Genauso folgenreich wie diese vielfache Differenzierung war aber eine zweite Forschungsbewegung: die geographische Kontextualisierung des Holocaust, die ihn zugleich aus dem Fokus der deutschen Nationalgeschichte löste. Es war vor allem Timothy Snyder, der den historischen Blick für die »Bloodlands« schärfte, das gewaltige Territorium zwischen dem russischen Kernland und der Ostgrenze des Deutschen Reichs.[11] Zwar beschränkte Snyder sich auf die stalinistische Sowjetunion und das nationalsozialistische Deutschland, doch seine Studie öffnete die Augen für das Ausmaß der Gewalt, die in diesem Raum insgesamt zwischen 1914 und 1948 geherrscht hatte. Man würde ihren Charakter völlig verfehlen, wenn man sie nur als eine Abfolge von Kriegen beschriebe. Namen wie »Erster Welt-

East of Erinnerung

krieg«, »Russischer Bürgerkrieg«, »alliierte Intervention«, »Polnisch-Sowjetischer Krieg« und »Zweiter Weltkrieg« verdecken den Umstand, dass es bei diesen Auseinandersetzungen in Mittel- und Osteuropa um viel mehr als nur Machtpolitik ging: nämlich um fundamentale Fragen der politischen und sozialen Ordnung, wie Europa sie seit der Französischen Revolution, und was die Gewalt betraf, sogar seit dem Dreißigjährigen Krieg nicht mehr gesehen hatte. Es waren nicht nur Staaten und Armeen, die hier miteinander kämpften: die einen um die Hegemonie, die anderen um ihre Existenz –, sondern auch soziale Klassen, Volksgruppen, religiöse Gemeinschaften und ideologische Parteien: die einen um die Herrschaft, die anderen um Bleibe, Besitz, Unversehrtheit und das nackte Überleben. Die Abfolge von Massakern, Pogromen, ethnischen Säuberungen, Vertreibungen, Zwangsumsiedlungen, Plünderungen, Vergewaltigungen, Hungerkatastrophen, Deportationen und systematischen Morden, von denen die Bevölkerungen dieses Raumes betroffen waren, insbesondere die Juden in Galizien und im zaristischen Ansiedlungsrayon sowie die Einwohner der ukrainischen und polnischen Städte, ist von epischer Dimension.[12]

Doch erst Mark Levene hat die Fülle der neuen Studien zu einer großen Synthese zusammengeführt. Und das gelang ihm, weil er all diese Ereignisse im Spannungsfeld zweier welthistorischer Prozesse verortete: dem Zerfall der kontinentalen Imperien, der mit den Balkankriegen 1912/13 begann, und der Entstehung eines europäischen Systems von Nationalstaaten, die mit Stalins Tod 1953 ihren vorläufigen Abschluss fand. Indem Levene den Blick noch viel stärker weitet als Snyder, werden die »Bloodlands« für ihn zu einem von drei »Rimlands« – den Randzonen, in denen das Habsburgerreich, das Zarenreich und das Osmanische Reich rund um das Schwarze Meer aufeinanderstießen: im Nordwesten das »Zwischenland« von der Krim über die Ukraine, Weißrussland, Galizien und Polen bis zu den baltischen Staaten, im Südwesten der Balkan und Westanatolien sowie im Osten die Sichel aus Kaukasus und Ostanatolien. Levene kann zeigen, dass sich in diesen drei Zonen zwischen 1912 und 1953 immer wieder ähnliche Dynamiken der Gewalt entwickelten, die im äußersten Fall, so vor allem im Völkermord an den Armeniern, der Zwangskollektivierung in der Ukraine und im Holocaust, genozidale Ausmaße annahmen. Den strukturellen Charakter dieser Gewalt zu betonen heißt für Levene weder, die »Räume« der Taten selbst zu Handlungssubjekten zu verdinglichen und so die Täter von ihrer Verantwortung zu entlasten (wie es bei Snyder zuweilen scheinen kann), noch die Unterschiede zwischen den Ereignissen zu ignorieren.[13] Im Gegenteil, erst im Vergleich werden die Besonderheiten jedes einzelnen Falles greifbar. Aber da Levene nicht typologisch forscht, sondern historisch, macht sein synthetischer Blick den weltgeschichtlich-geographischen Doppelhorizont sichtbar, vor dem all diese Katastrophen sich ereigneten.[14]

Mit dieser Neukartierung sind zwei radikale Perspektivwechsel verbunden. Zum einen eine Dezentrierung des Holocaust. Der Völkermord an den europäischen Juden erscheint bei Levene weder als quasi-metaphysisches Geschehen jenseits der Geschichte noch als isolierter Gegenstand der Geschichtswissenschaft – sondern als gleichsam höchstes Massiv im albtraumhaften Gebirge einer historischen Landschaft.[15] Erst im Rahmen einer Genozidforschung, die kontextualisierend *und* vergleichend vorgeht, kann die

East of Erinnerung

Leerformel von der »Singularität« der Einsicht in die *Spezifik* des Holocaust weichen. Diese lag, anders als immer wieder floskelhaft behauptet, nicht darin, dass die Juden allein deshalb ermordet wurden, weil sie Juden waren. Denn das galt auch für die Armenier oder die Sinti und Roma; und im Grunde gilt es für jede Minderheit, die sich mit einem ethnischen Nationalismus im Kriegszustand konfrontiert sieht. Die Besonderheit des Völkermords an den Juden lag, so würde zumindest ich die These formulieren, in der grenzüberschreitenden Qualität eines Antisemitismus, der Juden überall in Europa zu potentiell »Fremden« machte. Zwar betraf die Unterstellung, ein nicht integrierbares Kollektiv ohne eigenen Ort zu sein, die Sinti und Roma genauso, weswegen »Auschwitz« auch für sie zur Chiffre ihrer Katastrophe wurde.[16] Doch anders als das antizigane Vorurteil war die Judenfeindschaft so tief in der Geistesgeschichte des christlichen Abendlandes verwurzelt, dass sie im Laufe des 19. Jahrhunderts eine weltanschauliche Form und nach der Revolution von 1917, die europaweit als Machtanspruch eines »jüdischen« Materialismus missdeutet wurde, auch Züge einer Kreuzzugsideologie annehmen konnte.[17] Der deutsche Antisemitismus war insgesamt nicht extremer als etwa der russische, eher im Gegenteil. Nur kam anders als in Russland, Polen oder Ungarn, wo das ebenfalls möglich gewesen wäre, in Deutschland eine extrem antisemitische Bewegung tatsächlich an die Macht. Und der Holocaust fand nicht statt, weil eine mysteriöse deutsche Mentalität das gewollt hätte, sondern weil sich die Kerngruppe der deutschen Täter auf die Komplizenschaft eines Ressentiments verlassen konnte, das die Deutschen mit allen europäischen, vor allem aber den mittel- und osteuropäischen Völkern teilten.

Der zweite Perspektivwechsel betrifft die Dezentrierung der westlichen Zivilisation. Für Levene ist der Westen nicht länger der normative Ort, von dem aus sich die Zivilisationsbrüche der anderen beobachten und verurteilen lassen. Vielmehr erscheinen Großbritannien, die USA und Frankreich als ebenso ambitionierte wie überforderte Ordnungsmächte selbst auf der Bühne des historischen Dramas. Indem sie die Staatenwelt Europas neu organisierten, ohne die proklamierten Prinzipien der Selbstbestimmung und des Minderheitenschutzes mit ihren geopolitischen Interessen in Einklang zu bringen, wurden sie, wenn auch unfreiwillig, zu Akteuren in der Geschichte der ethnischen Säuberungen und der genozidalen Gewalt. Damit ist nicht gesagt, dass Woodrow Wilson oder Lloyd George sich genauso schuldig gemacht hätte wie Adolf Hitler oder Talât Pascha; und auch nicht, dass die Verträge von Versailles und Lausanne, in denen 1919 die Neugründung der mittel- und osteuropäischen Staaten und 1923 der bereits gewaltsam vollzogene »Bevölkerungsaustausch« zwischen Griechenland und der Türkei beglaubigt wurden, ähnlich zu bewerten wären wie der Generalplan Ost, der Kommissarbefehl oder die Umsiedlungsaktionen der Volksdeutschen Mittelstelle. Es heißt nur, dass die Siegermächte des Ersten Weltkriegs im Europa der untergegangenen Imperien eine Ordnung schufen, die in sich bereits die Keime zukünftiger Gewalt enthielt.

Erweitert man diese Perspektive nun noch, wie von Levene angekündigt und skizzenhaft bereits ausgeführt, um den Süden des Osmanischen Reiches, dann wird deutlich, in welchem Maß auch die Konflikte im Nahen Osten auf ein im Ersten Weltkrieg entstandenes Ordnungsproblem zurück-

East of Erinnerung

gehen.[18] Nachdem Großbritannien und Frankreich 1916 im Sykes-Picot-Abkommen ihre kolonialen Einflusszonen abgesteckt hatten, versprachen die Briten mit der Balfour-Deklaration 1917 der zionistischen Bewegung eine »nationale Heimstätte« in Palästina. Zuvor hatten sie aber aus kriegstaktischen Gründen auch schon den Arabern Hoffnungen auf die nationale Unabhängigkeit gemacht. Wenn infolge dieser Inkonsequenz nicht nur ein Krieg zwischen der arabischen und der jüdischen Nationalbewegung ausbrach, sondern die antikoloniale Gewalt arabischer *und* jüdischer Terroristen Palästina für die Briten auch in ein »zweites Irland« verwandelten, dann zeigt das im Übrigen, wie falsch es wäre, Israel umstandslos mit dem Kolonialismus des Westens zu identifizieren. Den zionistischen Staat hätte es ohne die britische Protektion nicht gegeben. Aber er war kein britisches Projekt, sondern eine jüdische Idee, zu deren Verwirklichung sich ein Teil der Zionisten am Ende auch gegen die britische Mandatsherrschaft erhob. Die Hinterlassenschaft der Briten ist eben nicht Israel. Es ist der Nahostkonflikt.[19]

Schon diese Skizze sollte verdeutlichen, wie stark Levenes Horizonterweiterung das Gefüge unserer historischen Sehgewohnheiten durcheinanderbringt. Sie verringert nicht die Schuld, die Deutschland und die Deutschen im Nationalsozialismus auf sich geladen haben. Auch ändert sie nichts daran, dass diese Schuld schwerer wiegt als die anderer, und dass die Größenordnung des Holocaust die aller anderen Völkermorde überragt. Aber sie stellt Zusammenhänge her, die schwindeln machen. Die Einbettung des Holocaust in eine hochkomplexe Geschichte, in der es auf allen Seiten Gewalt gab, macht aus der absoluten Unterscheidung

224   Sturz in die Geschichte

von Tätern und Opfern eine individuelle. An die Stelle der Großkollektive, die Gewalt entweder erfahren oder verübt haben, treten bei Levene identifizierbare Gruppen und Akteure, die in konkreten Situationen gehandelt oder gelitten haben; und allzu oft waren die Opfer von gestern die Täter von morgen.

—

Friedrich Leo, der Karriere in der SS machte und davon träumte, nach dem Krieg als Wehrsiedler einen Hof in den eroberten Ostgebieten zu übernehmen, steht in dieser Geschichte nicht da, wo er sich selbst sah. Er steht nicht neben seinen sudetendeutschen »Volksgenossen«, die 1945 unter grauenvollen Umständen aus den tschechischen Grenzgebieten vertrieben wurden. Im Panorama dieser Gewaltgeschichte steht er in der Reihe all derer, die über Leben und Tod entschieden, als sie ganze Bevölkerungen enteigneten, zwangsumsiedelten, in den Grenzgebieten auf ihre Assimilierbarkeit examinierten, vertrieben, deportierten und auf vielfältige Weise in die Vernichtung schickten: also etwa neben den Mitgliedern des »Komitees für Einheit und Fortschritt«, die das anatolische Kernland des Osmanischen Reiches in einen »jungtürkischen« Nationalstaat verwandelten und dabei bis zu 1,5 Millionen Armenier ermordeten. »Haut rein, ihr Türken, und nicht gezittert!«, sagte mein Großvater, wenn der Rest der Familie sich einen »guten Appetit« gewünscht hatte. Aber steht er dann etwa auch an der Seite von Menachem Begin, dem revisionistischen Zionisten, der für einen jüdischen Staat auf dem Gebiet des biblischen Israel kämpfte und als Untergrundführer der Irgun nicht nur Anschläge gegen die Briten organisierte, sondern auch

East of Erinnerung

die Vertreibung arabischer Zivilisten guthieß? Nein. Denn Begin wiederum steht in der Reihe jener militanten Nationalisten, die sich angesichts einer machtpolitischen Pattsituation in Staatsmänner verwandelten – zusammen mit anderen Terroristen, die später Friedensverträge aushandelten: also nicht neben Friedrich Leo, Werner Best oder Enver Pascha, sondern neben dem ehemaligen IRA-Mitglied Gerry Adams, der als Parteivorsitzender der Sinn Féin die Beendigung des Nordirlandkonflikts einleitete, so wie Begin, der 1946 mit seinen Kameraden noch das King David Hotel in Jerusalem in die Luft gejagt hatte, 1979 als Ministerpräsident den historischen Friedensvertrag mit Ägypten unterzeichnete. Und in Israel steht Begin nicht neben seinem sozialistischen Gegenspieler David Ben Gurion, der ihn mit Hitler verglich und als »Nazi« und »Faschisten« beschimpfte – sondern neben dem arabischen Friedensnobelpreisterroristen Yassir Arafat.

All diese Geschichten entfalteten sich vor dem gleichen welthistorischen Horizont: dem Scheitern einer internationalen Staatenordnung nach dem Zerfall der kontinentalen Imperien. Keine gleicht der anderen. Aber manche ähneln sich. Und sie sind ebenso zahlreich wie unvorhersehbar miteinander verknüpft. Die Geschichten von Friedrich Leo und Menachem Begin zum Beispiel hätten sich beinahe berührt. Dass die SS meinen Großvater nach Lothringen und Slowenien schickte, wo er über die Eindeutschungsfähigkeit der Grenzbevölkerung entschied, und nicht nach Polen, wo er am Völkermord mitgewirkt hätte, war reiner Zufall. So wie auch Glück dazugehörte, dass dem polnischen Juden Begin nach dem Einmarsch der Wehrmacht die Flucht in die Sowjetunion gelang; und dass er dort die Lagerhaft überlebte.

Aber wenn der eine zweifellos zu den Tätern gezählt werden muss, so macht das aus dem anderen noch lange kein Opfer. Im Gegensatz zu seinen Eltern überlebte Begin den Holocaust, weil er um sein Leben gekämpft hatte. Er war, wie Yitzhak Rabin, ein Jude, der sich mit Waffengewalt wehrte. Aber die beiden hatten nicht die gleichen Feinde. Während Rabin gegen die arabische Nationalbewegung kämpfte, hatte Begin am eigenen Leib und in der eigenen Familie erfahren müssen, was Antisemitismus bedeutete. Das wiederum verband ihn mit David Ben Gurion, der ebenfalls im zaristischen Polen aufgewachsen war. Aber weil Ben Gurion schon 1930 nach Palästina auswanderte, Begin jedoch erst 1942 als Offizier der polnisch-sowjetischen Streitkräfte dorthin entsandt wurde, hasste dieser die Deutschen, jener aber nur die Nazis. Und so kam es, dass die Regierung des einen 1952 mit der Bundesregierung über »Wiedergutmachungsleistungen« verhandeln konnte, während der andere heftig gegen das »deutsche Blutgeld« agitierte. Und das führte schließlich dazu, dass Konrad Adenauer am 10. September 1952 nur deshalb seine Unterschrift neben die des israelischen Außenministers Moshe Scharett setzen konnte, weil ein anderes Vorhaben zuvor misslungen war. Die mutmaßlich aus Begins Untergrundnetzwerk stammende Briefbombe, die am 27. März 1952 im Polizeipräsidium München explodierte, hatte nämlich nur einen deutschen Polizisten getötet, nicht aber ihren Adressaten: den Bundeskanzler.

—

Avi Applestein hätte seine Bombe für Deutschland sogar um ein Haar selbst gezündet. Allerdings war sie nicht der

Grund seines Aufenthalts im Land der Täter. Und er kam auch nicht direkt aus Israel, sondern über Ostasien und Australien, wohin er geflohen war, weil er kein drittes Mal im Libanon kämpfen wollte und ihm die Freiheit eine bessere Alternative zum Krieg zu sein schien als das Gefängnis. Dabei war er weder ein Feigling noch ein Pazifist. Er hielt nur das Besatzungsregime, das seine Einheit 1985 jenseits der israelischen Nordgrenze verteidigen sollte, für ein Unrecht. Weswegen er sich dem Marschbefehl seines Ministerpräsidenten Shimon Peres durch eine lange Reise entzog, die zwar eine Richtung hatte, aber kein Ziel. Dass sie schließlich in Deutschland endete, hätte er sich im Traum nicht vorstellen können.

Als er 1982 das erste Mal in den Libanon entsandt worden war, hatte der Regierungschef noch Begin geheißen. Weil dieser Einsatz die Basen zerstören sollte, von denen aus die PLO Israel mit Raketen beschoss, hatte Avi gegen ihn auch nichts einzuwenden. Wie die meisten Israelis war auch er bereit, sein Leben aufs Spiel zu setzen, um sein Land gegen Angriffe zu verteidigen. Und wie sich herausstellte, nachdem er eine Weile in Deutschland gelebt hatte, teilte der Deserteur Applestein neben der zionistischen Wehrhaftigkeit noch eine weitere Haltung mit seinem ehemaligen Oberbefehlshaber Begin: eine unbändige Wut auf den Staat, in dem so viele Berufsnazis unbehelligt von der Justiz vor sich hin leben durften.

Avis Großeltern waren, wie Begins Eltern, in den deutschen Vernichtungslagern ermordet worden. Und wie so viele Nachfahren von Holocaustopfern träumte auch er irgendwann davon, Bomben auf das Land der Täter abzuwerfen. Viele Bomben. Oder eine ganz große. Doch viele Bomben sind schwer zu beschaffen, erst recht, wenn man es sich gerade mit seiner Armee verscherzt hat, von großen Bomben und dem zum Abwurf erforderlichen Flugzeug ganz zu schweigen. Aber wie man ein Bömbchen baut: Das gehört zum kleinen Einmaleins des Terrorismus. Nun war Avi aber kein Terrorist. Vielleicht nahm er deshalb am Ende doch Abstand von der Idee, eine bekannte deutsche Kaufhauskette, die im Dritten Reich arisiert worden war, durch eine Explosionsandrohung zu zwingen, keine Produkte eines bekannten deutschen Elektrokonzerns mehr zu verkaufen, der im Dritten Reich Teile seiner Herstellung in die Konzentrationslager von Ravensbrück und Auschwitz verlegt hatte. Vielleicht hielt ihn auch seine deutsche Freundin davon ab. Oder sein Gewissen. Oder es war einfach nur eine Phantasie, die er brauchte, um mit einer schrecklichen Geschichte leben zu lernen. Oder alles zusammen. Jedenfalls tat er es nicht. Und darum saß er schließlich weder in Israel noch in Deutschland im Gefängnis, sondern ließ sich in Köln nieder, wo er ein engagiertes Mitglied der jüdischen Gemeinde wurde.

Die unstillbare Sehnsucht, eine aus den Fugen geratene Welt mit einer Bombe in Ordnung bringen, hat Avi mit der Zeit in eine Suche verwandelt. Sie wird kein Ende finden, das weiß er. Aber hoffentlich bekommen seine Funde bald eine lesbare Form. Lange schon ist Avi seiner Vorgeschichte auf der Spur, um von der Nachgeschichte des Holocaust zu erzählen. Diese beiden Geschichten, deren Knotenpunkt sein Leben ist, handeln von der gleichen Sache, aber in ihrer Gegenläufigkeit haben sie keine Chronologie. Was von vorne als Glück erscheint, wird von hinten betrachtet zum Schicksal. So unwahrscheinlich die eine Geschichte, so zwangsläufig ist die andere. Und wo jene die Ungerechtigkeit des Überlebens bezeugt, da handelt diese von der Ohnmacht der Gerechtigkeit.

Das erste Mal erzählte mir Avi von all diesen Dingen, als wir beide, wie jedes Jahr, in Münster zu Gast waren, um auf dem Weihnachtsmarkt unser Geld zu verdienen. Er verkaufte Hüte, ich Schatullen, und abends saßen wir oft bei Franco an der Bar, wo wir Linsensuppe aßen und dabei ins Plaudern kamen. Es dauerte eine Weile, bis ich erfuhr, dass er in Wirklichkeit gar nicht »Abi aus Australien« war, sondern Avi aus Israel. Doch nachdem er einmal Vertrauen gefasst hatte, begegnete er mir mit großer Offenherzigkeit und Wärme. Unser Gespräch haben wir seitdem vielfach unterbrochen, aber nie beendet. Avi erzählt von sich, ich erzähle von mir, und wir beide tun das vor dem Hintergrund unserer Familiengeschichten. Streben seine und meine Erzählung auch zwangsläufig in unterschiedliche Richtungen, so kommt es doch hin und wieder vor, dass sie sich auf fast wundersame Weise kreuzen.

Avis Vater überlebte nicht ein Mal den Holocaust – er sprang dem Tod unzählige Male von der Schippe. Manchmal so knapp, in Auschwitz sogar gleich mehrfach, dass man rückblickend die Existenz Gottes für eine viel weniger »extreme Hypothese« halten könnte, als Nietzsche einst gemeint hatte. Das letzte Mal erschien Gott Avis Vater im April 1945 bei Bad Tölz, in Gestalt eines Bauern. Dieser handelte nicht aus Barmherzigkeit, als er den völlig entkräfteten Häftling, der sich in der Nacht zuvor vom Todesmarsch der SS davongestohlen und in einem Erdloch verkrochen hatte, auf seinem Heuboden versteckte. Er wollte sich den Siegern nur von seiner besten Seite zeigen. Und das tat er, indem den einmarschierenden Amerikanern einen geret-

teten Juden als Willkommensgeschenk überreichte. Im benachbarten Feldafing, wo er nach seiner Befreiung in einem
Sammellager für Displaced Persons untergebracht worden
war, lernte Herr Applestein dann die Frau kennen, die ein
paar Jahre später Avis Mutter werden sollte. Bevor die beiden nach Palästina ausreisten, hatten sie im Standesamt von
Wolfratshausen, auf der anderen Seite des Starnberger Sees,
noch geheiratet. In diesem Kreisstädtchen, unweit der einstigen SS-Junkerschule Bad Tölz, sollten bald darauf auch die
Fäden eines Netzwerks von ehemaligen Berufsnazis zusam-
menlaufen, dessen einziger Zweck die Förderung unauffälliger Lebensformen in der Bundesrepublik Deutschland war.
Bevor er auf die Idee mit der Bombe kam, hätte Avi diese
Kleinstadt gerne zu einem besseren Ort gemacht, indem er
sie mit Hilfe eines Maschinengewehres von einigen Berufsnazis befreite. Doch auch das war eine Phantasie geblieben.
In ebenjenes Wolfratshausen hatte einige Jahre zuvor aus
denselben Gründen, nur mit gegenläufigem Motiv bereits
Friedrich Leo seinen ältesten Sohn geschickt, um ihn dort
einen versiegelten Brief übergeben zu lassen; Betreff: einige
Fragen bzgl. unauffälliger Lebensführung. Wenn ich mich an
den Bericht von Onkel Rainer richtig erinnere, ist Großvater
aber auch selbst ein paar Mal dorthin gereist. Hätte Applestein Leo in Wolfratshausen erschossen, wäre er seinem
Enkel vermutlich nie begegnet.

Avi erkundet schon lange keine Anschlagsziele mehr.
Wenn ich nicht wütend bin, sagt er, kann ich ein sehr fried-
licher Mensch sein. Ich jedenfalls kenne ihn gar nicht anders, und darum wundert es mich auch nicht, dass er kürzlich durch sein neues Heimatland mit einem Theaterstück
tourte, das manche Kritiker an Lessings *Nathan der Weise*

East of Erinnerung

erinnerte. Einst träumte er von einer Bombe. Heute träumt er vom Buch eines Lebens, dessen ganzes Gewicht am seidenen Faden der Geschichte hängt.

—

Auch ich habe einen Traum. Er mag unrealistisch klingen. Aber war denn der Traum von einem jüdischen Staat in Palästina 1896 realistisch? Und hätte sich 1949 irgendjemand vorstellen können, dass 2021 viele Israelis lieber in Berlin oder Köln leben als in Tel Aviv oder Jerusalem? Wenn mein Traum zwar von Konflikten, nicht jedoch von Gewalt handelt, so ist das aber kein Vorzug. Es liegt einfach daran, dass wir es heute in Deutschland eher mit Unwegsamkeiten zu tun haben als mit Abgründen. Manchmal helfen Träume von Gewalt und manchmal Träume von einem weniger schlechten Zusammenleben, alles zu seiner Zeit. Peter Novick hat zu Recht festgestellt, dass man aus der Vergangenheit erst dann *lernen* kann, wenn sie unaufgeräumt erscheint. Und darum träume ich davon, dass in ein paar Jahren die aufgeklärte Unaufgeräumtheit, die sich in der Forschung Mark Levenes und im Leben Avi Applesteins so mustergültig zeigt, im post-arischen Einwanderungsland Deutschland zum Leitbild für den Geschichtsunterricht geworden ist.

—

Die Vergangenheit ist unteilbar. Aber sie zeigt sich in einer Unzahl von Geschichten. Die Kunst der Geschichtsschreibung besteht darin, diese Vielfalt in Erzählungen zusammenzuführen, die keine Botschaft vermitteln, sondern ein

Angebot. Ich ahne, sagt der Historiker zur Leserin, dass du ein Bild von deiner Geschichte hast; aber ahnst du auch die Geschichten der anderen? Martin Broszat und Saul Friedländer hatten auf schmerzliche Weise die Erfahrung gemacht, dass ihre Perspektiven sich nicht versöhnen ließen. Aber wir Nachwachsenden konnten davon lernen, dass spätere Historiker das, was nicht in Einklang zu bringen war, in dissonanten Erzählungen zusammenbrachten. Diese Doppelgeschichte erscheint heute in einem anderen, immer noch unabweisbaren, aber weniger dramatischen Licht. Wir werden sie auch solchen Schülerinnen und Schülern nicht ersparen können, deren Familien nach Deutschland eingewandert sind. Wenn sie zu diesem Land gehören wollen, dann werden auch sie Verantwortung für seine Vergangenheit übernehmen müssen. Sie haben keine andere Wahl. Navid Kermani hat eindrucksvoll beschrieben, wie ihm schlagartig bewusst wurde, dass der Holocaust auch zu seiner Identität gehört, als er beim Besuch der Gedenkstätte in Auschwitz auf einem Formular seine Nationalität ankreuzen musste. Ob er wollte oder nicht: Der Sohn iranischer Einwanderer, dessen Vorfahren nicht das Geringste mit dem Nationalsozialismus zu tun hatten, betrat den Ort der deutschen Schande – als Deutscher.[20] Doch werden wir unseren Bildungskanon auch um Wissen erweitern müssen, das die Herkunftsländer der Migranten betrifft. Die Geschichte des Kolonialismus und damit auch der Konflikte im Nahen Osten zu unterrichten ist kein Zugeständnis an bestimmte Zuwanderergruppen. Es ist eine unverzichtbare Voraussetzung, um angemessen auf Verhältnisse unserer Gegenwart zu reagieren. Und auf Konflikte, die sich jeden Tag mitten in unserer Gesellschaft ereignen. Zum Beispiel in der Schule.

East of Erinnerung

Schulbildung soll Grundwerte vermitteln. Aber sie darf nicht an Gesinnungen rühren. Es muss kein Drama sein, wenn eine Schülerin syrischer Herkunft sich so sehr mit dem Schicksal der Palästinenser identifiziert, dass sie in ihr Heft eine Landkarte des Nahen Ostens zeichnet, in der Israel fehlt; genauso wenig wie es ein Drama sein muss, wenn ein jüdischer Schüler in sein Heft eine Karte zeichnet, in der das Westjordanland gar nicht mehr auftaucht, weil Israel es annektiert und die arabische Bevölkerung vertrieben hat. Kein Lehrer kann verhindern, dass Jugendliche einseitige und extreme Positionen beziehen. Und er sollte es auch gar nicht versuchen. Ohne Provokation keine Pubertät. Aber ohne erwachsene Reaktion auch keine Reifung. Nahöstliche Landkartenmanipulationen, wie im Übrigen auch Hakenkreuzschmierereien oder Machosprüche, unwidersprochen zu ignorieren wäre jedenfalls genauso bequem wie sie wortreich zu skandalisieren. Aber warum sie nicht als Lehranlass begreifen? Ein guter Unterricht würde nicht nur über die politischen und historischen Verhältnisse aufklären, er könnte auch der Übertragung eines fernen Konflikts auf hiesige Beziehungen vorbeugen. Warum sollte eine engagierte Lehrerin, nachdem sie mit den Augen Martin Broszats und Peter Fritzsches auf Deutschland im Nationalsozialismus, mit den Augen Omer Bartovs und Christian Gerlachs auf den Holocaust, mit den Augen Ulrike Jureits und Reinhart Kosellecks auf das Totengedenken nach den Weltkriegen, mit den Augen Jan Grabowskis und Marcin Zarembas auf Polen im 20. Jahrhundert geschaut hat, nicht mit ihrer Klasse den von Amos Goldberg und Bashir Bashir herausgegebenen Sammelband *The Holocaust and the Nakba* lesen? Die Texte dieses Buches führen nämlich mustergültig vor, wie man Feindbilder aufbricht, indem man sie mit dem Wahrheitskern der jeweils anderen Perspektive konfrontiert. Und sie zeigen exemplarisch die Dialektik von Erinnerung und Geschichte auf.[21]

Den Schrecken historischer Beben kann eine Gruppe bannen, indem sie durch Monumente aus Schrift und Stein, die von Schicksal, Heldentat und Opfertum erzählen, Identität und Ordnung stiftet. Aber der Boden hört ja nicht auf zu schwanken, nur weil man Denkmäler und Staaten auf ihm errichtet hat. Und so muss, wer nicht irgendwann fallen oder gefällt werden will, sich in der Unruhe zu bewegen lernen; er muss, auch wenn alles in ihm dagegen aufbegehrt, der Unaufgeräumtheit der Geschichte ein zweites Mal ins Gesicht sehen: nun aber vermittelt durch Quellen, Kunst und Fragmente, auf eine Weise also, die sich nicht nur aushalten lässt, sondern auf Dauer sogar komplexere Ordnungen und Identitäten zu gründen vermag. Goldberg und Bashir jedenfalls setzen in ihrem Buch vor allem auf die Kraft der Literatur, auf Autoren und Texte, die aus arabischer wie aus jüdischer Perspektive von der eigenen Geschichte erzählen, ohne sie auf eine Botschaft zu reduzieren. Aber sie setzen auch auf das Vermögen der Wissenschaft, diese Perspektiven zueinander in Beziehung zu setzen. Die Frage, ob die »Nakba«, wie die palästinensischen Araber ihre Katastrophe nennen, eine ähnliche Dimension hatte wie die jüdische Katastrophe, die im Hebräischen als »Shoah« und weltweit als »Holocaust« bezeichnet wird, ist ebenso abstrakt, wie sie leicht zu beantworten ist. Dieses war der größte Völkermord der Weltgeschichte, jenes die schrittweise Verdrängung einer Volksgruppe durch eine andere. Aber weil jedes Leid seine eigene Würde hat, lässt sich Leid nicht in Leid

East of Erinnerung

aufwiegen. Und auch nicht mit Schuld verrechnen. Doch es ist möglich, die eigene Geschichte zu erzählen, der des anderen zuzuhören und sich dann gemeinsam zu fragen, ob ihnen wirklich zwei unvereinbare Wahrheitsansprüche zugrunde liegen – oder vielleicht doch nur zwei gegensätzliche Perspektiven auf das gleiche Geschehen. Diese Frage ist nicht rhetorisch. Wie die Antwort ausfällt, kann kein Gebot, keine Theorie und kein Lehrplan entscheiden, sondern nur das Leben. Sei es im Kampf, sei es im Dialog, sei es im Streitgespräch. Die historische Einführung zu diesem Band hat übrigens Mark Levene geschrieben.

Natürlich ist die Existenz einer solchen Lehrerin sehr unwahrscheinlich. Und um wie viel unwahrscheinlicher wäre erst ein Geschichtsbuch, das all diese Perspektiven und all dieses Wissen in Unterrichtsmaterialien übersetzte.

Ich weiß, aber wie gesagt: Es ist ein Traum.

Incipit Comoedia

Der lange Weg durch Deutschlands Geschichte nach dem Nationalsozialismus sollte zweierlei verdeutlicht haben. Zum einen, dass sich dessen Erbe nicht als Einheit fassen lässt. Es ist zu vielschichtig, zu kompliziert, zu ambivalent, um auf einen Begriff gebracht zu werden. Wir haben es mit einer widersprüchlichen Vielfalt zu tun, die keine Großthese einholen kann. Der Läuterungsstolz, mit dem manche den Gewinn der Erinnerungsweltmeisterschaft bejubeln, ist genauso unangemessen und einseitig wie die Behauptung, der kritische Umgang mit dem Nationalsozialismus sei ein Mythos, dessen Haltlosigkeit sich am derzeitigen »Rechtsruck« und am Fortbestand völkisch-rassistischer und antisemitischer Einstellungen ablesen ließe. Und wenn kürzlich Susan Neiman ihrem Heimatland, den USA, empfohlen hat, sich beim Gedenken an die Exzesse von Sklaverei und Rassismus ein Vorbild an der deutschen Erinnerungskultur zu nehmen, dann ist das sicher gut gemeint.[22] Es verfehlt aber den entscheidenden Punkt. Fast alles, was auf diesem Gebiet in Deutschland geglückt ist, geht auf die Arbeit juristischer, politischer, administrativer, wissenschaftlicher und künstlerischer Eliten oder das Engagement lokaler Initiativen zurück. Dagegen hat sich – wie im Internet, im Fernsehen oder im Bundestag alltäglich zu bestaunen ist – das Geschichtsbewusstsein der meisten Deutschen im Wohlfühlquadrat von Täterdämonisierung, Opferidentifikation, Demokratiestolz und Ambivalenzabwehr bequem eingerichtet. Wer das für übertrieben hält, sollte sich einmal aufmerksam das vielgelobte Machwerk *Unsere Mütter, unsere Väter* ansehen, einen TV-Dreiteiler, in dem noch 2013 so fröhlich und frei wie eh und je das Böse in SS-Maskerade erschien, die deutsche Jugend sich herzlich von ihren jüdischen Freunden an die Front verabschiedete und mit schonungsloser Offenheit gezeigt wurde, wie erschreckend antisemitisch doch die Polen waren.

Und sollte es in den USA wie hierzulande nicht letztlich um den Ausgleich von Täter- und Opferperspektive gehen? Aber genau der ist in Deutschland durch den öffentlichen Primat der Opferidentifikation nicht nur misslungen; es ist auch fraglich, ob er im Medium der Repräsentation überhaupt gelingen kann. Denn wie Fragen, die zu verwickelt für einfache Antworten sind, lassen sich auch Konflikte und gesellschaftliche Widersprüche nicht monumentalisieren. Wenn denn das Ziel das Zusammenleben sein soll und nicht nur die Darstellung von Siegern und Besiegten, Tätern und Opfern, Herrschern und Beherrschten. Man muss nichts dramatisieren, wenn man die deutschen Irrwege und Verfehlungen, und nichts idealisieren, wenn man die deutschen Errungenschaften nach 1945 beim Namen nennt. Aber das *Learning from the Germans*, das Susan Neiman ihren Landsleuten empfiehlt, mögen unsere amerikanischen Freunde doch im wohlverstandenen Eigeninteresse bitte auch weiterhin auf Brotbackrezepturen und Fragen der Fußballtaktik beschränken.

Zum anderen sollte deutlich geworden sein, dass die normative Kraft, die Deutschland lange aus der Abgrenzung vom Nationalsozialismus gezogen hat, erschöpft ist. Konnte die alte Bundesrepublik, wenn auch holprig, ein demokratischer Rechtsstaat werden, ihre inneren Verhältnisse nach dem Zusammenbruch neu ordnen, die Opfer rehabilitieren und außenpolitisch ihren Platz im Westen finden, indem sie sich selbst als das Andere des Nationalsozialismus begriff, so zeigt der Rückblick auf die vergangenen 30 Jahre, dass dieser Deutungsrahmen nach der Wiedervereinigung zunehmend dysfunktional geworden ist. Weder die innere Einheit noch die Gestaltung einer immer komplexeren Migrationsgesellschaft lassen sich in diesem Rahmen bewältigen. Im Gegenteil, er macht schwierige Verhältnisse noch komplizierter, als sie ohnehin schon sind.

Die umstandslose Parallelisierung von DDR und Drittem Reich als den »zwei deutschen Diktaturen« hat Kränkungen verursacht, die wohl frühestens in der nächsten Generation verwunden sein werden. Und die Identifikation mit den Opfern des Holocaust hat uns, nachdem sie schon der Lösung vom Nationalsozialismus und der Rückbindung an die eigene Geschichte im Wege stand, mit unverdientem Stolz erfüllt. Sie macht das deutsche Gewissen ebenso selbstgerecht wie manipulierbar; sie fördert die paternalistische Ignoranz gegenüber Juden, die nicht ins Bild vom schutzbedürftigen Anderen passen. Und sie erlaubt uns, Herkunft und Fortdauer des eigenen Antisemitismus zu verdrängen, indem wir ihn ausgerechnet auf jene Einwanderergruppen abwälzen, denen die Mordserie des NSU, der Amoklauf von Hanau und indirekt auch die Hinrichtung Walter Lübckes galten.

Paradoxerweise tun wir uns aber umgekehrt auch oft

Incipit Comoedia

schwer damit, migrationsbedingte Probleme, etwa den Hass auf Israel, die Ausbreitung fundamentalistischer Islamauslegungen oder ein patriarchalisches Frauenbild, unaufgeregt als das zu benennen, was sie sind, weil wir fürchten, es könne rassistischen Vorurteilen Vorschub leisten. Denn wer in Deutschland den Rassismus erfunden hat, das weiß schließlich jedes Kind. Die Nazis natürlich! Es stimmt nur leider nicht. Im Nationalsozialismus wurden, wenn auch in zuvor unvorstellbarem Ausmaß, lediglich Phantasien verwirklicht, die aus der hochkultivierten, bürgerlichen, in vieler Hinsicht liberalen Gesellschaft des Kaiserreichs stammten.

Sich heute pauschal mit Flüchtlingen und bestimmten Migrantengruppen zu identifizieren, um selbst als das Gegenteil eines »Nazis« oder »Faschisten« zu gelten, ist genauso narzisstisch, wie es die Identifikation mit den Opfern des Holocaust immer schon war. Wem es um mehr als Solidarität und Hilfe, Verständnis und Respekt geht, nämlich darum, an der Seite der Schwachen und der Opfer eine Position der Unschuld zu besetzen, der entlastet das eigene Gewissen, das er *hat*, um Gewissen für andere zu *sein*. Diese Strategie einer billigen, weil nachträglichen Selbstunterscheidung vom Nationalsozialismus hat Odo Marquard nicht nur hellsichtig kritisiert, er hat das kindische Begehren, sich unbehelligt von moralischen Kompliziertheiten im Leben einzurichten, auch ein treffend bezeichnet, als er es »Ferien vom Über-Ich« nannte.[23] Patrick Bahners hat die gleiche Tendenz mit anderen Worten auf den Punkt gebracht. Dass ein queer-feministischer Buchladen in Berlin im eigenen Milieu bloßgestellt wurde, weil die Vorfahren der Betreiberin angeblich vermögende Nazis waren (tatsächlich waren sie Wehrmachtsgeneräle), quittierte Bahners mit einer Einsicht, die leider weniger trivial ist, als sie klingt: »Den Ort, an dem alle Guten sicher wären, weil böse immer nur die Außenwelt ist, gibt es nicht.«[24] Ich weiß nicht, wie es in Ländern zugeht, die sich keinen Hitler leisten können. Aber in Deutschland hat die Neigung, das Andere der eigenen Vorzüglichkeit in einer ahistorischen »Residualkategorie« (Ulrich Herbert) namens »Nationalsozialismus« oder »Faschismus« zu deponieren und die Probleme der Gegenwart, statt sie aus sich selbst heraus zu begreifen, in die Kostüme der Weimarer Republik und des Dritten Reichs zu stecken, um sie dann von Bühnen des eigenen Moraltheaters zu verjagen, wahrhaft luxuriöse Ausmaße angenommen.

Doch es lässt nicht nunmal nicht ändern: Trotz aller Nutzlosigkeit beschäftigt uns der Nationalsozialismus weiterhin Tag für Tag, an jedem nur erdenklichen Ort, vor allem aber in den Massenmedien und den sozialen Netzwerken. Er ist unverwüstlich wie die schlechte Laune der Nachbarin und hartnäckig wie der Schluckauf eines Säuglings. Wir führen ihn ständig im Munde, seine Symbole, Bilder und Begriffe sind allgegenwärtig. Und fast immer geschieht das mit dem Willen, sich selbst ins Recht zu setzen. Der Mangel an guten Gründen wird durch ein *argumentum ad Hitlerum* kaschiert. Sekündlich wird Goodwin's law bestätigt, demzufolge mit der Dauer einer Diskussion im Internet die Wahrscheinlichkeit eines Nazivergleichs steigt. Und es gibt keine Sache, die sich nicht dadurch veredeln ließe, dass man sie als das Gegenteil des Nationalsozialismus oder ein Mittel zur Holocaustverhinderung ausweist. Engagierte Freiluftkünstler halten die AfD für eine Wiedergängerin der NSDAP, die Union für die Steigbügelhalterin des Vierten

Incipit Comoedia   241

Reichs und sich selbst für eine Reinkarnation von Winston Churchill. Gegner des Corona-Lockdowns schmücken sich mit dem Judenstern und die Kanzlerin mit einem Hitlerbärtchen. Die utopisch gestimmte Jugend blickt aus Sicht der Ökodiktatur von morgen auf die Dieselfahrer von heute mit der gleichen Verachtung wie auf die Nazimitläufer von gestern. Und wenn Mann und Weib an den Lagerfeuern der neuen Rechten zueinander finden, dann liegen sich da in der Eintracht des »Widerstands« gewissermaßen Sophie Scholl 2.0 und Stauffenberg redivivus in den Armen. Falls es noch eines Beweises bedurft hätte, dass die NS-Referenz zum frei flottierenden Legitimationsmarker geworden ist, mit dem sich alles und nichts, A wie B, die eine Position und zugleich ihr Gegenteil rechtfertigen lässt: Die Frankfurter Buchmesse 2017 hätte ihn erbracht, als sich Aktivisten der Identitären Bewegung und der Antifa wechselseitig mit demselben Schlachtruf niederbrüllten: »Nazis raus!«.

—

Für eine Vielfalt, die sich über keinen Begriff und kein Bild einholen lässt, die sich einer wertenden Einordnung ebenso sicher entzieht, wie wir uns ihr nicht entziehen können, über die wir nicht verfügen, der wir uns aber auch nicht unterwerfen müssen, und die darum nach Gestaltung verlangt, hat das 19. Jahrhundert den Begriff des »Lebens« geprägt. Er stand bei einigen marxistischen Philosophen lange im Verdacht, ein ideologischer Wegbereiter des »Irrationalismus« und damit der Nazis gewesen zu sein. Aber das war ein Irrtum, der nur der Schwierigkeit geschuldet war, ein Phänomen zu begreifen, das es gemäß der eigenen Theorie gar nicht hätte geben dürfen. Mit der Geschichte ist der Lebensbegriff zwei klassische Verbindungen eingegangen. Wie eingangs gesehen, hat Friedrich Nietzsche verschiedene Formen der Historie, also der Vergegenwärtigung der Vergangenheit, danach unterschieden, ob sie zur Bewältigung des Lebens, also der in der Gegenwart gestellten Aufgaben, eher von Nachteil oder von Nutzen sind. Im Hinblick auf den Nationalsozialismus lässt sich aus meiner Sicht sicher sagen, dass uns seine andauernde Vergegenwärtigung zumindest nicht mehr nützt. Angesichts der Bedeutungslosigkeit, mit der er unausrottbar unter uns ist, neige ich sogar dazu, sie eher für nachteilig zu halten. Wie aber bezeichnen wir jenseits aller Nützlichkeitserwägungen die Präsenz einer lebendigen Vergangenheit, die zum Teufel zu jagen nicht in unserer Macht steht?

Im Gefolge des Lebensbegriffs hat das frühe 20. Jahrhundert noch einen weiteren Begriff geprägt. Er könnte uns weiterhelfen, weil er die unverfügbare Lebendigkeit von etwas erfasst, das es gar nicht mehr gibt, das zwar Geschichte ist, aber eben nicht vergangen: NACHLEBEN. Die Idee des Nachlebens brachte die Bildwissenschaft Aby Warburgs auf den Weg, sie regte das historische Denken von Nietzsches Baseler Kollegen Jacob Burckhardt an, und der Georgeschüler Friedrich Gundolf hat sie in seiner Cäsar-Studie sogar zum Paradigma der Geschichtsschreibung gemacht, als er zeigte, dass ein Leben mit 23 Dolchstichen abrupt enden mag, ein Nachleben aber manchmal erst nach Jahrhunderten und vielen Gestaltwandeln ganz allmählich erlischt.[25] Aber ist Hitler denn unser Cäsar? Nicht ganz.[26]

Die Lasten des Nationalsozialismus sind weitgehend abgetragen, die Aufträge, die er uns hinterlassen hat, alles in allem erfüllt, die Fragen, die er aufwarf, größtenteils beantwortet. Was bleibt, ist die Macht einer Geschichte, die uns mit einer Fülle von Geschichten umgibt. Diese postnormative Bedeutung, die Hitlers Erbe für unsere Gegenwart hat, scheint mir der Begriff des Nachlebens besser zu erfassen als jeder andere. Und er passt kongenial zu der Metapher, die Katja Petrowskaja für dieses gewaltige historische Geschehen gefunden hat, als sie es »unsere Antike« nannte. Nicht von ungefähr jedenfalls ist die Epoche, deren Erforschung die Warburgschule prägte, die Renaissance gewesen. Denn worum ging es dabei? Um das ästhetische Nachleben der Antike. Es deutet allerdings einiges darauf hin, dass das Nachleben des Nationalsozialismus, nachdem die Helden und Schurken tot, die Dramen erzählt, die Urteile gesprochen und die Historien geschrieben sind, heute vor allem einer Gattung Stoff bietet: der Komödie.

—

Die Wahrheit des Komischen muss man nicht suchen. Man kann einfach warten, bis sie sich irgendwo zeigt. In meiner Eigenschaft als Schatullenhändler, dem einzig seriösen unter meinen Berufen, stehe ich immer wieder mal auf dem Antikmarkt am Bodemuseum. Es gibt nur wenige Orte in der sich ewig verjüngenden Stadt Berlin, die mehr Geschichte atmen als diese Zeile von Marktständen. Vor historischer Kulisse werden hier am Kupfergraben bei der Museumsinsel alte Dinge und die Hinterlassenschaften der Toten verkauft: Trödel, römische Münzen, Antiquitäten, gebrauchte Bücher.

Die Komik aber steuert das Leben bei.

Es ist noch nicht allzu lange her, da gab es vor dem Stand eines befreundeten Kollegen einen kleinen Tumult. Ein junger Mann hatte auf dessen Büchertisch einen sogenannten Katzenkrimi entdeckt. Er hielt dem Händler – einem gemütlichen Sachsen, der trotz seiner Talente nicht studieren durfte, weil er schon in der DDR seine Klappe nicht halten konnte – das Taschenbuch wild fuchtelnd vor die Nase und verlangte dessen sofortige Entfernung. Sein Autor, ein türkischstämmiger Deutscher namens Akif Pirinçci, sei ein Faschist, der mittlerweile in rechtsextremen Verlagen publiziere. Mein Kollege bekam einen Lachanfall und ließ den jungen Mann wissen, dass der Weg zur Vernichtung seiner Bücher über deren Erwerb führe. Dieser tat, wie ihm geheißen, er bezahlte und riss den protofaschistischen Katzenkrimi unter dem Gejohle der Passanten in tausend Stücke.

Es stimmt übrigens, dass der Autor mittlerweile ziemlich abgedriftet ist. Auf einer Pegida-Demonstration hielt er vor ein paar Jahren eine Rede, die so unberührt von moralischen Hemmungen war, dass es selbst dem Veranstalter, einem verkrachten Kleinkriminellen, zu viel wurde und er ihn von der Bühne zerren musste. Und es stimmt auch, dass Pirinçci nach seinem Weltruhm als Erfinder des Katzenkrimis ein paar quasipolitische Pamphlete veröffentlicht hat, darunter eines im Antaios-Verlag. Aber meine Güte, jeder bekommt halt die Faschisten, die er verdient. Als seine Verlegerin auf der Frankfurter Buchmesse mit Pirinçci ein Autorengespräch zu simulieren versuchte, bei dem sie von ihrem Autor auch ziemlich unverblümt für den gewährten Vorschuss gelobt werden wollte, da riss dem Schandmaul der ohnehin schon arg strapazierte Geduldsfaden. »Ach komm«, knurrte Pirinçci, »ihr macht da in Schnellroda ja immer einen auf edle Biobauern. Aber die scheiß Fresskörbe, die ihr mir ständig geschickt habt, die waren doch alle von

Incipit Comoedia

Aldi.« Frau Kositza lächelte gequält, aber mein Freund Alex Rühle – einer der wenigen Linken, die begriffen haben, dass man diese Rechten am wirksamsten bekämpft, indem man sie sich selbst zerfleischen lässt (Codewort: Milzriss) – und ich lachten, bis uns die Tränen kamen.

Mir gegenüber, auf der Seite des Marktes, die wegen der Sonneneinstrahlung für meine empfindlichen Schatullen ungeeignet ist, steht oft ein Stand, dessen Inhaber die Marktkollegen »Reichsbuchwart« nennen. Er vertreibt Militaria zum Zweiten Weltkrieg und ist um Auskunft über Ursachen, Verlauf und vertane Chancen des Feldzugs im Osten nicht verlegen, in der Regel erteilt er sie sogar ungefragt. Auch ihm statten junge Menschen von unbefleckter Gesinnung hin und wieder investigative Besuche ab, aber sie merken schnell, dass sie hier auf verlorenem Posten kämpfen. Anders als bei seinem Nachbarn, einem türkischen Souvenirverkäufer, der davon lebt, dass Touristen aus Deutschland gerne mal einen Diktaturfetisch mitbringen. Besonders gut, noch besser als die DDR-Fahnen und die Schlappmützen der Roten Armee, laufen bei ihm die Chinakopien von Wehrmachtshelmen. Als sich am 9. November 2019, des historischen Datums eingedenk, wieder mal ein Spähtrupp auf dem Markt einfand, hielt er schnurstracks auf den Souvenirstand zu. Man habe Meldung erhalten, dass hier mit Nazidevotionalien gehandelt werde. Der Verkäufer, der nur gebrochenen Deutsch spricht, guckte ratlos, aber man wurde auch ohne seine Hilfe fündig. Hier! Ein Hakenkreuz! Mann, Mann, Mann! Wissen Sie eigentlich, was heute für ein Tag ist? Sie werden diese Helme sofort aus Ihrem Sortiment entfernen! Der Kollege verstand kaum ein Wort, aber dass hier jemand ernsthaft versuchte, ihm das Geschäft zu verhageln, das begriff er sofort. Er weigerte sich, der Anordnung Folge zu leisten. Das habe nicht er zu entscheiden, ließ der Truppführer ihn wissen. Er werde jetzt telefonisch Verstärkung anfordern und den Stand solange belagern, bis die Helme verschwunden seien. Später werde man die Einhaltung des Verbots kontrollieren.

Es dauerte fast eine halbe Stunde, bis der türkische Hakenkreuzhändler, der Reichsbuchwart und der Nazienkel mit vereinten Kräften das Terrain zurückerobert hatten.

—

Meine Jugend war, wie im letzten Jahrzehnt der alten Bundesrepublik üblich, voll von Büchern über den Nationalsozialismus. Neben dem Gesamtwerk von Sebastian Haffner und totalitarismuskritischen Dystopien wie Orwells *1984* oder *Die Welle* von Morton Rhue gehörten dazu vor allem Texte wie Anne Franks Tagebuch, Judith Kerrs autobiographische Trilogie *Als Hitler das rosa Kaninchen stahl*, *Warten bis der Frieden kommt* und *Eine Art Familientreffen*, Hans Peter Richters *Damals war es Friedrich* oder *Der Gelbe Vogel* von Myron Levoy, Bücher, die aus Kindersicht von der Judenverfolgung erzählen. Die ersten Versuche, dem gleichermaßen verstörenden wie faszinierenden Stoff auch politisch beizukommen, führten mich dann wie von selbst zu Schriftstellern, die aus kommunistischer Perspektive über die Zeit des Nationalsozialismus schrieben. Monatelang trug ich Peter Weiss' *Ästhetik des Widerstands* mit mir herum, so sehr forderte mich die Lektüre. An sie muss ich oft denken, wenn ich am Kupfergraben auf Kunden warte.

In der berühmten Anfangsszene schildert Weiss den Altarfries von Pergamon. Er stellt den mythologischen Kampf der Giganten gegen die Götter dar und befindet sich heute in dem Museum, dessen großflächige Fassade neben dem Bodemuseum, gleich rechts hinter dem Reichsbuchwart und dem türkischen Souvenirverkäufer, in den Himmel ragt. Und wenn ich an die Lektüre denke, dann fällt mir auch immer der Moment ein, in dem mein Vater sie unterbrach. Was ich denn da lese. Ich gab ihm das Buch. Er schlug den Klappentext auf und deklamierte in ironischem Tonfall die Worte, mit denen Walter Jens das Werk in seiner Laudatio auf Peter Weiss bedenkt: »… ein Buch, mit einem Wort«, hatte der Rhetorikprofessor ins Darmstädter Publikum geknarzt, »das zu jenen gezählt werden muss, über die Brecht schrieb: ›So lange sie nämlich Mühe machen / Verfallen sie nicht.‹« Mein Vater, ein Elektroingenieur mit solider Gymnasialbildung, aber ohne einen Funken von Intellektualität, rümpfte die Nase und sagte, ihm sei wichtiger, dass man Bücher gerne lese. Obwohl ich damals die Nase zurückrümpfte, muss ich ihm rückblickend Abbitte leisten. Die Leserinnen und Leser werden sich ihr eigenes Urteil über mein Buch gebildet haben. Aber es sei zum Schluss gestanden, dass ich mich beim Schreiben eigentlich immer doppelt aufgefordert fühle: von Brechts Mühegebot und vom Wunsch meines Vaters, nicht gelangweilt zu werden. Ihm, dem fünften Kind des Sturmbannführers Friedrich Leo, ist es daher gewidmet.

—

Wenn ein Nazienkel sein Buch über das Nachleben des Nationalsozialismus dem Nazikind widmet, das sein Vater ist, dann heißt das auch: Er widmet es keiner Naziurenkelin.

Denn wie es aussieht, wird unsere Tochter das nicht sein. Nazis haben in den ersten vierzehn Jahren ihres Lebens keine Rolle gespielt. Sie waren nur das Thema, an dem ihr Vater sich in Form von vier Büchern abgearbeitet hat, während sie ein Kind war. Alle Versuche, sie behutsam an diesen Teil unserer Geschichte heranzuführen, sind gescheitert. Gar nicht spektakulär, aber doch bestimmt. Nazis interessieren sie einfach nicht. Wenn sie Glück hat, wird eine gute Geschichtslehrerin ihr in zwei, drei Jahren das Wissen über Hitler vermitteln, das eine junge Deutsche braucht, um sich in der Welt zurechtzufinden. Sie soll Bescheid wissen, so wie sie auch Äquivalenzumformungen und Partizipialkonstruktionen beherrschen soll. Aber jede darüber hinausgehende Erwartung hieße, ihr Leben mit meinem zu verwechseln.

Als ich kürzlich mit ihr und meiner Frau in einem tschechischen Zug fuhr, fragte ich die beiden und unseren Abteilnachbarn, einen Biologen um die Vierzig, ob sie in den Mustern der Sitzbezüge ebenfalls eine Gestalt ausmachen könnten. Der Biologe sah spontan Mitochondrien, erkannte aber genau wie meine Frau auch die Hakenkreuze, die mich jedes Mal anglotzen, wenn ich mit den České dráhy reise.

Meine Tochter sah nur bunte Sitze.

Incipit Comoedia

Danksagung

Ich danke:

Tom Kraushaar für sein Vertrauen und die Freiheit, dieses Buch pandemiebedingt früher publizieren zu dürfen, als es eigentlich geplant war;

Christoph Selzer für die Erkenntnis, dass ein Text manchmal nur zehn Nadelstiche und drei Säbelhiebe braucht, um seine Form zu finden;

René Aguigah, Avi Applestein, Nicolas Berg, Marko Demantowsky, Emily Dische-Becker, Moritz Foellmer, Mladen Gladić, Uffa Jensen, Ulrike Jureit, Behzad Karim-Khani, Sven Lembke, Hanno Loewy, Eva Menasse, Matthias Pohlig, Cornelius Reiber, Yael Reuveny, Thomas Sandkühler, Stephan Schlak, Stefanie Schüler-Springorum, Gustav Seibt, Janosch Steuwer, Niklas Weber, Michael Wildt, Fabian Wolff und Daniel-Pascal Zorn für vielfältige Anregung, Hilfe, Ermutigung und Kritik;

Ulrich Herbert für einen Einspruch, der sich im Zustand vollkommener Affektbeherrschung als Antithese bezeichnen ließe;

Alexa Geisthövel für die dialektische Besonnenheit, mit der sie mir einen Weg in die Vermittlung wies;

Katrin und Christian Herrndorf für ihre großzügige Unterstützung;

Julia Pasch und Lüder Machold für ihre Gastfreund-schaft;

Alexa und Rosa for being Rosa and Alexa.

Berlin, im März 2021

Anmerkungen

Der Wille zum Maß

1   Der Satz »Auschwitz werden uns die Deutschen niemals verzei-
    hen!« wird dem Psychoanalytiker Zvi Rix zugeschrieben. Vgl. Gun-
    nar Heinsohn, *Was ist Antisemitismus?* Frankfurt/M. 1988, S. 115.
2   Mohamed Amjahid, *Die deutsche Erinnerungsüberlegenheit*, in:
    Spiegel Online v. 6. 3. 21, URL: https://www.spiegel.de/kultur/
    holocaust-gedenken-die-deutsche-erinnerungsueberlegenheit
    (letzter Zugriff: 6. 4. 2021); Patrick Bahners, *Genozid durch Gentri-
    fizierung*, in: Frankfurter Allgemeine Zeitung v. 3. 3. 2021.
3   Friedrich Nietzsche, *Unzeitgemäße Betrachtungen. Zweites Stück:
    Vom Nutzen und Nachteil der Historie für das Leben*, in: Ders.:
    Werke in zwei Bänden. Hg. v. Karl Schlechta. München 1954, Bd. 1,
    S. 209–285, hier S. 218.
4   Ebd., S. 210.
5   Ebd.
6   Ebd.
7   Thomas Nipperdey, *Unter der Herrschaft des Verdachts. Wissen-
    schaftliche Aussagen dürfen nicht an ihrer politischen Funktion
    gemessen werden*, in: Die Zeit v. 17. 10. 1986.
8   Michael Rothberg, *Multidirectional Memory. Remembering the
    Holocaust in the Age of Decolonization.* Stanford 2009; Jürgen
    Zimmerer, *Von Windhuk nach Auschwitz? Beiträge zum Verhältnis
    von Kolonialismus und Holocaust.* Münster 2011; Steffen Klävers,
    *Decolonizing Auschwitz? Komparativ-Postkoloniale Ansätze in der
    Holocaustforschung.* Berlin 2019.
9   Tania Martini, *Diffuse Erinnerung*, in: tageszeitung v. 5. 3. 2021;
    Michael Rothberg, *Vergleiche vergleichen: Vom Historikerstreit zur*

Causa Mbembe, in: Geschichte der Gegenwart v. 23. 9. 21, URL:
https://geschichtedergegenwart.ch/vergleiche-vergleichen-vom-
historikerstreit-zur-causa-mbembe (letzter Zugriff 5. 4. 2021);
Stefan Laurin, *Decolonizing Auschwitz?*, in: Ruhrbarone v.
23. 12. 2020, URL: https://www.ruhrbarone.de/decolonizing-
auschwitz/194370 (letzter Zugriff 5. 4. 2021).

10 Ebd.

11 Ich folge hier den exzellenten Beiträgen, die Mathias Brodkorb für
den von ihm herausgegebenen Sammelband zum Historikerstreit
verfasst hat. Vgl. Mathias Brodkorb, *Habermas gegen Habermas
verteidigen! Ein etwas anderes Vorwort*, in: Ders (Hg.): Singuläres
Auschwitz? Ernst, Nolte, Jürgen Habermas und 25 Jahre »Historikerstreit«. Banzkow 2011, S. 5–17; Ders., *Einleitung. Ernst Nolte und
der »kausale Nexus«. Eine Einführung in das Denken Ernst Noltes*, in:
ebd., S. 17–30; Ders., *Von heißen und kalten Seelen. Ernst Nolte und
die Singularität von Auschwitz*, in: ebd., S. 135–178.

12 Vgl. Anm. 8.

13 Nipperdey, *Herrschaft des Verdachts* (wie Anm. 7); Christian Meier,
Zum »Historikerstreit« – 25 Jahre nach seinem Beginn, in: Brodkorb
(Hg.): Singuläres Auschwitz? (wie Anm. 11), S. 95–104, hier S. 98.

14 Ebd. S. 99.

15 Günter Grass, *Was gesagt werden muss*, in: Frankfurter Allgemeine
Zeitung v. 4. 4. 2012.

16 Horst Bredekamp, *Postkolonialismus schlägt antikoloniale Vernunft*,
in: Frankfurter Allgemeine Zeitung v. 8. 3. 2021; *»Ein Angriff auf die
Essenz der Kunst«: Horst Bredekamp über die Exzesse der Identitätspolitik*, in: Der Tagesspiegel v. 17. 3. 2021.

17 Lesenswerte Synthesen auf Basis der empirischen Forschung finden
sich z.B. bei John Darwin, *After Tamerlane. The Global History of
Empire Since 1405*. London 2008; Jürgen Osterhammel, *Die Ver-
wandlung der Welt. Eine Geschichte des 19. Jahrhunderts*. München
2009; Ders., *Dekolonisation. Das Ende der Imperien*. München 2013.

18 Exemplarisch Omer Bartov, *Anatomy of a Genocide. The Life and
Death of a Town Called Buczacz*. New York 2018; Jan Grabowski,
*Hunt for the Jews. Betrayal and Murder in German-Occupied
Poland*. Bloomington 2013. Zum Forschungsstand vgl. Grzegorz
Rossoliński-Liebe, *Kollaboration im Zweiten Weltkrieg und im Holo-
caust – Ein analytisches Konzept*, Version: 1.0, in: Docupedia-Zeitge-

schichte, 19. 7. 2019, URL: https://docupedia.de/zg/Rossolinski-Liebe-kollaboration_v1_de_2019 (letzter Zugriff 5. 4. 2021).

19 Cornelia Essner, *Die »Nürnberger Gesetze« oder die Verwaltung des Rassenwahns*. Paderborn 2002; Per Leo, *Der Wille zum Wesen. Weltanschauungskultur, charakterologisches Denken und Judenfeindschaft in Deutschland 1890–1940*. Berlin 2013, S. 456–464

20 Mark Levene, *The Crisis of Genocide*. Bd 1: *Devastation. The European Rimlands 1912–1938*. Bd 2: *Annihilation. The European Rimlands 1939–1953*. Oxford 2013.

21 Bredekamp, *Postkolonialismus* (wie Anm. 16).

22 Ruprecht Polenz, Timeline Facebook v. 17. 3. 2021 (letzter Zugriff 5. 4. 2021).

23 Thomas Schmid, *Der Holocaust war singulär. Das bestreiten inzwischen nicht nur Rechtsradikale*, in: Die Welt v. 26. 2. 2021, URL: https://schmid.welt.de/2021/02/26/der-holocaust-war-singulaer-das-bestreiten-inzwischen-nicht-nur-rechtsradikale/ (letzter Zugriff 5. 4. 2021).

24 Zur Hinsichtenunterscheidung, mit klassischer Klarheit beschrieben am Beispiel der modernen Chemie vgl. Ernst Cassirer, *Substanzbegriff und Funktionsbegriff. Untersuchungen über die Grundfragen der Erkenntniskritik*. Berlin 1910, S. 270–292.

25 Jürgen Habermas, *Eine Art Schadensabwicklung*, in: Eugen Rudolf Piper (Hg.), »Historikerstreit«. Die Dokumentation der Kontroverse um die Einzigartigkeit der nationalsozialistischen Judenvernichtung. München 1987, S. 62–76, hier S. 71.

26 Klävers, *Decolonizing Auschwitz?* (wie Anm. 8), S. 220.

27 Vgl. Brodkorb, *Von heißen und kalten Seelen* (wie Anm. 11), S. 167 ff.

28 Zu den genannten Beispielen und der Kritik am Singularitätstopos vgl. Peter Novick, *The Holocaust in American Life*. New York 1999; dt. *Nach dem Holocaust*. München 2003, S. 254–261.

29 Steven Katz, *The Holocaust in Historical Context*. Oxford 1994.

30 Dan Diner, *Zwischen Aporie und Apologie*, in: Ders. (Hg.): Ist der Nationalsozialismus Geschichte? Frankfurt/M. 1988, S. 62–73, hier S. 73, zitiert n. Brodkorb, *Von heißen und kalten Seelen* (wie Anm. 11), S. 163.

31 Ders., *Gegenläufige Gedächtnisse. Über Geltung und Wirkung des Holocaust*. Göttingen 2007, S. 106, zitiert n. Brodkorb, *Von heißen und kalten Seelen* (wie Anm. 11), S. 163.

32 Ebd., S. 164.

33 Evgenij Vodolazkin, *Laurus*. Aus d. Russ. übs. v. Olga Radezkaja.
Zürich 2016, S. 79.

34 Gustav Seibt, *Aktuell keine mittelalterliche Finsternis. Zu den
Funktionen anschaulicher Details im historischen Erzählen*, in:
Neue Rundschau 129 (2018), H. 3, S. 19–29, hier S. 28 f.

35 Laurin, *Decolonizing Auschwitz?* (wie Anm. 9).

36 Schmid, *Der Holocaust war singulär* (wie Anm. 23).

37 Friedrich Nietzsche, *Der europäische Nihilismus. Lenzer Heide den
10. Juni 1887*, in: Giorgio Colli/Mazzino Montinari (Hg.): Nietzsche
Werke. Kritische Gesamtausgabe 8. Abt. 1. Bd.: Nachgelassene Frag-
mente Herbst 1885 bis Herbst 1887. Berlin/New York 1974, Nr. 5 [71],
S. 215–221, hier S. 221; zur Auslegung vgl. Daniel-Pascal Zorn,
*Vom Gebäude zum Gerüst. Entwurf einer Komparatistik reflexiver
Figurationen in der Philosophie*. Berlin 2016, S. 415–421.

38 Nietzsche, *Nihilismus* (wie Anm. 37), S. 221.

39 Friedrich Nietzsche, *Zur Genealogie der Moral*, in: Ders.: Werke in
zwei Bänden. Hg. v. Karl Schlechta. München 1954, Bd. 2, S. 761–900,
hier S. 839.

40 Zum Kontext vgl. Leo, *Wille zum Wesen* (wie Anm. 19), S. 296–308.

Blick auf den Untergang

1 Hanne Leßau, *Entnazifizierungsgeschichten. Die Auseinandersetzung mit der eigenen NS-Vergangenheit in der frühen Nachkriegszeit*.
Göttingen 2020.

2 Norbert Frei, *Vergangenheitspolitik. Die Anfänge der Bundesrepublik
und die NS-Vergangenheit*. München 1996.

3 Eckhard Jesse, *Antifaschismus in der Ideokratie der DDR – und
die Folgen. Das Scheitern (?) einer Integrationsideologie*, in: Ders.,
Extremismus und Diktaturen, Parteien und Wahlen. Historisch-
politische Streifzüge. Köln u.a. 2015, S. 93–104.

4 Peter Steinbach, *Nationalsozialistische Gewaltverbrechen in der
deutschen Öffentlichkeit. Die Diskussion nach 1945*. Berlin 1981.

5 Götz Aly, *Unser Kampf. 1968 – ein irritierter Blick zurück*. Frank-
furt/M. 2007, S. 150 f.; Christian Schneider, *Besichtigung eines
ideologischen Affekts: Trauer als zentrale Metapher deutscher Er-
innerungspolitik*, in: Ders./Ulrike Jureit: Gefühlte Opfer. Illusionen

der Vergangenheitsbewältigung. Stuttgart 2010, S. 105–212, hier
S. 193.

6   Odo Marquard, *Abschied vom Prinzipiellen*, in: Ders.: Abschied vom
    Prinzipiellen. Philosophische Studien. Stuttgart 1981, S. 4–22, hier
    S. 9 ff.

7   Ernst-Wolfgang Böckenförde, *Der deutsche Katholizismus im Jahre
    1933. Stellungnahme zu einer Diskussion*, in: Hochland 54 (1962),
    S. 217–245.

8   Peter Novick, *Nach dem Holocaust* (wie Anm. 28 S. 255), S. 197 ff.

9   Zum Holocaust als Gegenstand jüdischer Theologie vgl. Martin
    Goodman, *Die Geschichte des Judentums. Glaube, Kult. Gesellschaft.*
    Stuttgart 2020, S. 625 ff., 643.

10 Novick, *Nach dem Holocaust* (wie Anm. 28 S. 255), S. 278–284.

11 Ebd. S. 276 ff.

12 Ebd. S. 277: »Wie kam es zu dieser Zahl? Der israelische Historiker
    Yehuda Bauer berichtet, Wiesenthal habe ihm gegenüber in einer
    privaten Unterhaltung zugegeben, er habe sie einfach erfunden.
    Er sei, sagte er einmal zu einem Reporter, gegen ›die Trennung der
    Opfer‹: ›Seit 1948‹, meinte er, ›habe ich die jüdischen Führungs-
    personen dazu aufgefordert, nicht von sechs Millionen jüdischen
    Toten zu sprechen, sondern von elf Millionen toten Zivilisten, von
    denen sechs Millionen Juden waren … Wir haben das Problem auf
    eines zwischen Nationalsozialisten und Juden reduziert. Aus diesem
    Grund haben wir viele Freunde verloren, die mit uns gelitten haben
    und deren Familien in denselben Gräbern liegen.‹«

13 Zur Vielfalt und Konkurrenz des Opfergedenkens in Bezug auf
    den Holocaust vgl. Diner, *Gegenläufige Gedächtnisse* (wie Anm. 31
    S. 255); sowie in Hinsicht auf Kolonialismus und Sklaverei: Roth-
    berg, *Multidirectional Memory* (wie Anm. 8 S. 253).

14 Zur Universalisierung des Holocaust als Moralparadigma vgl. Daniel
    Levy/Natan Sznaider, *Erinnerung im globalen Zeitalter. Der Holo-
    caust.* Frankfurt/M. 2001.

15 Zur problematischen Frage nach den »Lehren« des Holocaust vgl.
    Novick, *Nach dem Holocaust* (wie Anm. 28 S. 255), S. 303–332. Zur
    Tendenz, den Holocaust als Paradigma der Geschichtspädagogik
    zu etablieren und seine historische Faktizität durch Erinnerungs-
    gesetze festzuschreiben vgl. Ulrike Jureit, *Opferidentifikation und
    Erlösungshoffnung*, in: Dies./Christian Schneider: Gefühlte Opfer.

Illusionen der Vergangenheitsbewältigung. Stuttgart 2010, S. 17–103, hier S. 90 ff.

16 Novick, *Nach dem Holocaust* (wie Anm. 28 S. 255), S. 330. Meine Übersetzung weicht von dieser Ausgabe ab. Im Original lautet die Stelle: »If there *are* lessons to be extracted from encountering the past, that encounter has to be with the past in all its messiness; they are not likely to come from an encounter with a past that's been shaped and shaded so that inspiring lessons will emerge.«

17 Reinhart Koselleck, *»Denkmäler sind Stolpersteine«*, in: Der Spiegel v. 3. 2. 1997; Ders., *Wer darf vergessen werden? Das Holocaust-Mahnmal hierarchisiert die Opfer. Die falsche Ungeduld*, in: Die Zeit v. 19. 3. 1998.

18 Ignatz Bubis, *Holocaust-Mahnmal: Eine Replik auf Reinhart Koselleck. Wer ist hier intolerant?*, in: Die Zeit v. 2. 4. 1998.

19 Maxim Biller, *»Es tut uns leid«*, in ZEITmagazin Nr. 7 v. 4. 3. 1999.

20 Koselleck, *Wer darf vergessen werden?* (wie Anm. 17); Ders., *»Stolpersteine«* (wie Anm. 17).

21 Im Gegensatz zur Identifikation mit dem anderen setzt die Empathie bei der Anerkennung seines Anders-seins an. Aus psychoanalytischer Sicht, und mit Blick auf den Holocaust, hat v.a. Dominick LaCapra diese Unterscheidung geltend gemacht: »Empathy is mistakenly conflated with identification oder fusion with the other [...] In contradiction to this entire frame of reference, empathy should rather be understood in terms of an affective relation, rapport, or bond with the other recognized and respected *as other*.«. Zur psychosozialen Dynamik der »geliehenen Opferidentität« vgl. Jureit, *Opferidentifikation* (wie Anm. 15 S. 257), bes. S. 23 ff. Peter Novick führt die Bereitschaft, sich mit dem Schicksal der europäischen Juden zu identifizieren, u.a. darauf zurück, dass viele von diesen sich nach Aussehen und Lebensstil nicht von den Mehrheitsbevölkerungen Europas und der USA unterschieden. Anne Franks Tagebuch etwa könne Amerikanern (wie Europäern) die Judenverfolgung auch deswegen so gut nahebringen, weil »diese Leute«, wie Novick Meyer Levin zitiert, »unsere Nachbarn« hätten sein können. Vgl. D. LaCapra, *Writing History, Writing Trauma*. Baltimore 2001, S. 88; Novick, *Nach dem Holocaust* (wie Anm. 28 S. 255), S. 299.

22 Jureit, *Opferidentifikation* (wie Anm. 15 S. 257), S. 26 f.

23 Zur Kritik an der Geschichtspolitik der »Berliner Republik« vgl.

auch: Michael Jeismann, *Auf Wiedersehen gestern. Die deutsche Vergangenheit und die Politik von morgen*. Stuttgart 2001.

24 Jureit, *Opferidentifikation* (wie Anm. 15 S. 257), S. 38 ff.

25 Ulrich Herbert, *Wer waren die Nationalsozialisten? Typologien des Verhaltens im NS-Staat*, in: Gerhard Hirschfeld, Tobias Jersak (Hg.): Karrieren im Nationalsozialismus. Funktionseliten zwischen Mitwirkung und Distanz. Frankfurt/New York 2004, S. 17–42, hier S. 20 ff.

26 Otto Bennemann an Willi Eichler v. 2. 9. 1945, in: Martin Rüther, Uwe Schütz, Otto Dann (Hg.): Deutschland im ersten Nachkriegsjahr. Berichte von Mitgliedern des Internationalen Sozialistischen Kampfbundes (ISK) aus dem besetzten Deutschland 1945/46. München 1998, S. 421.

27 Ian Kershaw, *Der Hitler-Mythos. Volksmeinung und Propaganda im Dritten Reich*. Stuttgart 1980.

28 Lutz Niethammer (Hg.), *»Die Jahre weiß man nicht, wo man die heute hinsetzen soll«. Faschismuserfahrungen im Ruhrgebiet*. Bonn 1983.

29 Stilbildend für die Schuldabwehr der neuen Rechten: Armin Mohler, *Vergangenheitsbewältigung. Von der Läuterung zur Manipulation*. Stuttgart 1968; Ders., *Vergangenheitsbewältigung. Wie man den Krieg nochmals verliert*. Krefeld 1981; Ders., *Am Nasenring. Im Dickicht der Vergangenheitsbewältigung*. München 1991.

30 Alexander u. Margarete Mitscherlich, *Die Unfähigkeit zu trauern. Grundlagen kollektiven Verhaltens*. München 1967, S. 36–43.

31 Dass Trauer letztlich auf Lösung vom Verlorenen, ja auf dessen Auflösung zielt und in diesem Sinne ein »lytisches« Vermögen ist, macht im Rückgriff auf Sigmund Freud deutlich: Schneider, *Besichtigung* (wie Anm. 5 S. 256), S. 133 ff.

32 Martin Broszat, *Plädoyer für eine Historisierung des Nationalsozialismus*, in: Merkur 39 (1985), S. 373–385; Ders./Saul Friedländer, *Briefwechsel*, in: Vierteljahreshfte für Zeitgeschichte 36 (1988), S. 339–372.

33 Seiner Frau Orna Kenan zufolge war es nicht zuletzt die Kontroverse mit Broszat, die Friedländer dazu bewog, seine monumentale Geschichte des Holocaust zu schreiben (*Nazi Germany and the Jews*. 2 Bd. New York 1997 u. 2007). Vgl. Saul Friedländer/Orna Kenan, *Das Dritte Reich und die Juden*. München 2010, S. 7 f.

34 Peter Fritzsche, *Life and Death in the Third Reich*. Cambridge/Mass. 2008.

35 Zur Kritik an den Einseitigkeiten der bundesrepublikanischen Holocaustforschung vgl. Nicolas Berg, *Der Holocaust und die westdeutschen Historiker. Erforschung und Erinnerung.* Göttingen 2003.

36 Ignatz Bubis, *Holocaust-Mahnmal* (wie Anm. 18 S. 258); Reinhart Koselleck, »*Ich war weder Opfer noch befreit*«, in: Berliner Zeitung v. 7. 5. 2005.

37 Reinhart Koselleck/Carsten Dutt, *Erfahrene Geschichte. Zwei Gespräche.* Heidelberg 2013, S. 22.

38 Ebenfalls im Wintersemester 1996/97 fand an der Universität Freiburg eine viel beachtete Vortragsreihe statt, die den Holocaust im Kontext des Zweiten Weltkriegs beleuchtete. Aus den Vorträgen, die den Puls der aktuellen Forschung auch für eine breitere Öffentlichkeit fühlbar machten, ist ein bis heute lehrreicher Sammelband hervorgegangen: Ulrich Herbert (Hg.), *Nationalsozialistische Vernichtungspolitik 1939–1945. Neue Forschungen und Kontroversen.* Frankfurt/M. 1998.

39 Leo, *Wille zum Wesen* (wie Anm. 19 S. 255).

40 Wolfgang Hardtwig, *Geschichtskultur und Wissenschaft.* München 1990; Daniel Fulda, *Die Texte der Geschichte. Zur Poetik modernen historischen Denkens*, in: Poetica 31 (1999), S. 27–60; Ann Rigney, *Semantic Slides. History and the Concept of Fiction*, in: Rolf Torstendahl, Irmline Veit-Brause (Hg.): History-Making. The Intellectual and Social Formation of a Discipline. Stockholm 1996, S. 31–46.

41 Walter Kempowski, *Das Echolot. Ein kollektives Tagebuch. Januar und Februar 1943.* Bd 1: *1. bis 17. Januar 1943.* München 1993, S. 7.

42 Wieland Freund hat die Schriftstellerfreunde Michael Ende, Max Kruse, Otfried Preußler und Max Kruse treffend als »kleine Gruppe 47« bezeichnet, die tiefer und nachhaltiger gewirkt habe als die »große«. W. Freund, *Jim Knopf und die wilden Achtundsechziger*, in: Die Welt v. 21. 11. 2010.

43 Ulrich Herbert, *Best. Biographische Studien über Radikalismus, Weltanschauung und Vernunft 1903–1989.* Bonn 1996.

44 Wolfgang Hardtwig, *Freiheitliches Bürgertum in Deutschland. Der Weimarer Demokrat Eduard Hamm zwischen Kaiserreich und Widerstand.* Stuttgart 2018.

Blind für die Morgenröte

1 Goodman, *Geschichte des Judentums* (wie Anm. 9 S. 257), S. 601–673.

2 Martin Mulsow, *Radikale Frühaufklärung in Deutschland 1680–1720.*
Bd. 1: *Moderne aus dem Untergrund.* Göttingen 2018, S. 60–109.

3 Uffa Jensen, *Gebildete Doppelgänger. Bürgerliche Juden und Protes-
tanten im 19. Jahrhundert.* Göttingen 2005.

4 Leo, *Wille zum Wesen* (wie Anm. 19 S. 255), S. 344–485.

5 Y. Michal Bodemann, *Gedächtnistheater. Die jüdische Gemeinschaft
und ihre deutsche Erfindung.* Hamburg 1996.

6 Von der traumwandlerischen Sicherheit, mit der er in *Mein Führer*
genau das tat, was ihm richtig erschien, und der Ratlosigkeit, mit der
die deutsche Kritik auf den Film reagierte, hat Dani Levy in einem
Gespräch mit dem Deutschlandfunk eindrücklich berichtet, URL:
https://www.ardaudiothek.de/zwischentoene/zwischentoene-
mit-dani-levy-vom-01-11-20-musik-gekuerzt/82564016 (letzter
Zugriff: 25. 2. 2021).

7 Maxim Biller, *Der gebrauchte Jude. Selbstporträt.* Köln 2009.

8 Jan Küveler, *»Der Holocaust ist unsere Antike«,* in: *Die Welt* v. 11. 3.
2014; sowie im Gespräch mit Jan Küveler und Per Leo: »Mit diesem
Krieg haben wir uns eine Antike geschaffen, das ist unser Mythos.
Der Krieg [...] ist unsere Landschaft. Es geht überhaupt nicht darum,
ob man unter der Birke steht oder unter der Eiche. Es geht darum,
dass es unsere Landschaft ist.« (Die Welt v. 9. 3. 2014).

9 Berliner Zeitung v. 23./24. 1. 2021.

10 Omer Bartov, *Mirrors of Destruction. War, Genocide and Modern
Identity.* New York 2000, S. 99; Tim Grady, *The German Jewish Sol-
diers of the First World War in History and Memory.* Liverpool 2011.

11 Zum Zusammenhang von Westmigration und Rechtspopulismus
in den postkommunistischen Staaten vgl. Ivan Krastev, *Europa-
dämmerung.* Berlin 2017.

12 Max Czollek, *Desintegriert Euch!* München 2018.

13 Zur These einer langen Dauer des Antisemitismus »von der Antike
bis in die Gegenwart« vgl. Robert S. Wistrich, *Antisemitism. The
Longest Hatred.* New York 1981. Die Gegenposition, antijüdische
Einstellungen nur vergleichend und unter Berücksichtigung der
historischen und sozialen Kontexte zu erforschen, wird prominent
vertreten von David Engel, *Away from a Definition of Antisemitism.*

An Essay in the Semantics of Historical Description, in: Moshe Roshman (Hg.): Rethinking Modern Jewish History. Oxford 2009, S. 30–53. Eine vermittelnde Position nimmt David Nirenberg ein, wenn er argumentiert, dass der Topos des »Jüdischen«, den man abstoßen muss, um zu sich selbst zu finden, in der christlichen Welt ein nahezu unerschöpfliches, vielfach wandelbares Deutungsmuster darstellte. Vgl. David Nirenberg, *Anti-Judaism. The Western Tradition.* New York 2013. Für einen guten Überblick über diese und andere Tendenzen der Antisemitismusforschung vgl. Stefanie Schüler-Springorum, *Das Untote. Warum der Antisemitismus so lebendig bleibt und ist*, in: Kursbuch 203 (2020), S. 53–64.

14 David Ranan, *Muslimischer Antisemitismus. Eine Gefahr für den Frieden in Deutschland?* Berlin 2018. Zur Unterscheidung von antiisraelischen und antisemitischen Einstellungen vgl. Ranans Gespräch mit der Körberstiftung, URL: https://www.koerber-stiftung.de/ecommemoration/podcasts/manuskript-david-ranan (letzter Zugriff: 4. 3. 2021); sowie das Gespräch mit dem Deutschlandfunk v. 21. 4. 2018, URL: https://www.deutschlandfunk.de/diskussion-um-antisemitismus-man-kann-nicht-nur-eine-art (letzter Zugriff: 4. 3. 2021).

15 Najem Wali, *Wie man zum Geächteten wird*, in: Frankfurter Allgemeine Zeitung v. 23. 1. 2021.

16 Zur antisemitischen Umwegkommunikation über »Israel« vgl. Heiko Beyer/Ulf Liebe, *Antisemitismus heute. Zur Messung aktueller Erscheinungsformen von Judenfeindlichkeit mithilfe des faktoriellen Surveys*, in: Zeitschrift für Soziologie 42 (2013) H. 3, S. 186–200.

17 Im Zusammenspiel mit einem postkolonialen Vulgär-Antirassismus hat sich die Ablehnung Israels und der israelischen Juden über arabisch-muslimische Kontexte hinaus zu einer Chiffre der globalen Netzkultur entwickelt. Die popkulturelle Eigendynamik dieses Phänomens ließ sich gut beobachten, als die Fanbasis der koreanischen Boyband BTS einen satirischen Tweet des in Israel geborenen Künstlers Shahak Shapira missverstanden hatte: »You're not funny you zionist p!g«; »You should freak out yes, zionist born in an imaginary territory RACISM IS NOT AN OPINION«; »For a comedian, you're not very funny. Also Israel doesn't exist. Colonizer« usw. (Twitteraccount @ShahakShapira, 26. 2. 2021).

18 Perry Anderson, *Scurrying Towards Bethlehem*, in: New Left Review

10 (2001), S. 5–30, hier S. 8. Zur zur kolonialen Vorgeschichte Israels im Rahmen des britisichen Imperialismus vgl. Tom Segev, *One Palestine, Complete. Jews and Arabs under the British Mandate*, New York 1999.

19 Deutscher Bundestag 19. Wahlperiode: Drucksache 19/10191 v. 15. 5. 2019, S. 2; Drucksache 19/15652 v. 3. 12. 2019, S. 4.

20 Wolfgang Kraushaar, *»Wann endlich beginnt bei Euch der Kampf gegen die heilige Kuh Israel?« München 1970: über die antisemitischen Wurzeln des deutschen Terrorismus*. Reinbek 2013.

21 Tom Segev, *1967: Israel, the War, and the Year that Transformed the Middle East*. New York 2007; dt. *1967. Israels zweite Geburt*. München 2009.

22 Ders., *The Seventh Million. Israelis and the Holocaust*. New York 1993.

23 Ulrich Herbert, *Vernichtungspolitik. Neue Antworten und Fragen zur Geschichte des »Holocaust«*, in: Ders.: Vernichtungspolitik (wie Anm. 38 S. 260), S. 9–66, hier S. 10 f.; Götz Aly, *Logik des Grauens. Was wissen wir heute wirklich vom Holocaust? Eine Bestandsaufnahme 20 Jahre nach dem Historikerstreit*, in: Die Zeit v. 1. 6. 2006.

24 DIG Magazin. Zeitschrift der Deutsch-Israelischen Gesellschaft Nr. 1 2020/5780, S. 50.

25 David Horovitz (Hg.), *Yitzhak Rabin. Feldherr und Friedensstifter*. Berlin 1996, S. 159 ff., S. 172.

26 Yoram Hazony, *The Virtue of Nationalism*. New York 2018.

27 Omri Boehm, *Israel – eine Utopie*. Berlin 2020.

28 Arthur Koestler, *Promise and Fulfillment – Palestine 1917–1949*. New York 1949, S. VIII: »On a medium-sized school globe the State of Israel occupies not much more space than a speck of dust; and yet there is hardly a political, social oder cultural problem whose prototype cannot be found in it, and found in a rare concentration and intensity.« (Übs. P. L.).

29 Noa Landau, *Berlin Jewish Museum Director Resigns After Tweet Supporting BDS Freedom of Speech*, in: Haaretz v. 14. 6. 2019; · Hanno Loewy, *Boykott gegen Boykott. Die Entscheidung des Bundestages zum BDS und die deutsche Kulturszene*, in: Frankfurter Allgemeine Zeitung v. 21. 12. 2020; Jan Küvler, *Der Israel-Skandal der Berlinale*, in: Die Welt v. 3. 3. 2021; Boaz Levin, *Stellungnahme: Für »Weltoffenheit«. Warum ich die die Petition für die Initiative »GG 5.3 Weltoffenheit« unterschrieben habe,* URL: artoftheworkingclass.org

Anmerkungen 263

(letzter Zugriff 10. 3. 2021); Eldad Beck, *Jewish Museum in Munich mounts ›libelous‹ anti-Israel exhibit*, in: Israel Hayom v. 12. 7. 2019; Lothar Zechlin, *Auf Antisemitismus (oder das, was manche dafür halten) kommt es bei der Meinungsfreiheit nicht an*, in: Verfassungsblog v. 23. 11. 2020, URL: www.verfassungsblog.de (letzter Zugriff 10. 3. 2021).

30 Itay Mashiach, *In Germany, a Witch Hunt Is Raging Against Critics of Israel. Cultural Leaders Have Had Enough*, in: Haaretz v. 10. 12. 2020.

31 Für den historischen Hintergrund vgl. Tony Judt, *Zur Unterscheidung zwischen Antisemitismus und Antizionismus*, in: Christian Heilbronn, Doron Rabinovoci, Natan Sznaier (Hg.): Neuer Antisemitismus? Fortsetzung einer globalen Debatte. Berlin 2019, S. 63–72. Zur aktuellen Tendenz, die Unterscheidung von Antisemitismus und Israelkritik zu verwischen vgl. Ilan Baruch, *Why is the EU helping to label Israel criticism as antisemitim*, in: +982 Magazin v. 19. 4. 2021, URL: https://www.972mag.com/ihra-ngo-monitor-ilf-european-union (letzter Zugriff 23. 4. 2021).

32 Zur Gegenläufigkeit von Diaspora und zionistischer Staatsräson vgl. Dan Diner, *Der Sarkophag zeigt Risse. Über Israel, Palästina und die Frage eines »neuen Antisemitismus«*, in: Heilbronn u.a. (Hg.): Neuer Antisemitismus? (wie Anm. 31), S. 459–488, bes. S. 488.

33 Zu Rabins Unverständnis für die Lage der amerikanischen Diaspora vgl. Horovitz (Hg.), *Rabin* (wie Anm. 25 S. 263), S. 197–209, bes. S. 208.

34 Aus israelischer Perspektive hat Robert Wistrich den Begriff des Antisemitismus früh auf den Nahostkonflikt übertragen. Vgl. dessen Kontroverse mit Brian Klug, URL: https://web.archive.org/web/20060910045836/http://sicsa.huji.ac.il/klug.html (letzter Zugriff 10. 3. 2021). Auf Betreiben von Nichtregierungsorganisationen wie NGO Monitor oder dem International Legal Forum (ILF) setzt sich diese einseitig proisraelische Sicht weltweit, aber v.a. in Organisationen, Verbänden und Vereinen in Europa und den USA, als Leitlinie immer stärker durch. Vgl. Baruch, *Why is the EU* (wie Anm. 31).

35 Vgl. den Sammelband Heilbronn u.a. (Hg.), *Neuer Antisemitismus?* (wie Anm. 31); Brian Klug, *The Myth of the New Antisemitism*, in: The Nation v. 15. 1. 2004.

36 Zum aktuellen Verhältnis von Israel und Judentum vgl. Goodman, *Geschichte des Judentums* (wie Anm. 9 S. 257), S. 689–698.

37 Genau genommen begleitet der Konflikt um die Bedeutung
des Zionismus Israel von Anfang an. Fast alle heutigen Positionen lassen sich in ihren Grundzügen schon in der britischen
Mandatszeit beobachten. Entsprechend umstritten ist auch die
Bewertung der historischen Ereignisse. So entzündete sich an der
Frage, inwiefern schon der Staatsgründungsprozess vom Willen
zur ethnischen Homogenisierung getragen war, und ob sich umgekehrt in der Gewalt der Araber eher ein antisemitischer Hass
auf Juden oder die Feindschaft einer Nationalbewegung auf die
andere zeigte, um die Jahrtausendwende unter israelischen Historikern ein Streit, der seinen Namen wirklich verdiente. Obwohl
Tom Segev selbst an diesem Streit beteiligt war, rekonstruiert
seine Geschichtsschreibung die Konflikte im und um den Zionismus mit mustergültiger Sachlichkeit. Besonders instruktiv ist
Segevs Blick auf den Beginn des Staatsgründungsprozesses in der
britischen Mandatszeit. Vgl. Segev, *One Palestine* (wie Anm. 18
S. 263), passim. Zu den Debatten um die »neuen Historiker« vgl.
Ders., *1949. Die ersten Israelis. Die Anfänge des jüdischen Staates.*
München 2010, S. 7–17.

38 Judt, *Zur Unterscheidung* (wie Anm. 31 S. 264); Moshe Zimmer-
mann, *Im Arsenal des Antisemitismus*, in: Heilbronn u.a. (Hg.):
Neuer Antisemitismus? (wie Anm. 31 S. 264), S. 431–458; Dan Diner,
Der Sarkophag zeigt Risse (wie Anm. 32 S. 264), S. 486 ff.; Brian
Klug, *Myth* (wie Anm. 34 S. 264).

39 Efraim Karsh, *The War Against the Jews*, in: Israel Affairs 18 (2012),
H. 3, S. 319–343. Der Titel des Artikels, der jeglichen Antizionismus
als Erscheinungsform des Antisemitismus deutet, spielt an auf den
Klassiker: Lucy S. Davidowicz, *The War Against the Jews 1939–1945.*
New York 1975.

40 Hanno Loewy, *Boykott* (wie Anm. 29 S. 263). Von Nichtregierungsorganisationen wie dem American Israel Public Affairs Committee
(AIPAC) ist die Komplizenschaft der palästinensischen Araber mit
den Nationalsozialisten schon seit den 70er Jahren behauptet, aber
über einige unspezifische Verbindungen hinaus nie belegt worden.
Vgl. Novick, *Nach dem Holocaust* (wie Anm. 28 S. 255), S. 210.

41 Kritisch aus juristischer Perspektive: Klaus Ferdinand Gärditz, *Mandat zu Meinungspflege? Zur rechtlichen Stellung der »Beauftragten der
Bundesregierung«*, in: Verfassungsblog v. 28. 12. 2020, URL: www.

verfassungsblog.de/mandat-zu-meinungspflege (letzter Zugriff
10. 3. 2021).

42 Zur Kritik an der »working definition of antisemitism« der International Holocaust Remembrance Alliance (IHRA) vgl. Amos
Goldberg, *Dear Facebook: Please don't adopt the IHRA definition of
antisemitism*, in: Forward v. 13. 9. 2020. Auch Kenneth S. Stern, Mit-
autor des ersten Entwurfs der IHRA-Arbeitsdefinition, hat sich inzwischen von deren Politisierung distanziert. Vgl. K. Stern., *Steering
the Biden Administration Wrong on Anti-Semitism*, in: The Times of
Israel v. 10. 12. 2020, URL: blogs.timesofisrael.com (letzter Zugriff
10. 3. 2021): »[F]or the past decade, Jewish groups have used the
definition as a weapon to say anti-Zionist expressions are *inherently*
anti-Semitic and must be suppressed.« Kurz vor Drucklegung dieses
Buchs wurde mit der »Jerusalem Declaration on Antisemitism«
endlich eine Alternative zur missbrauchsanfälligen IHRA-Arbeitsdefinition vorgelegt. Die JDA liefert ein leicht verständliches
Kriterium, mit dem sich im Einzelfall unterscheiden lässt, ob
Antisemitismus vorliegt oder nicht: »Antisemitism is discrimina-
tion, prejudice, hostility or violence against *Jews as Jews* (or Jewish
institutions as Jewish).« Der ganze Text, der sich auch der Frage
widmet, in welchen Fällen Israelkritik als antisemitisch gelten kann,
findet sich unter URL: https:// jerusalemdeclaration.org (letzter
Zugriff 23. 4. 2021). Zu den Vorzügen der JDA gegenüber der IHRA-
Arbeitsdefinition vgl. Derek Penslar, *Why I Signed the Jerusalem
Declaration: A Response to Cary Nelson*, in: Fathom 04/2021, URL:
https://fathomjournal.org/why-i-signed-the-jda-a-response-to-
cary-nelson (letzter Zugriff 23. 4. 2021).

43 Sina Arnold, *Der neue Antisemitismus der anderen? Islam, Migration
und Flucht*, in: Heilbronn u.a. (Hg.): Neuer Antisemitismus? (wie
Anm. 31 S. 264), S. 128–158.

44 Frederik Schindler, *Gemeinsam gegen Israel-Boykott*, in: tageszeitung v. 15. 5. 2019.

45 Das Zitat kann bei Kraus nicht direkt nachgewiesen werden.
Robert Neumann, dem es auch oft zugeschrieben wird (ebenfalls
ohne Beleg), hat sich in seiner Kritik des Philosemitismus
allerdings auf Kraus berufen. Vgl. Raphael Rauch, *»Visuelle Integration«? Juden in westdeutschen Fernsehserien nach »Holocaust«*.
Göttingen 2018, S. 51.

46 Interview mit Hanno Hauenstein, in: Berliner Zeitung v. 9. 1. 2021, URL: www.antisemitismusbeauftragter.de/SharedDocs/inter views/Webs/BAS/DE/2021/BZ_Haustein_BDS.html (letzter Aufruf 8. 2. 2021).

47 Carl Schmitt, *Tagebücher. Oktober 1912 bis Februar 1915*. Bd. 1. Hg. v. Ernst Hüsmert. Berlin 2005, S. 5.

Sturz in die Geschichte

1 Rheinische Post v. 6. 2. 2021.

2 *Rede von Dr. Navid Kermani zur Feierstunde »65 Jahre Grundgesetz«;* ULR: www.bundestag.de/dokumente/textarchiv/2014 (letzter Zugriff: 10. 3. 2021).

3 Philipp Ther, *Deutsche und polnische Vertriebene. Gesellschaft und Vertriebenenpolitik in der SBZ/DDR und in Polen 1945–1956*. Göttingen 1998, S. 71 ff.

4 Daniel Brewing, *Im Schatten von Auschwitz. Deutsche Massaker an polnischen Zivilisten 1939–1945*. Darmstadt 2016; Martin Broszat, *Nationalsozialistische Polenpolitik 1939–1945*. Frankfurt/M. 1965; Ludolf Herbst, *Das nationalsozialistische Deutschland 1939–1945*. Frankfurt/M. 1996, S. 276–292.

5 Norman Davies, *Rising '44. The Battle for Warsaw*. New York 2003; Janusz Piekałkiewicz, *Kampf um Warschau. Stalins Verrat an der polnischen Heimatarmee 1944*. München 2004.

6 James E. Young, *The Texture of Memory*. Yale 1993, S. 171.

7 Mark Levene, *Genocide in the Age of the Nation State*. Bd1: *The Meaning of Genocide*. London 2005; Bd. 1: *The Rise of the West and the Coming of Genocide*. London 2005; Ders., *Crisis of Genocide* (wie Anm. 20 S. 255).

8 Ian Kershaw, *Der NS-Staat. Geschichtsinterpretationen und Kontroversen im Überblick*. Reinbek 1994, S. 149–194; Herbert, *Vernichtungspolitik* (wie Anm. 38 S. 260), S. 21 ff.

9 Götz Aly/Susanne Heim, *Vordenker der Vernichtung. Auschwitz und die deutschen Pläne für eine europäische Neuordnung*. Frankfurt/M. 1991; Christian Gerlach, *Krieg, Ernährung, Völkermord. Deutsche Vernichtungspolitik im Zweiten Weltkrieg*. Hamburg 1998.

10 Exemplarisch: Christian Gerlach, *Kalkulierte Morde. Die deutsche*

Wirtschafts- und Vernichtungspolitik in Weißrussland 1941 bis 1944.
Hamburg 1999; Götz Aly, *»Endlösung«. Völkerverschiebung und
der Mord an den europäischen Juden.* Frankfurt/M. 1995; Christo-
pher Browning, *Ordinary Men. Reserve Bataillon 101 and the Final
Solution in Poland.* New York 1993; Omer Bartov, *The Eastern
Front 1941–1945. German Troops and the Barbarisation of Warfare.*
Basingstoke u.a. 2001; Ders., *Anatomy of a Genocide* (wie Anm. 18
S. 254); Michael Wildt, *Generation des Unbedingten. Das Führungs-
korps des Reichssicherheitshauptamts.* Hamburg 2002; Dieter Pohl,
*Nationalsozialistische Judenverfolgung in Ostgalizien. Organisation
und Durchführung eines staatlichen Massenverbrechens.* München
u.a. 1996; Stefan Kühl, *Ganz normale Organisationen. Zur Soziologie des Holocaust.* Berlin 2015; Götz Aly, *Europa gegen die Juden
1880–1945.* Frankfurt/M. 2017; Thomas Sandkühler, *Das Fußvolk
der »Endlösung«. Nichtdeutsche Täter und die europäische Dimension
des Völkermords.* Darmstadt 2020; Klaus Kellmann, *Dimensionen der
Mittäterschaft. Die europäische Kollaboration mit dem Dritten Reich.*
Wien 2019.

11 Timothy Snyder, *Bloodlands. Europe Between Hitler and Stalin.* New
York 2010.

12 Einen guten Einstieg in die europäische Gewaltgeschichte des
20. Jahrhunderts bieten: Dan Diner, *Das Jahrhundert verstehen
1917–1989. Eine universalhistorische Deutung.* München 1999, bes.
S. 79–134, S. 195–249; Christian Gerlach, *Extreme Violent Societies.
Mass Violence in the Twentieth-Century World.* Cambridge 2010.

13 Geographische Räume als Kontext und nicht als mysteriöses
Medium historischer Ereignisse zu begreifen mahnt zu Recht an: Sy-
bille Steinbacher, *»Räume« der Gewalt. Überlegungen zur Tragkraft
eines Konjunkturbegriffs in der Holocaustforschung*, in: Geschichte
in Wissenschaft und Unterricht 9/10 (2019), S. 512–520.

14 Innerhalb der Zeitgeschichte ist Levenes Forschung Teil eines
Paradigmenwechsels, der die Katastrophen des frühen 20. Jahr-
hunderts vor dem Hintergrund imperialer Krisen verortet.
Zum Einstieg empfehlenswert: John Darwin, *After Tamerlane*
(wie Anm. 17 S. 254); Ders., *Britain and Decolonization. The Retreat
from Empire in the Post-War World.* Basingstoke u.a. 1988. Zur
Verlagerung des deutschen Kolonialinteresses von Afrika nach
Osteuropa: Gabriele Metzler, *Europa zwischen Kolonialismus und*

Dekolonisierung (= Informationen zur politischen Bildung, H. 338).
Bonn 2018.

15 Zur Einbettung des Völkermords an den Juden in das Paradigma
einer vergleichenden Gewaltgeschichte vgl. Dieter Pohl, *Der Holocaust in der Gewaltgeschichte. Veränderte Perspektiven auf den Holocaust*, in: Geschichte in Wissenschaft und Unterricht 9/10 (2019),
S. 485–496.

16 Michael Zimmermann, *Rassenutopie und Genozid. Die nationalsozialistische »Lösung der Zigeunerfrage«*. Hamburg 1996.

17 Nirenberg, *Anti-Judaism* (wie Anm. 13 S. 262); Leo, *Wille zum Wesen*
(wie Anm. 19 S. 255), S. 353; Shulamit Volkov, *Antisemitismus als
kultureller Code*, in: Dies.: Jüdisches Leben und Antisemitismus im
19. und 20. Jahrhundert. München 1990, S. 13–36.

18 Mark Levene, *Harbingers of Jewish and Palestinian Disasters. Euro-
pean Nation-State Building and Its Toxic Legacies, 1912–1948*, in:
Bashir Bashir/Amos Goldberg (Hg.), The Holocaust and the Nakba.
A New Grammar of Trauma and History. New York 2019, S. 70–92

19 Anderson, *Towards Bethlehem* (wie Anm. 18 S. 262); Segev, *Die
ersten Israelis* (wie Anm. 37 S. 265), S. 33–78.

20 Navid Kermani, *Auschwitz morgen*, in: Frankfurter Allgemeine
Zeitung v. 7. 7. 2017.

21 Bashir/Goldberg (Hg.), *Holocaust and Nakba* (wie Anm. 18).

22 Susan Neiman, *Learning From the Germans. Race and the Memory of
Evil*. New York 2019.

23 Odo Marquard, *Inkompetenzkompensationskompetenz? Über Kom-
petenz und Inkompetenz in der Philosophie*, in: Ders.: Abschied vom
Prinzipiellen (wie Anm. 6 S. 257), S. 23–38, hier S. 33.

24 Patrick Bahners, *Genozid* (wie Anm. 2 S. 253).

25 Georges Didi-Huberman, *Das Nachleben der Bilder. Kunstgeschichte
und Phantomzeit nach Aby Warburg*. Berlin 2010; Friedrich Gundolf,
Caesar. Geschichte seines Ruhms. Berlin 1924.

26 Außer in Ostwestfalen, da ist er es ganz. Vgl. Hans-Ulrich Wehler, *Der Nationalsozialismus. Bewegung, Führerschaft, Verbrechen
1919–1945*. München 2009, S. 82: »Mit ihrer plebiszitären Zustimmung zu dem autoritären Kurs des neuen Cäsar in Berlin bejubelten
sie ihre eigene Entmündigung.«

Anmerkungen   269

www.klett-cotta.de

Per Leo, Maximilian Steinbeis, Daniel-Pascal Zorn
Mit Rechten reden
Ein Leitfaden

184 Seiten, Klappenbroschur
ISBN 978-3-608-96181-2
€ 14,– (D) / € 14,40 (A)

»Dieses Buch sprüht förmlich vor Geist und Witz.« *Ijoma Mangold, Die Zeit*

Dieser Leitfaden zeigt, dass es in der Auseinandersetzung mit »Rechtspopulismus« und »Neuen Rechten« um mehr geht als die Macht des besseren Arguments. Es geht vor allem um die Kunst, weniger schlecht zu streiten. Leo, Steinbeis und Zorn sagen nicht, wie man mit Rechten reden muss. Sie führen vor, warum, wie und worüber sie selbst mit Rechten reden. Und sie denken über das Reden mit Rechten nach. Mal analytisch, mal literarisch. Teils logisch, teils mythologisch. Hier polemisch, dort selbstironisch.

Klett-Cotta